湖北省学术著作出版专项资金资助项目
湖北省人文社会科学重点研究基地成果

教育智库与教育治理研究丛书

CERI 长江教育研究院 Changjiang Education Research Institute

民间立场 建设态度 专业视野

智库的成长：

长江教育研究院的探索之路(2006—2016年)

总 主 编　周洪宇　潘启胜　万　智
本册著者　周洪宇　申国昌　陈冬新

长江出版传媒 | 湖北教育出版社

充分发挥智库作用是提升教育治理水平的重要保障

——《教育智库与教育治理研究丛书》总序

一、建设教育智库是推进现代教育治理的重要路径

智库（Think Tank）也叫思想库、智囊团，是为政府部门公共决策提供研究、咨询与服务，并通过宣传影响民众的专业机构，有政府“外脑”之称。智库最早起源于西方国家，随着工业革命的兴起，社会飞速发展，专业不断细化，各个领域的问题变得越来越复杂，政府部门及决策者越来越难以应付这种复杂情境，为有效解决这一难题，西方各国纷纷成立专业机构，专职进行政策研究，并为政府决策部门提供相关领域公共政策决策咨询和服务，如美国卡耐基教学促进基金会、布鲁金斯学会、兰德公司等。世界范围内也成立了一系列国际组织，如联合国下属的各类专门机构、世界经济与合作组织、世界银行、国际货币基金组织等，以应对世界各国面临的日益复杂的共同问题。虽然不同的智库在组织规模、运转机制、资金来源、研究专长等方面有差异，但它们在这一点上是相同的，即都试图影响公众舆论和公共政策。

教育智库作为智库的一个重要类别，在教育领域发挥着积极作用。世界上最早的教育智库是1905年成立的卡耐基教学促进基金会。教育智库是以教育领域重大战略问题和公共政策为主要研究对象的非营利性研究咨询机构，以教育专家为主、跨学科专家为辅组成，为各级各类教育决策者在处理教育方面问题时提供专业的思想、理论、策略或方法等。

“治理（governance）”一词，由世界银行于1989年首先使用，现今已成为政治、教育、医疗、卫生等公众领域中使用频率极高的名词。全球治理委员会对“治理”的定义为：各种公共或私人机构管理共同事务的诸多方式的总和。它是调和不同利益冲突、形成联合活动的过程。这一概念被引入教育领域之后，教育宏观管理呈现出崭新面貌。教育治理成为一种新兴范式，立足于解决传统治理模式的弊病与不足。教育治理的主旨在于多主体共同平等参与对教育事务的管理，各类教育利益诉求将得到充分表达，各类意见、主张及争议都能得到充分展示、理解与包容。

教育毋庸置疑是公共领域，随着当代民主化进程的推进，教育治理的架构和机制也在发生变化，治理结构从等级制向网络化转变，治理主体从单一化向多元化转

变。“治理”与“统治”“管理”最根本的区别是行为主体的不同，教育治理不仅仅由政府承担，非政府组织、学术机构、企业、学校、家长等也成为教育治理责任的共同承担者。包括政府、企业、个人等在内的教育利益相关者，平等参与到教育治理过程中来，协同治理教育领域的各项事务，在机制创新、规则制定、规划实施、资源投入、监督评价等方面相互协调。

教育智库与教育治理两者之间存在着辩证统一的关系。建设教育智库是推进现代教育治理的重要路径，是提升我国教育治理水平的重要保障。要提升教育治理水平，必然要求加快中国特色新型教育智库建设。

二、研究教育智库与教育治理是深化教育改革、加快教育发展的迫切需要

首先，研究教育智库与教育治理是深化教育改革、加快教育发展的迫切需要。

时代的发展提出了发展教育智库、推进教育治理的时代命题。G20 杭州峰会以“创新、活力、联动、包容”为主题，强调构建包容联动的全球发展治理格局。在全球化背景下，中国已站在全球治理舞台中央，当前的形势迫切需要中国智库承担起时代重担。在教育方面，教育智库和教育治理正在成为一个亟须开拓和深耕的领域。

一个国家、民族要在激烈的国际竞争中掌握主动权、领先权、决胜权，除了有优越的经济、科技、军事等实力外，还必须拥有众多的高水平智库。因此，世界各国日益重视智库建设。智库是一个国家软实力的重要组成部分。

进入 21 世纪，随着网络信息技术大规模普及与运用，全球经济一体化加速，人类在享受当代物质文明的同时，面临的经济问题、政治问题、文化冲突、环境问题、气候问题、健康问题、宗教问题、教育问题等日趋综合化、复杂化，智库在全球治理中的地位及作用显得愈发重要。中国于 2015 年年初发布了《关于加强中国特色新型智库建设的意见》，标志着中国的智库建设进入新的发展时期。

在全球化背景下，以学有专长的专家学者和富有实践经验的原从政人士等为主体人员的各类智库在应对全球化挑战，为政府提供咨询、影响决策、推动改革发展、参与国家治理和全球治理等方面发挥着独特而不可替代的作用。智库的发展水平已经成为国家“软实力”的重要指标。

《中华人民共和国国民经济和社会发展第十三个五年规划纲要》在阐述“发展主线”时指出：“着力推进供给侧结构性改革，使供给能力满足广大人民日益增长、不断升级和个性化的物质文化和生态环境需要。”我国教育领域当前的主要矛盾在于供给制约，即多样化、高质量、能满足人们需求的教育供给稀缺，而不是有效需求不足。立足当前我国教育面临的紧迫形势，我们需要思考这样的问题——教育智库能为当今我国教育治理贡献什么？能在我国教育改革的深化和发展进程中起什么作用？

从国内需要和国外经验来看，教育智库将成为我国教育改革和发展进程中的一支坚实力量，它在教育政策建言方面可以发挥智库的咨政作用，贡献独立和客观的公共政策研究成果，促进我国教育政策制定质量和水平的提升；在交流合作方面可以发挥智库人才优势和专业特长，增进与国外教育同仁的交流，建立多层次、多渠道、全方位的教育合作模式；在教育"管办评分离"改革中可以发挥教育督导和评估作用，维护教育评估的公正秩序，并以此为"突破口"，促进我国教育由"外延式"向"内涵式"发展转轨。

眼下我国教育领域的改革正向纵深推进。教育事关千家万户，牵一发而动全身，是人民群众关注度最高的领域之一，政府部门尤其是教育行政部门的决策，需要开放性和包容性，要做出科学的决策，必须依赖深入、扎实且"接地气"的科学数据分析，因此，教育领域深化改革的呼声越高，越离不开教育智库的建言献策。

当前，我国的教育智库在政府教育决策、教育改革、传播教育价值等方面的参与程度和力量贡献仍有待提高，在未来仍需要继续推进我国的教育智库建设，进一步发挥教育智库自身的优势，负起时代重担。

其次，研究教育智库与教育治理是建设中国特色新型教育智库，促进现代教育治理的客观要求。

提升教育治理水平是教育改革和发展的时代要求，是推进国家治理现代化的有效路径。我国的教育治理体系能否通过自身的改革以适应变化了的新环境，关乎"十三五"战略目标能否圆满完成，关乎全面建设小康社会和中国现代化建设宏伟目标能否顺利实现。

智库是一个国家软实力的重要组成部分，而我国的教育智库是中国特色新型社会智库的重要组成部分，是专业型智库，是以教育领域重大战略问题和公共政策为主要研究对象的非营利性研究咨询机构。

就世界范围来说，如何更好地参与和实施教育治理，提升公共服务能力，是当代各国教育智库发展面临的共同命题。建设中国特色新型智库，既要借鉴国外优秀智库建设的有益经验，又要从我国的实际出发，遵循智库建设的规律，按照自身的运行特点，明确职能任务、组织形式、管理体制和运行机制。我国的教育智库应抓住机遇，顺势所趋，主动作为——不仅要在推销思想、塑造公众舆论方面加强各种举措，使我国的教育实践经验和政策主张等研究成果在全球范围内广泛传播，而且要积极参与制定全球教育治理规则，增强在国际教育媒体和国际组织平台的话语权，把我国的教育理念和教育主张有效传播出去。在联动包容的全球教育治理格局中，既要体现大国担当，又要彰显中国立场和中国智慧。

当前，我国的教育智库"跟不上、不适应"的问题还比较突出。例如在推进中国特色新型智库建设的过程中，智库、高校与政府三者的定位和边界有趋向模糊甚至彼此代替的趋势。按照中国特色新型智库“咨政建言、理论创新、舆论引导、社会服务、公共外交”的总定位，教育智库“创新理论、服务决策、指导实践、引导舆论”的基本定位，以及我们所理解的“全球视野、中国立场、专业能力、实践导向”的具体定位，为了更好地适应现代教育治理的客观要求，必须继续加强中国特色教育智库建设。以新型智库的标准和要求来衡量，我国的教育智库目前还有很大距离，必须创新体制机制，努力打造国家“信得过、用得上、想得起、离不开”的中国特色新型教育智库。

最后，研究教育智库与教育治理是贯彻落实中央精神尤其是习近平总书记近期重要讲话精神的必然要求。

党的十八大以来，以习近平同志为核心的党中央高度重视新型智库建设，把它作为党和政府科学民主依法决策的重要支撑，作为国家治理体系和治理能力现代化的重要内容，作为国家软实力的重要组成部分，提出了新的要求、新的定位和新的方向。党的十八届三中全会首次提出“加强中国特色新型智库建设，建立健全决策咨询制度”。习近平总书记强调，我们进行治国理政，必须善于集中各方面智慧、凝聚最广泛力量，重点建设一批具有较大影响和国际影响力的高端智库。李克强总理、刘延东副总理也对我国智库建设作出重要指示、提出明确要求。这一切都深刻表明了党中央、国务院对新型智库事业的信任、支持和厚望。教育部高度重视新型智库建设，2014 年 3 月，出台了《中国特色新型高校智库建设推进计划》，从多个方面对高校智库建设给予了明确指导。2015 年 1 月，中共中央办公厅、国务院办公厅印发了《关于加强中国特色新型智库建设的意见》，明确了加强中国特色新型智库建设的指导思想、基本原则和总体目标。意见提出，“到 2020 年，统筹推进党政部门、社科院、党校行政学院、高校、军队、科研院所和企业、社会智库协调发展，形成定位明晰、特色鲜明、规模适度、布局合理的中国特色新型智库体系，重点建设一批具有较大影响力和国际知名度的高端智库，造就一支坚持正确政治方向、德才兼备、富于创新精神的公共政策研究和决策咨询队伍，建立一套治理完善、充满活力、监管有力的智库管理体制和运行机制，充分发挥中国特色新型智库咨政建言、理论创新、舆论引导、社会服务、公共外交等重要功能”。原教育部部长袁贵仁在 2013 年 1 月 31 日的全国教育科研工作会议上，对新型教育智库（包括教育科研工作）的重要功能也曾作明确规定和阐述，那就是“创新理论、服务决策、指导实践、引导舆论”，具体来说，就是探索教育规律、创新教育理论；提出政策建议、服务教育决策；开发教育策略、服务教育实践；引导教育舆论、更新教育观念。这些对教育智库建设都有重要启示。

中共十八大及十八届三中、四中、五中、六中全会关于全面深化改革、全面推进依法治国、全面建成小康社会、全面从严治党的战略部署，以及五大发展理念的指导思想，为智库专家参与决策咨询开辟了广阔空间，为各类智库健康发展提供了有力保障。当前，我国正处于全面建成小康社会的关键阶段，在应对国内外环境挑战、破解发展难题、回应人民期待等方面都迫切需要强而有力的智库支持。

中共中央关于建设中国特色新型智库已提出明确要求，需要进一步贯彻落实。具体在教育智库方面，就是要重视教育智库与教育治理研究，以促进教育智库建设，提升教育治理水平，更好地适应现代教育治理的客观要求，满足广大人民群众的需要，更好地培育培养各方面人才，为全面建成小康社会，提供充足而强大的教育人力资源支撑。

三、编写出版《教育智库与教育治理研究丛书》是长江教育研究院落实中央指示，发展教育智库、推进教育治理的具体举措

长江教育研究院（以下简称“长研院”）成立于2006年12月16日，迄今整整十年。它是为了贯彻时任中共中央政治局委员、湖北省委书记俞正声同志（现中共中央政治局常委、全国政协主席）关于整合省内教育资源、大力发展湖北教育与文化产业的指示精神，在湖北省教育厅的大力支持下，由华中师范大学和长江出版传媒集团联合发起，长江出版传媒股份有限公司具体承办的，聘请我担任院长。它立足湖北、辐射全国、面向全球，开展教育政策研究、提供多种教育服务，努力探求一种以学术研究为基础、政策研究为重点、教育服务为支撑、出版企业为依托、政府和社会支持为后盾，“学、研、产、政、社五位一体”、优势互补、协同推进的新机制。这种研究机制与运行模式立足中国现实国情和实际情况，试图走出一条前人未走过的新路，形成自己的特色。长研院成立十年来，通过新机制，凝聚了顾明远、陶西平、郝克明、朱永新、谈松华、张力、孙霄兵、劳凯声、庞丽娟、杨东平、曾天山等一批享有盛誉的知名教育专家以及中国移动研究院院长黄晓庆、英特尔教育总监朱文利等中外知名企业研究机构负责人，开展了多项有影响的活动，编写出版了一批重要成果，为湖北及全国的教育改革和发展作出了努力。

长研院自2006年成立以来，尤其是2009年以后，每年3月初全国“两会”前都会与人民教育出版社联合举办“北京·长江教育论坛”，专门邀请全国人大代表、全国政协委员、知名专家学者和教育行政部门官员举行教育问题座谈会，并借此发布长研院年度《教育政策建议书》，一般是围绕一个主题，提出10条左右建议，反映教育界和关心教育的社会人士的心声，并由我作为全国人大代表的重要建议通过全国人大提交给有关方面办理，其中一些得到国家领导人的重要批示，许多建言都

被国家有关部门采纳。我还有幸作为代表性人士被邀请到中南海参加教育问题座谈，直接向中央领导建言，推动教育改革，产生了积极影响。与此同时，长研院还每年围绕一个主题，出版年度《中国教育黄皮书》，对该主题情况进行总体分析，提出改进意见，并对当年各级各类教育的发展进程作出回顾、反思与总结，迄今已连续出版7册，成为颇具特色的系列教育黄皮书，为社会各界所关注，并于2014年10月获得《中国教育报》2013年度"教师喜爱的100本书"。2016年3月又首次在京发布"中国教育指数2015"，从规模度、投入度、质量度、公平度、贡献度、信息度、开放度、创新度、创业度等维度，对全国的教育发展进行综合评价和监测，提出改进建议。根据长研院"民间立场、建设态度、专业视野"的立院准则，编辑出版《长江教育论丛》，为长研院及国内外专家学者提供一个新的学术成果发表园地，它与长研院已有的年度《中国教育黄皮书》、年度教育政策建议书、年度教育论坛互为增援，相辅相成。

2015年以来，面对近年来国际智库的蓬勃发展，中国崛起后对智库建设的迫切需要，以及中共十八大尤其是十八届三中、四中、五中、六中全会后，中共中央对建立中国特色智库的明确要求，长研院力求新形势下的转型升级发展，逐步将自身的定位，由原来的"教育政策研究与教育产品研发"发展到"教育政策研究智库、教育产品研发基地、教育咨询评估中心"，由原来的"一体（教育政策研究）一翼（教育纸质产品）"发展到"一体（教育政策研究）两翼（教育多媒体产品和教育咨询评估）"，由原来的"学、研、产、政一体化"发展到"学、研、产、政、社协同化"，由原来的"民间立场、建设态度、专业视野"发展到"全球视野、中国立场、专业能力、实践导向"，由原来的地方化、区域化发展到全国化进而国际化，开始迈上一个新台阶。

长研院在十年发展历程中，总结经验教训，认识到为了提升自身能力和更好更健康地发展，必须以"教育智库"为担当，以影响政府决策为主要目标，以"全球视野、中国立场、专业能力、实践导向"为基本原则，树立自身的责任意识，建设有特色、质量高、竞争力强、影响大的教育智库形象。为此，借十年院庆之机，从2015年5月开始，专门组织院内外专家学者研究、撰写出版《教育智库与教育治理研究丛书》，摆在各位读者面前的就是大家辛勤努力了一年半的结果。

全套丛书一共10种，从主题和类型看，大致分为三类：一是国外教育智库研究，重点是对成立最早、发展最快、规模最大、成效最显、影响最大的美国教育智库进行研究，全面考察其兴起原因、发展过程、运行模式、基本特征、成败得失、经验教训和未来走向，为中国教育智库建设提供借鉴，这方面的论著包括《国际思想库：国外教育智库研究》（周洪宇、付睿、邓凌雁著）、《智库的作用：以美国卡耐基教学促进基金会为例》(周洪宇、邓凌雁著)、《大学新智库：以美国大学教育智库为例》(郭伟编著) 等；二是中国教育智库研究，试图系统分析中国教育智库的产生背景、客观环境、发展历程、主要任务、运行模式、成绩不足和发展趋势，为教育智库今后的健康发展作参考，这方面的论著包括《智库的转型：我国教育政策研究机构转型发展》(付卫东、付义朝著) 和《新智库指数：中国教育发展指数、创新指数与绿色指数》(张炜、陈光春著) 等；三是长研院自身研究，即对长研院十年成长过程进行回顾、反思与总结，介绍其建言献策的情况及其产生的效果，探讨今后的健康发展道路，这方面的论著包括《智库的成长：长江教育研究院的探索之路(2006—2016 年)》(周洪宇、申国昌、陈冬新著)、《智库的力量：长江教育研究院历年教育政策建议书 (2009—2016 年)》(周洪宇、胡明亮、张建林编)、《智者的建言：长江教育研究院顾问专家国是建言集》(周洪宇、杨可、方平编)、《智者的声音：长江教育研究院院内专家国是建言集》(周洪宇、刘国卫、刘来兵编) 和《智库与治理：周洪宇国是建言》(周洪宇著，上、下卷) 等。该丛书依照从宏观到微观、从总体到个案、从理论到实证、从转型到创新、从国外到国内、从历史到现实、从当下到未来的思路布局，回顾历史，关注现实，着眼未来。在参与这套研究丛书编写的专家学者中，既有年逾八旬的资深专家，也有年富力强的中年学术骨干，还有充满活力的学术新锐。我的考虑是，长研院不仅要出一套该领域带有某种原创性的学术著作，也要带动和产生出一批教育智库和教育治理研究的优秀专家尤其是年轻人才，他们将是我国学术界的未来希望。

由于长研院的上述工作带有很大的探索性，很少有前人的成果可作依傍和参考，大家只能边思考、边研究、边撰写，考虑或有不周之处，编写或有不当之处，还请各位专家指正。

再次向十年来一直关心和支持长研院发展的各位领导表示衷心感谢，向一直参与长研院研究和讨论的各位专家学者表示诚挚谢意，向始终一起患难与共、坚守阵地、不离不弃的各位院内同志表示最大的敬意，向积极支持《教育智库与教育治理研究丛书》出版工作的长江出版传媒股份有限公司和湖北教育出版社有限公司的领导与编辑们表示由衷的谢忱！

周洪宇

2016 年 11 月 10 日于东湖之滨

目　录

序 言

一、时代背景

在全球化背景下，以学有专长的专家学者和富有实践经验的原从政人士等为主体的各类智库在应对全球化挑战，为政府提供咨询、影响决策、推动改革发展、参与国家治理和全球治理等方面发挥着独特而不可替代的作用。智库的发展水平已经成为国家“软实力”的重要组成部分。习近平强调，智力资源是一个国家、一个民族最宝贵的资源。我们进行治国理政，必须善于集中各方面智慧、凝聚最广泛力量。

中共十八大及十八届三中、四中、五中全会关于全面深化改革和全面推进依法治国的战略部署，以及五大发展理念的指导思想，为智库研究提出了法治时代的新命题，为智库专家参与决策咨询开辟了广阔空间，为各类智库健康发展提供了有力保障。当前，我国正处于全面建成小康社会的关键阶段，应对国内外环境挑战、破解发展难题、回应人民期待都迫切需要强而有力的智库支持。

当前，教育领域改革正向纵深推进。教育事关千家万户，牵一发而动全身，是人民群众关注度最高的领域，政府尤其是教育行政部门的决策，需要开放性和包容性，做出科学的决策，必须依赖深入、扎实的且“接地气”的科学数据分析，因此，教育领域的深化改革呼声越高，越离不开教育智库的建言献策。

教育智库是中国特色新型社会智库的重要组成部分，是专业型智库，是以教育领域重大战略问题和公共政策为主要研究对象的非营利性研究咨询机构。当前，教育智库“跟不上、不适应”的问题还比较突出。以新型智库的标准和要求来衡量，还有很大距离，必须创新体制机制，努力打造国家“信得过、用得上、想得起、离不开”的中国特色新型教育智库。

教育智库以影响政府决策为研究目标，理应树立自身的责任意识。建设有特色、质量高、竞争强、影响大的教育智库，需要做好以下几个方面的工作：

一要注重发挥高校教育领域专家的专业优势，从顶层设计上提供智力支撑。在教育发展过程中，常常有一些出现在教育领域里的问题，看上去是个教育问题，实际上却是一个社会问题。这就需要从单纯教育专家到社会家的角色转变，充分发挥专业优势和核心作用，组织多学科交叉融合的咨询团队，为教育改革发展建言献策。

二要注重加强高水平政策研究，不能浮于政策的阐释而失去了创造性，忽略中国国情的纯学术化倾向和不接地气的唱高调和空谈。教育智库不仅要出对策，更要出思想，谋战略，特别是在一些前沿应用问题和重要理论问题的研究范式上取得突破。针对中国教育发展的关键性问题和重大教育改革问题，既立足于专业发现问题，又从经济社会和科技发展全局展开研究，提出高水平政策建议。

三要坚持从实践中来到实践中去的研究态度和工作方式。教育改革是一个十分复杂的社会过程。这一过程中需要解决的问题也常常相互联系，互相交叉，错综复杂。弄清这些问题的性质和成因，辨清这些问题的真假，对教育改革的成败至关重要。关键在于"转智成治"，让国家"信得过、用得上、想得起、离不开"。这就需要教育智库以改革发展重大战略问题为研究核心，主动开展战略谋划、综合研判，为政府提供及时、解渴、解困的决策智力支持，积极推动决策咨询成果向公共政策转化。

四要注重构建高效的协同创新机制，提高教育智库建言献策的质量。真正具有前瞻性、科学性、实用性的政策建议，必须有厚重的理论、多学科的视角和先进的方法作支撑。建立教育智库创新协同机制，围绕社会和人的需求，探索融合"政、产、学、研、用"于一体的高效的协同创新模式，充分释放人才、资本、信息、技术等创新要素活力，才能推进智库战略咨询取得新成效。

二、成长历程

成立于2006年12月16日的长江教育研究院，是高等院校、政府教育行政部门和大型企业集团联合创办的一所以研究教育政策为主要任务的研究机构。其成立的直接缘由，是为了贯彻时任中共中央政治局委员、湖北省委书记俞正声同志关于整合省内教育资源，大力发展湖北教育与文化产业的指示精神，在湖北省教育厅的大力支持下，由华中师范大学和长江出版集团联合发起，由长江出版集团承办的。

长江教育研究院的成立有个特定的背景。2006年，时任中央政治局委员、湖北省委书记俞正声同志在原省教育厅有关教育图书报刊资源划转到文化部门管理之后，为防止教育资源闲置浪费，要求进一步整合省内教育资源，大力发展湖北教育与文化产业。根据这个重要指示，时任教育厅路钢厅长与时任华中师大校长马敏、长江出版集团负责人等研究落实措施，三方协商决定由时任教育厅分管教育政策和省教育科学研究所、对接武汉地区高校教育研究工作的副厅长周洪宇（本身也是华中师大教育学院教授），负责具体落实工作，由此建立长江教育研究院以具体推进此事。

尤其是2008年2月周洪宇到湖北省人大常委会担任副主任之后，受命继续协调推进此项工作。2009年3月至2014年底，长江出版集团进行转企改制为长江出版传媒集团有限公司（下称长江出版传媒集团），并成立上市公司"长江出版传媒股份有限公司"后，周洪宇与长江出版传媒股份有限公司的董事会秘书万智以及时任股份公司教材中心研发总监陈冬新等人，先后赴北京专程看望国内教育名家顾明远、郝克明、陶西平、谈松华等，争取其大力支持，每年3月初全国人大、全国政协召开前，都联合人民教育出版社合作举办"北京·长江教育论坛"，研制与发布长江教育研究院年度"教育政策建议书"，还联合北京大学、清华大学、北京师范大学、中国人民大学、北京理工大学、首都师范大学、华中师范大学、武汉大学、华中科技大学、湖北大学、湖北第二师范学院、湖北工业大学、湖北省教育科学研究院、武汉市教育科学研究院、湖北省教学研究室等专家学者编辑出版年度《中国教育黄皮书》，在全国"两会"上提出建议议案与提案，推动教育改革发展创新。

2015年以来，面临近年来国际智库的蓬勃发展，中国崛起后对智库建设的迫切需要，中共十八大尤其是十八届三中、四中、五中全会后，中央对建立中国特色智库的明确要求，长江教育研究院力求新形势下的转型升级发展，逐步将未来的定位，由原来的"教育政策研究与教育产品研发"发展到"教育政策研究智库、教育产品研发基地、教育咨询评估中心"，由原来的"一体（教育政策研究）一翼（教育纸质产品）"到"一体（教育政策研究）两翼（教育多媒体产品和教育咨询评估）"，由原来的"政、产、学、研一体化"到"政、产、学、研协同化"，由原来的"民众立场、建设态度、专业视野"到"全球视野、中国立场、专业能力、实践导向"，由原来的地方化、区域化到全国化进而国际化、全球化等，开始迈上一个新台阶。

三、主要贡献

民间教育智库以影响政府决策为研究目标，理应树立自身的责任意识，建设有特色、质量高、竞争强、影响大的教育智库。

长江教育研究院最初定位于国内民间教育政策研究机构，目标是"立足湖北，辐射华中，影响全国"，后来这个定位与目标随着形势发展的需要有了很大的调整与发展。

从今天的眼光来看，长江教育研究院最初的定位，在某种程度上可以说就是一种有中国特色的新型社会智库，也就是在十八届三中全会决定中提出的要建立的有中国特色的新型社会智库。2015 年 1 月 20 日，中办、国办联合出台了《关于加强中国特色新型智库建设的意见》。1 月 21 日，《人民日报》头版头条把这个意见公布出来，可见其重要。

换句话说，十年前长江教育研究院其实就已在开始做中央想做的事情，只是当时人们做这个事情是不自觉的，有个从不自觉到逐步自觉的过程。现在可以看得很清楚，它在本质上就是一个新型社会智库、一个民间教育智库。它的主要目的就是要把教育政策研究与教育现实问题有机地结合起来，来推动中国的教育改革、发展与创新，当然首先是通过湖北进而带动全国。十年来，通过其工作和努力，也在一定程度上实现了它的目标，当然与理想的目标还比较远，还应继续努力。

长江教育研究院的作用，用一句话概括，就是“出思想，出人才，出产品，出效益”。研究院成立以来，在各位同人的共同努力下，研究院发扬“敢为人先”的精神，通过探索新的研究机制，组建了一支队伍，凝聚了一批专家，明晰了方向和重点，开展了课题研究。在长江出版传媒集团的资助下推出了一批成果，特别是持续开展了教育政策研究活动，为湖北地方教育乃至国家教育改革和发展，以及人才培养作出了积极贡献。

长江教育研究院十年来主要做了如下几件工作：

一是每年 3 月初与人民教育出版社合作，在北京举办“北京·长江教育论坛”。到会的有国内教育界的知名人士，既有教育部的重要官员，一些重要司局的司局长，也有教育部下属两个最主要的研究机构——国家教育发展研究中心与中国教育科学研究院的领导。国内教育研究的主要机构——北京大学、清华大学、北京师范大学、中国人民大学，以及主要的民间教育研究机构——21 世纪教育研究院、中国教育政策研究院等领导与学者都会参与会议，一些特邀的全国人大代表和全国政协委员，也会应邀参会，了解社情民意，以作为向“两会”提交建议议案提案的重要参考。可以说，每年 3 月初在北京，在全国“两会”前，都会以长江教育研究院的名义，召开一次高端教育座谈会。通过这个座谈会把长江教育研究院的声音发出去，通过这个会议影响“两会”和“两会”的代表委员，吸引他们关注教育，关注教育当中的重要问题，特别是有关的政策。

长江教育研究院成立的前两年，在举行“北京·长江教育论坛”时，还没有开始发布自己的《教育政策建议书》，从 2009 年开始发布《教育政策建议书》，并由此逐渐对国内教育政策决策产生积极影响。因为 2008 年中央开始启动制定《国家中长期教育改革和发展规划纲要（2010—2020 年）》，在 2009 年 3 月《国家中长期教育改革和发展规划纲要（2010—2020 年）》即将出台、广泛征求意见之际，长江教育研究院为此专门发布自己的《教育政策建议书》，提出了十条建议。其中“关于加强教师队伍建设的建议”这一条中，建立国家教师统一资格考试制度、统一城乡教师编制制度、实行教师合理流动制度、实施教师定期考核及退出制度等具体条款，后来都被《国家中长期教育改革和发展规划纲要（2010—2020 年）》所采纳，而建立国家教育公务员制度（或者说“特殊公务员”“准公务员”），具体地说就是将公立中小学教师确定为“国家教育公务员”，以增强教师的吸引力、提高教师的地位、确保教师收入稳定增长，并为未来实行教师合理流动制度奠定基础。这是长江教育研究院的一条重要建议，最初也被吸纳进去了，在 2009 年 6 月份《国家中长期教育改革和发展规划纲要（2010－2020 年）》第 6 稿之前还保留在内，但是很遗憾，后来在征求各个部门意见过程当中，有关部委提出了不同意见，经过与有关部门的博弈，这一条终究被拿掉了。虽然，国家 960 万公立中小学教师至今尚未被确立为国家教育公务员（“准公务员”），留下了问题，但也能看出来长江教育研究院当初的努力，以及未来继续争取的建议空间。

又如，教育改革要从地方做起，支持地方教育的探索创新，比如应在广东深圳等具备条件的地方建立若干“教育特区”，积极支持南方科技大学的创新之举，探索中国高等教育的改革之路。这是长江教育研究院在吸收了我国经济体制改革的经验后，在 2010 年教育政策建议书里明确提出来的，也引起了社会很大的关注。在 2011 年 5 月广州中山大学举办的“教育与中国未来 30 人论坛”上，长江教育研究院院长周洪宇再次提出来，引起大家的热烈讨论。次年，深圳的《南方教育时报》为此举办专题讨论，北京大学教育学院院长文东茅等专家发表意见，形成一个热潮，不少地方更加重视教育创新，以区域突破带动教改全局。十八届三中全会的决定也很明确地提出要支持地方和基层的创新。

再如，2013 年长江教育研究院放眼世界，敏锐地发现新一轮科技革命与产业变革正在向人类社会扑面而来，作为错过了第一次工业革命和第二次工业革命机会的全球发展的后起者，中国必须在这场决定人类命运的新的历史性大变革中，未雨绸缪，及时应对，加快教育变革与人才培养步伐。根据这个判断，2013 年 3 月全国“两会”上，长江教育研究院正式向全国人大提交了“第三次工业革命及中国教育的应对之策”，这是国内第一家教育智库向官方与社会提出第三次工业革命及中国教育应对之策建议的，就是放在 3 年后的今天，这份教育政策建议书的观点与主张仍富有前瞻性和引领性，值得引起社会各界更大的重视。

此外，2014 年 3 月全国“两会”上，长江教育研究院向全国人大提交了“关于以信息技术与教育深度融合促进教育改革”的 10 条教育政策建议，引起了分管教育工作的中共中央政治局委员、国务院副总理刘延东和教育部部长袁贵仁等同志的高度重视。“两会”期间，中央领导特邀七位有代表性的“两会”代表委员到中南海参加教育改革座谈会，听取大家的意见建议，还特别安排全国人大代表、长江教育研究院院长周洪宇同志第一个发言，听取他对以信息技术与教育深度融合促进教育改革、加快考试招生制度改革的意见，后来全国人大常委会副委员长严隽琪也在这份教育政策建议书上作了重要批示，这都说明“关于以信息技术与教育深度融合促进教育改革”的这份教育政策建议书，是适时的，其现实性和针对性都很强，也富有可操作性。

上面举的几个例子，说明十年来长江教育研究院的教育政策建议是有远见、有高度、有厚度、有成效、有影响的。

在“北京·长江教育论坛”上，长江教育研究院每年都会发布教育政策建议书，一年一个主题，每年都会围绕一个主题提出十条左右的建议，从2009年对《国家中长期教育改革和发展规划纲要（2010—2020年）》的建议、2010年对教师队伍建设的建议，到2013年第三次工业革命及中国教育应对的建议、2014年信息技术与教育深度融合促进教育的综合改革、2015年对教育法治建设的建议、2016年对国家教育事业发展“十三五”规划的建议，这些建议都得到了中央有关部门的高度重视。每次发布教育政策建议书后，这些建议也都会作为全国人大代表和全国政协委员的提案提交给全国人大和全国政协，反映到教育部、科技部、工信部、财政部等有关部门，来推动工作的进行。

二是出版年度《中国教育黄皮书》。这个与年度“教育政策建议书”不同。“教育政策建议书”是没有公开出版的，而《中国教育黄皮书》是公开出版的。通常《中国教育黄皮书》的上半部分是上一年的“教育政策建议书”以及在这个教育政策建议书的推动影响下国内专家学者的响应、研究以及实践推进，下半部分是中国各级各类教育年度发展状况报告。它是综合性的，既有年度主题，又有年度各级各类教育事业的发展状况，基本上反映了这一年中国国内各级各类教育事业的进展，从一个侧面反映出长江教育研究院的年度教育政策倡导及其产生的效果。

三是《长江教育论丛》的编辑出版。这项工作是从2015年开始的，半年刊，每年分春秋两辑。《长江教育论丛》是一个学术性杂志，与长江教育研究院年度“教育政策建议书”和《中国教育黄皮书》的定位不同。“教育政策建议书”是一年一度的政策建议，带有前瞻性和引领性；《中国教育黄皮书》是一年教育的总汇，带有总结性和年鉴性。而《长江教育论丛》是学术性的。三者构成一个从学术到现实到未来的三维系统，三足鼎立，各显其能。未来根据研究院的设想，还要陆续推出一系列教育读物，包括大众教育读物。

四是组织撰写出版专题教育理论著作，为教育政策建议提供坚实的学术支撑。2007 年，为落实《中共中央国务院关于促进中部地区崛起的若干意见》，长江教育研究院专家在湖北人民出版社出版了《中部教育论》；2009 年，在教育部启动就《国家中长期教育改革和发展规划纲要（2010—2020 年）》征求社会意见后，研究院作为第三方教育政策研究机构积极参与，深入研究，形成了对《国家中长期教育改革和发展规划纲要（2010—2020 年）》的 10 条建议，在第三届“北京·长江教育论坛”上发布了研究成果。2010 年，随着基本公共服务均等化战略目标的提出，义务教育均衡发展成为新的教育战略目标，促进义务教育均衡发展关键在教师队伍建设，因此，研究院专家以进一步推进教师队伍建设为主题，提出了 10 条建议。与此同时，在第四届“北京·长江教育论坛”上，由人民教育出版社出版《教育公平论》并举行首发式，随后又由北京师范大学出版社出版《教师教育论》，由湖北教育出版社出版《教育热点难点解读》。2011 年，研究院专家密切关注我国在 2012 年实现《国家中长期教育改革和发展规划纲要（2010—2020 年）》提出的财政性教育投入占 GDP 的比例达到 4%以后的制度安排问题，就如何保障教育投入稳定增长和如何用好教育投入进行研究，形成了关于进一步优化教育投入的 10 条建议，并在第五届“北京·长江教育论坛”上发布。2012 年，伴随第三次工业革命的到来，要求中国教育必须从追求“育分数”到回归教育本质，研究院敏锐感触到工业革命的巨大威力，开展了以“第三次工业革命及中国教育应对之策”为主题的调研，形成了年度政策建议书，在第六届“北京·长江教育论坛”上发布，随后又由湖北教育出版社出版研究院专家的《第三次工业革命与当代中国》《第三次工业革命与中国教育变革》《第三次工业革命与中国经济转型》《周洪宇论第三次工业革命》，由人民出版社出版研究院专家的《大时代：震撼世界的第三次工业革命》。2013 年，研究院进一步深化了信息技术及其对教育影响的研究，在第七届“北京·长江教育论坛”上发布关于“促进信息技术与教育深度融合，发挥信息技术革命性影响作用，深化教育领域综合改革”的教育政策建议书。接着组织研究院专家在人民出版社出版了与之相关的《国家自主创新示范区政策与立法研究》。2014 年，根据为贯彻落实党的十八届四中全会精神，根据习近平总书记提出的“四个全面”战略布局，研究院确立了全面依法治教的选题，并在 2015 年第八届“北京·长江教育论坛”上发布“关于加强教育法治建设，全面推进依法治教，保障教育改革发展顺利进行的建议”。此后，组织编辑了以加强教育法治建设为主题的《长江教育论丛》2015 年专辑。

目前，长江教育研究院结合十年院庆，正在积极组织院内外专家撰写“教育智库与教育治理研究丛书”，包括《智库的意义：国内学者论智库》，周洪宇编；《智库的价值：国外学者论智库》，周文鼎、黄亚栋、杜小双编译；《智库的力量：长江教育研究院历年教育政策建议书（2009—2016 年）》，周洪宇、胡明亮、张建林编；《智者的建言：长江教育研究院顾问专家国是建言集》，周洪宇、杨可、方平编；《智者的声音：长江教育研究院院内专家国是建言集》，周洪宇、刘国卫、刘来兵编；《智库与治理：周洪宇国是建言》（上、下卷），周洪宇著；《智库的成长：长江教育研究院的探索之路（2006—2016 年）》，周洪宇、申国昌、陈冬新著；《智库的作用：以美国卡耐基教学促进基金会为例》，周洪宇、邓凌雁著；《大学新智库：以美国大学教育智库为例》，郭伟著；《国际新智库：国外教育智库研究》，周洪宇、付睿、邓凌雁著；《智库的转型：我国教育政策研究机构转型发展》，付卫东、付义朝著；《新智库指数：中国教育发展指数、创新指数与绿色指数》，张炜、陈光春著；《全球教育治理：国内学者论集》，周洪宇、申国昌、刘来兵编；《全球教育治理：国外学者论集》，周文鼎、黄亚栋、邓凌雁编译。同时组织编写“全球教育治理研究系列图书”，计划在 2016 年至 2018 年先后推出，并将就今后国家教育治理体系现代化与教育治理能力提高，以及教育智库建设等问题，提出有关教育政策建议书。可以说，长江教育研究院始终将教育学术研究与教育政策研究密切结合起来，注重为教育政策建议奠定坚实学术基础。

以上是教育政策和教育学术研究这一块，而教育产品研发则是长江教育研究院的第二个大的工作内容。

关于这一块，在过去的几年里，出版了 80 余套教育教材和其他教育图书，来服务于基础教育、职业教育、高等教育。沿着这个思路，最近几年，长江教育研究院又开始做电子产品、数字产品。2014 年，长江教育研究院做了机构调整之后，又成立了公司——长江教育研究院有限公司，以公司的方式来推教育产品，就比过去的工作进一步深化了。

四、基本特色

长江教育研究院是在中国崛起的历史背景下，以探讨教育发展问题，研究教育政策，为教育改革发展创新献计献策而诞生的。这是继高等院校、教育行政部门直属科研院所之后的另一股教育科研力量，也是全国第一家由出版集团出资支持的教育研究机构。因此，长江教育研究院具有其独特的性质与优势。

从性质上看，长江教育研究院可说是一种新型“混合制”。它由地方教育行政部门发起，以大学学术机构和人员为主力，以大型文化教育出版企业为依托。湖北省教育厅是发起单位，华中师范大学是参与单位，长江出版传媒集团是具体承办单位。行政部门虽然发起，但只指导而不领导；大学学术机构和人员虽然参与，但只参与而不参办；文化教育出版企业虽然承办，但注重社会效益远甚于经济效益，体现了当代新型企业家的长远眼光和社会责任感。这也是当代中国企业家中极为难得的一种优秀品质，从这里人们看到了未来中国企业家与政府官员、专家学者与社会大众之间良性互动、健康发展的巨大可能性。

长江教育研究院集中了国内一批优秀的教育专家队伍，搭建了一个以文化出版企业为支撑、联系相关教育专家和教育管理部门的平台，探求一种以政府指导为原则、学术研究为基础、文化出版为手段，“政、产、学、研”各自优势相结合的体制，为促进教育的更好更快发展，提供高质量的政策理论支撑、人才支撑和产品支撑，开辟了新路。这样一种研究体制与运行模式在国内仅见，也是湖北省在体制机制改革方面的一种大胆创新。

长江教育研究院成立十年来，发扬“敢为人先”的精神，通过探索新的研究机制，组建了一支队伍，凝聚了一批专家，明晰了方向和重点，开展了课题研究。在长江出版传媒集团的支持下推出了一批优秀成果，特别是持续开展教育政策研究，提出许多有价值的教育政策建议，推动了教育改革、发展和创新。

长江教育研究院的性质、机制和运行模式，与现有国内外有关新型社会智库的界定，似乎都不相吻合。它不是政府内设的政策研究机构，不是用国家财政资金举办为官方决策提供政策咨询的政策研究机构，也不是各类党校、行政学院的政策研究机构，更不是大学学术机构的政策研究机构，甚至也不是企业为自身发展而特设的政策研究机构，它力倡教育公平，注重提高教育质量。近十年来，长江教育研究院陆续提出实施农村义务教育全免费、教科书免费、中等职业教育免费、建立高中贫困生资助体系、改革高等教育助学贷款制度、实施全国校车安全工程、建立教师统一资格考试制度、城乡教师统一编制制度、区域教师合理流动制度、教师考核与退出制度以加强教师队伍建设、以区域突破带动教改全局、呼吁切实保障4%并建立教育投入长效保障机制、重视第三次工业革命及其对教育的挑战、促进信息技术与教育的深度融合、加强教育法治建设、完善“十三五”教育发展规划等政策建议和议案，通过全国人大和全国政协反映到国务院及教育部、财政部、发改委、人力资源和社会保障部、工信部等部门，最终促成了有关政策和法律出台。它对长江出版传媒集团的贡献在经济利益上是有限的，更多的是一种社会知名度与美誉度，比较起来，它更热衷于追求国家的最高利益、全民的整体利益。这或许是未来中国新型社会智库特别是教育智库的发展方向之一？

五、未来发展

历史已然过往，未来更待开辟。长江教育研究院从建立至今，已走过了十年历程。与时代同脉搏，伴国家共成长，其间既见证社会进步，又经历自身艰难曲折，可谓“艰难困苦，玉汝于成”。承人民福佑，各位努力，十年艰辛，终于有所作为。但不可丝毫自得，未来仍需努力。

首先，在战略定位与追求上，作为一家有理想、有追求、有目标的中国特色的新型教育智库，未来的长江教育研究院应体现“全、特、专、实”的战略定位与追求。

一是应具有全球视野。2015 年 1 月 20 日，中共中央办公厅、国务院办公厅印发《关于加强中国特色新型智库建设的意见》（以下简称《意见》）。《意见》在中国特色新型智库的功能定位上明确了“公共外交”的职能，同时，在基本标准上强调具有“开展国际合作交流的良好条件”。作为中国特色新型教育智库，长江教育研究院应具有广阔的视野，从世界经济社会发展的大趋势中，从国际教育改革发展大背景下把握中国教育的战略定位，提出中国教育的应对策略，同时，还应依托高水平教育研究，积极参与国际性教育议题的设置、研究和交流合作，“推荐知名智库专家到有关国际组织任职”，广泛传播中国的教育实践经验和政策主张，增强在国际教育媒体和国际组织平台的话语权，把中国教育理念和教育主张有效传播出去。最近，长江教育研究院也拜访了中国驻美国大使馆，就在美建立分院之事进行了交流。

二是应具有中国特色。智库的发展应遵循智库建设的一般规律，在智库发展相对比较成熟的西方国家，它们的智库运行运作方式、发挥功能作用的方式等都积淀了一些相对比较成熟有效的经验做法。但智库在每个国家都有自己的国别特点，即便在西方国家内部，这些特点也是十分明显的。中国特色新型教育智库应具有中国立场，坚持“四个全面”战略布局，坚持中国特色社会主义方向，同时，要负有国家使命，体现国家利益，创造并形成具有中国特色的理论政策概念或关键词。例如，长江教育研究院近年提出的与美籍华人学者林毓生的“创造性转化”和李泽厚的“转换性创造”相区别的“新轴心时代”中国教育的“再生性创造”、学位制度上有别于美国社区教育“副学士”“协学士”更有中国特色的“工士”制度等，就是期冀争取中国的话语权，在国际学术界、教育界占有应有的一席之地。

三是应具有专业能力。在中国特色新型智库的基本标准中，《意见》提出要有“特色鲜明、长期关注的决策咨询研究领域及其研究成果”“具有一定影响的专业代表性人物和专职研究人员”等，这些标准设置的背后，都意在推动各智库避免重复建设，防止一哄而上和无序发展，提出了差异化、专业化的智库发展思路。中国特色新型智库要求教育智库应体现专业化，走向精细化，而不是做谁都能做的事。长江教育研究院要集中力量“把一壶水烧开”，创出自己的品牌，形成自己的专业品质、专业优势、品牌优势，在一些重点领域形成核心竞争力。所做出的研究具有战略性、前瞻性、思想性、客观性、可操作性。

四是应具有实践导向。高度重视成果的传播与推广是世界知名智库的一个共同特点。中国特色新型教育智库不仅要努力拿出战略性、前瞻性、思想性、客观性的研究成果，还要具有可操作性，努力推动成果转化和落实，千方百计地让智库的“谋划”转化为党和政府的决策，让智库的“方案”转化为实际行动，让智库的“言论”转化为社会共识。长江教育研究院已经还将更多地通过“北京·长江教育论坛”、全国人大、全国政协、民进中央等多个平台，通过全国人大议案、全国政协提案以及党派统战系统等途径，将自己的教育政策建议努力转化为推动教育改革发展的重要政策，以充分体现其作为教育智库的实践导向。

其次，在机构转型上，按照中国特色新型智库“咨政建言、理论创新、舆论引导、社会服务、公共外交”的总定位，教育智库“创新理论、服务决策、指导实践、引导舆论”的基本定位，以及笔者所理解的“全球视野、中国立场、专业能力、实践导向”的具体定位，为了更好地适应新要求，未来长江教育研究院应努力实现五大转型。

一是实现研究人员的转型。由重学历向重阅历和学历转变。长江教育研究院与一般研究机构不同，它的研究人员除应有一定的学历外，应更重视阅历，即相关岗位的实践经验，经历越丰富、人脉越广，越受智库欢迎，这是由智库的性质和任务决定的。我国传统意义上的智库，主体是由从事学术研究的学者组成，很少有在决策部门任职的经历。我国智库专家与发达国家智库学者的最大差距是阅历不足，今后应“推动党政机关与智库之间人才有序流动，推荐智库专家到党政部门挂职任职”“推荐知名智库专家到有关国际组织任职”。

二是实现研究内容的转型。长江教育研究院要由注重学术理论问题研究为主向聚焦重大理论和现实问题为主转变。重点要围绕教育政策研究的学术前沿，自主开展教育政策理论研究、教育政策的历史与沿革研究以及重大议题的前瞻性与储备性研究；围绕国家和区域重大教育政策急需，开展教育政策热点和难点问题研究、重大教育政策专题研究以及各种中长期或应急性的重大课题研究和案例总结研究；围绕重大政策的实施效果，开展重大政策的比较研究，政策实施过程跟踪评价、政策调适、风险预估与防范等研究。

三是实现研究技术的转型。《意见》提出："推进研究方法、政策分析工具和技术手段创新，搭建互联互通的信息共享平台，为决策咨询提供学理支撑和方法论支持。"以往，教育科研工作者在做研究时，普遍采用的技术方式还是传统文献研究，还有一些采用问卷调查研究。但在大数据时代，必须借助于互联网、云计算、大数据平台进行工作，才能实现更大范围、更远距离的调研与交流。兰德公司的许多专家是数学家和统计学家。美国东西方研究所为了研究网络空间政策，专门从从事网络研究的贝尔实验室挖来一位技术专家进行政策研究。因此，长江教育研究院应加快研究方法和手段创新，实现由传统文献研究、问卷调查向依靠互联网、云计算、大数据平台等新技术转变。

四是实现成果应用的转型。长江教育研究院要由过去的注重学术理论成果发表向重视成果转化、产学研一体化发展转变。教育科学研究工作，大多注重学术理论的研究，并且有了研究成果选择公开发表，虽然有些成果在社会上也产生了一定的影响和价值，但是大部分成果在发表后就束之高阁，并未发挥应有的经济社会价值。长江教育研究院应以问题为导向，重视成果转化，并积极通过产学研一体化促进教育科学事业的发展。

五是实现科研组织形式的转型。长江教育研究院承担的多重使命，要求科研组织形式实现由单学科、个体化的科研组织形式向跨学科、组织化的协同创新模式转变。正如中央党校校务委员会委员、科研部主任梁言顺所指出的"智库，胜在智，强在库。这个智，不单单是锦囊妙计，而是智慧谋略；这个库，超越'幕僚''师爷'层面，体现为系统的组织性力量"。《意见》明确提出，"重视决策理论和跨学科研究"等。长江教育研究院的组织体制就是跨地域、跨学科、跨部门的开放式的协同创新联合体，为有效开展重大战略性、前瞻性、针对性的政策研究提供了组织保障。

再次，在运行机制上，长江教育研究院应注意创新发展。应从智库的组织管理体制、研究体制、经费管理制度、成果评价和应用转化机制、国际交流合作机制五个方面开展创新，应坚持努力建立一套"治理完善、充满活力、监管有力"的运行机制。

一是建立协同创新机制。《意见》指出，要"鼓励智库与实际部门开展合作研究，提高研究工作的针对性实效性""鼓励人大代表、政协委员、政府参事、文史馆员与智库开展合作研究"。应紧紧围绕教育重大问题，建立与党政机关、高校、科研院所开放式的协同创新的工作机制，形成研究合力。当前，长江教育研究院应重视以国家“2011 协同创新中心”为基础，加快组成我国高端教育智库。

二是建立快速反应机制。长江教育研究院应服务党和政府各项教育重大政策需求，一般时效性都比较强，应提升快速反应能力，通过先期储备研究、先进的研究手段、广泛的调研网络，迅速开展研究，形成有深度、有见地、可操作的研究成果。

三是建立课题选题机制。长江教育研究院应探索成立由国内外顶尖专家学者组成的选题委员会，形成科学有效、适度超前的科研选题机制，规划长远和年度重点研究课题，全面优化研究领域和选题方向。

四是建立科研组织机制。长江教育研究院应探索建立团队合作、联合攻关的工作机制；逐步实现从个人兴趣向服务国家、服务大局转变，从分散的、个体化研究向团队合作、协同创新和“跨界”研究转变。实行课题负责人制度，根据课题需要组建跨部门、跨领域课题组，集中优势力量并有效整合各种研究资源参与决策咨询研究。

五是建立成果审核机制。长江教育研究院应实行研究成果分类送审制度和质量把关制度，形成高标准、严密规范的成果质量保证体系。

六是建立激励导向机制。长江教育研究院应建立以激励为导向的成果评价机制。提高科研组织、课题评审和业绩评价的透明度，强化竞争，提高评审标准和淘汰率，加大对优秀成果的激励力度。从重论文、著作向重完成上级管理部门任务、服务决策转变。以关注实绩为用人导向，结合公推公选、公开竞聘等选拔制度，为优秀人才的全面发展提供更为广阔的平台。

七是建立项目管理机制。长江教育研究院应以问题导向和前瞻导向相结合实施科研项目管理机制。需求导向、问题导向、项目导向是目前教育科研的三大动力源。针对群众的教育需求，瞄准教育的现实问题，通过课题立项的形式，进行前瞻性研究，着力提高政策建议对决策的实际应用价值和理论价值。

八是建立数据支撑机制。大数据已经渗透到当今每一个行业和业务职能领域，数据分析能力正在成为组织的核心竞争力。长江教育研究院应建立各类教育数据库，形成一批具有集成优势的智库研究平台。坚持用事实说话，用数据说话，通过对数据的定量、定性分析，为教育科研提供全方位的更具专业化和个性化的服务。

最后，在构建发展格局上，长江教育研究院应继续完善“三位一体”大格局，探索中国特色新型教育智库发展之路。

这里的“三位一体”主要包含四层含义：在产出上，强调“出思想，出人才，出产品”；在功能上，重点是“政策研究、产品开发、咨询评估”；在研究力量上，强调“政府、学界、企业”协同创新；在学术态度上，强调“民间立场、建设态度、专业视野”。“三位一体”大格局的具体推进路径：一是深入开展教育政策研究；二是加强教育产品研发；三是开展教育咨询评估。

目前长江教育研究院最薄弱的环节是教育咨询评估，而这也是当下教育体制改革的重点所在，需要进一步加强。十八届三中全会强调要“深入推进管办评分离，委托社会组织开展教育评估监测”。长江教育研究院作为社会智库，始终把履行社会责任放在首位，“管办评分离”为社会智库服务教育拓展了空间。2013 年开始谋划，2015 年年初，长江教育研究院正式下发了《教育评价研究中心组建方案》，强调要遵循教育评价的客观规律，坚持教育评价实践、教育评价理论研究和教育评价咨询相结合，坚持“标准科学合理、程序严格规范、结论客观公平”的评价理念，以高水平的专家队伍建设、清正廉明的评价作风建设和务实高效的评价组织行为保证质量的三大支柱，努力把长江教育研究院评价中心建成“省内有权威、国内外有影响”的专业性教育评价研究机构。

通过近十年的努力和实践，长江教育研究院的教育智库建设已经取得了一定的进展，许多研究成果通过长江教育研究院院长、湖北省人大常委会副主任、全国人大代表周洪宇和长江教育研究院名誉院长、华中师范大学党委书记、全国政协委员马敏等人的人大议案建议和政协提案等多种形式转化为政策建议，成为国内重要的社会智库。顾明远、谈松华、顾海良、周洪宇、马敏、杨宗凯、雷万鹏、申国昌、叶平、刘国卫、程斯辉、涂艳国、靖国平、谭细龙、马必学、李梦卿、张建林等人也担任国内许多重要学术机构和咨询组织职务，应邀参加各种高层座谈会，直接向中央和教育部领导建言，提供咨询意见。

“路漫漫其修远兮，吾将上下而求索”。建设中国特色新型教育智库，是一项长期而艰巨的任务，意义重大，使命光荣。长江教育研究院将在今后的岁月里，不断创新管理体制和运行机制，为促进教育决策的科学化、民主化，促进国家教育治理现代化，提升教育软实力作出其应有贡献，并为中国教育智库发展探索一条可行之路。

周洪宇

Chapter 01

第一章

意外中建立

（2006 年 12 月—2009 年 3 月）

在知识经济时代背景下，为了贯彻时任中共中央政治局委员、湖北省委书记俞正声同志关于整合省内教育资源，大力发展湖北教育与文化产业的指示精神，长江教育研究院在湖北省教育厅的大力支持下，由华中师范大学和长江出版集团联合发起，长江出版集团承办，2006 年 12 月 16 日在中国湖北省省会武汉市成立。

第一节　群策群力：机构建立的背景及经过

一、机构建立的时代背景

21世纪是知识经济时代，是信息技术飞速发展和全球经济一体化的时代，现代经济的增长越来越依赖于经济中知识含量的增加。在这样一种以知识运营为经济增长方式、知识产业成为龙头产业、知识经济成为新的经济形态的经济增长发展模式的时代浪潮中，国际竞争已不单单是企业与企业之间的竞争，而是企业网络、企业集群彼此之间的竞争，是产业与产业中各自拥有特殊资源——知识资源的竞争，知识正成为诸要素中最活跃的因素。

在知识经济时代开始到来之际，我国政府紧紧抓住难得的发展机遇，坚定不移坚持科教兴国战略，大力发展教育事业，把教育的改革和发展提高到一个极其重要的，关系国家兴衰、民族振兴的地位上。2005年10月，党的十六届五中全会认为："发展科技教育和壮大人才队伍，是提升国际竞争力的决定因素。要深入实施科教兴国战略和人才强国战略。科学技术发展要坚持自主创新、重点跨越、支撑发展、引领未来的方针，不断增强企业创新能力，加快建设国家创新体系。"我国的文教事业在支持科技兴国战略上具有基础性的作用。2006年，时任中共中央政治局委员、中共湖北省委书记俞正声同志在原省教育厅有关教育图书报刊集团划转到宣传出版部门管理之后，为防止教育资源闲置浪费，要求进一步整合省内教育资源，大力发展湖北教育与文化产业。俞正声指出，湖北省正处于工业化加快发展的阶段，资源能源需求巨大。一方面，湖北缺油、乏煤、少气，资源能源保障能力严重不足；另一方面，全省资源能源消耗水平居高不下。如果按照传统发展模式，走资源消耗型发展道路，湖北省的发展目标则难以实现。基于此，湖北省唯一的出路，就是全面落实科学发展观，走创新型发展道路。走创新型发展道路，是把科技优势转化为竞争优势，把湖北建成中部崛起的重要战略支点的现实选择。与此同时，他指出，与中部其他省份相比，湖北最大的优势是科教优势。截至2006年，湖北省全省有高等院校85所，各类科研机构1 100多所，大学生、科技人员、两院院士人数和历年在国内发表论文数、获奖科技成果、承担的国家级科技计划项目数均居全国前列，科技资源和科技成果十分丰富。信息技术、光电子技术、新型材料、生物工程与新医药等高新技术领域的科研水平和生产能力在全国具有一定的优势。因此，俞正声强调要充分发掘和利用湖北省的科技资源优势，走创新型发展道路。①

根据俞正声书记指示，原教育厅路钢厅长与时任华中师大校长马敏、长江出版集团负责人等研究落实措施，三方协商决定由时任教育厅分管教育政策和省教育科学研究所、对接武汉地区高校教育研究工作的副厅长周洪宇（他本人也是华中师大教育学院教授），负责具体落实工作，建立长江教育研究院以具体推进此事。

二、机构建立前的最初设想

目的性是人类实践活动的一个根本特性。马克思说："蜜蜂建筑蜂房的本领使人间的许多建筑师感到惭愧。但是，最蹩脚的建筑师从一开始就比最灵巧的蜜蜂高明的地方，是他在用蜂蜡建筑蜂房以前，已经在自己的头脑中把它建成了。"②没有预期的目的、自觉的意图，就不成其为人的实践。

这种目的虽然是作为人的一种主观的东西存在于观念之中，但是这种主观观念并非纯粹的主观自由意志，而是从客观现实对象转化来的。长江教育研究院的建立，离不开时任湖北省教育厅厅长路钢（现任华中科技大学党委书记）、时任华中师范大学校长马敏（现任华中师范大学党委书记）、时任长江出版集团负责人等的最初设想。他们设想，可以成立一家机构，集中国内一批优秀的教育专家队伍，搭建一个以文化出版企业为支撑、联系相关教育专家和教育管理部门的平台，探求一种以政府指导为原则、学术研究为基础、文化出版为手段，"政、产、学、研"各自优势相结合的体制，来开辟一条促进教育的更好更快发展，提供高质量的政策理论支撑、人才支撑和产品支撑的新路。在这样的设想下，"政、产、学、研"几方面的相关领导又多次召开会议协商如何进行分工协作以发挥这样一种体制的最大优势。

①俞正声：《把科技优势转化为竞争优势》，载《科技日报》2006年7月15日。

②《马克思恩格斯全集》第23卷，人民出版社1972年，第202页。

三、“政、产、学、研”多方协商

在构建一种新型“混合制”的设想下，经过“政、产、学、研”有关方面的协商最终达成一致，成立长江教育研究院被正式提上日程。湖北省教育厅是发起单位，华中师范大学是参与单位，长江出版集团（后来的长江出版传媒集团）是具体承办单位。行政部门虽然发起，但只指导而不领导，大学学术机构和人员虽然参与，但只参与而不参办，文化教育出版企业虽然承办，但注重社会效益远甚于经济效益，体现了当代新型企业家的长远眼光和社会责任感。

四、机构建立的落实措施

成立长江教育研究院，进一步整合省内教育资源，大力发展湖北教育与文化产业的计划已经设定，之后的关键工作在于各项措施的有效落实，如果落实措施不到位，就算再宏大、精细、完美的计划，在实际实施效果方面难免会打些折扣。如何把各项措施落实到位，需要一位既富有理想情怀又具有行动精神，并且便于从中进行多方协调的领导来专门负责落实事宜。经教育厅、华中师范大学、长江出版集团等相关领导商议，决定由时任教育厅分管教育政策和省教育科学研究所、对接武汉地区高校教育研究工作的副厅长周洪宇负责具体落实工作。

周洪宇先后在华中师范大学历史系、教育科学研究所、历史研究所学习并获历史学学士（1982）、教育学硕士（1988）、历史学博士学位（1992），华中师范大学教育学院教授（二级）、博士生导师，现任湖北省人大常委会副主任、全国人大代表。长期从事教育学术研究和教育实践，对教育有着深刻的理解和深深的情怀，著述丰硕。在接到这项工作后，他结合自己的思考，联系相关工作人员，决定在2006年12月16日，成立长江教育研究院。

第二节　行胜于言：机构建立的最终成行

2006 年 12 月 16 日是长江教育研究院发展史上重要而又激动人心的一天。就是在这一天，长江教育研究院像一个“呱呱坠地”的婴孩，向世界宣告着它的诞生。在湖北省教育厅支持下，经过多方努力，长江教育研究院揭牌仪式在湖北出版文化城举行，这标志长江教育研究院的正式成立。这是我国教育智库建设之路上的一件喜事，一个充满使命和希望的新生之物注定会在时代发展的浪潮下，冲在时代前列，争当时代的弄潮儿。

研究院成立当天，场面隆重庄严又不失热烈，来自北京、湖北、湖南、河南等地一批从事基础教育、职业教育、高等教育等方面研究的专家学者 200 余人参加了成立会议，共同庆贺长江教育研究院的成立，共商中部教育发展大计，参会人员喜悦之情溢于言表。

在研究院成立当天同时开启了“长江教育论坛”。长江教育研究院的成立备受关注，《湖北日报》《长江商报》《长江日报》《中国图书商报》、湖北电视台、武汉电视台、湖北人民广播电台、新浪、网易等多家媒体对长江教育研究院的成立及其意义进行了报道，如《中国图书商报》评论长江教育研究院的成立为教材出版装上了“科研引擎”。长江教育研究院宣告成立后，根据实际情况，积极完善组织架构，广泛开展各项活动。

一、完善组织架构及其职能

（一）完善组织架构

现代系统论的观点认为，系统的整体功能取决于系统各单元（部分）的功能和由各子系统构成的整体结构。作为一个组织机构，一般都有自己的职能部门，也有管理层级。这些不同的部门和层级，是为机构的内部运作和同环境的相互作用而设置的，也是为实现组织目标所必需的。[①] 长江教育研究院亦是如此，自成立以来，积极完善组织架构。总体上来说，由于长江教育研究院挂靠在长江出版集团，日常管理工作由设在集团教材中心的秘书处承担，湖北省教育科学研究所和华中师范大学社科处协助管理，周洪宇教授任首任院长至今。

具体而言，长江教育研究院下辖管理委员会和学术委员会。管理委员会是为学术委员会服务的部门，由教育行政部门、大学、企业三方领导组成；学术委员会是长江教育研究院的核心机构，由国内外知名教育专家和学者组成。学术委员会由顾问、主任、学术委员、专家构成。第一届学术委员会人选由管理委员会推荐产生。主任、学术委员实行任期制。每届任期 5 年，任期期满实行改选。学术委员会可根据需要酌情增减。学术委员会下分教育政策、基础教育、高等教育、职业教育、教师教育、民办教育、教育信息技术、教育评估 8 个研究组，分别聘请不同方面的学者和优秀教学研究人员担任学科组专家，负责相关教育研究与产品开发工作。建院伊始，组织机构具体安排如下。

名誉院长　马　敏（华中师范大学校长、教授、博士生导师）

院　　长　周洪宇（华中师范大学教授、博士生导师）

执行院长　万　智（长江出版集团教材中心主任）

副 院 长　陈冬新（长江出版集团教材中心研发总监、编审）

　　　　　刘青春（湖北教育科学研究所所长、研究员）

　　　　　石　挺（华中师范大学社科处处长、教授）

学术委员会：

①金东日主编：《组织学》，南开大学出版社 2008 年版，第 18 页。

学术顾问　顾明远（中国教育学会会长、北京师范大学教授、博士生导师）

　　　　　谈松华（中国教育学会常务副会长、国家教育发展研究中心研究员、博士生导师）

　　　　　章开沅（原华中师范大学校长、教授、博士生导师）

　　　　　顾海良（武汉大学校长、教授、博士生导师）

　　　　　丁烈云（华中师范大学党委书记、教授、博士生导师）

主　　任　周洪宇（华中师范大学教授、博士生导师）[①]

除了以上设置外，长江教育研究院在组织管理中还设置了院长办公室，负责研究院的各项决策，是研究院的决策机构。长江教育研究院的管理和运行机制如下：周洪宇院长从宏观上对研究院的研究方向进行把关，决定研究院重大事宜，负责协调研究院与教育厅的关系，负责将研究院的重大成果递交有关政府部门。执行院长万智负责研究院财务预决算以及研究院的经营活动。刘青春副院长负责教育厅教科研机构（包括相关学会）与研究院的协调组织工作。石挺副院长负责华中师范大学与研究院相关协调与组织工作，负责联系教育部相关处室工作。陈冬新副院长负责研究院日常工作，负责具体科研规划和产品研发计划的制订及实施，负责联系学术委员会成员。

同时，研究院设立了秘书处作为常设机构。设秘书长 1 名、副秘书长 1 名、秘书 1 名，开展研究院日常工作，由陈冬新副院长分管。秘书长负责事务性工作，包括研究院的报告起草、会务安排，以及具体产品出版组织工作等。副秘书长负责课题材料汇集、组织评审、联系课题负责人、研究院品牌宣传等。秘书负责研究院材料整理存档、寄送、发会议通知、会议组织及出版流程管理、样书管理，与出版社

---

①为了和当时的情况相一致，如无特别说明，人员的社会职务为当时社会职务，下同。

编辑的联系等。教材出版中心各部门负责人也作为秘书处工作人员，在各自的工作职责范围内配合研究院的工作。秘书处根据工作需要，经院长办公会同意，适当吸收相关单位人员参与。

（二）长江教育研究院的基本职能

由于长江教育研究院是由科研院校和大型企业集团联合创办，建院之初，它的职能定位是一所以研究中部教育问题为主要任务的科研机构，在中部崛起的背景下，探讨中部教育发展问题，为中部教育发展献计献策。同时，长江教育研究院也是全国首家由出版集团出资支持的教育研究机构。和其他研究机构不同的是，长江教育研究院除从宏观和微观方面对各教育领域开展研究外，还在研究的基础上以出版物形式及时推出研究成果，使研究成果尽快面世，以产生社会效益和经济效益。用一句话来概括研究院的职能，就是“出思想，出人才，出产品，出效益”。具体有四方面的职能：

一是学术研究的职能。通过高水平的学术研究，为中部地区特别是湖北教育的发展提供坚实的理论政策支撑。配合国家实施中部崛起战略，根据省委、省政府的要求，组织对影响全国的国家重大教育政策进行研究，重点研究中部地区特别是湖北教育改革和发展中的重大问题。

二是人才培养的职能。通过开展相关教育课题研究和教育培训活动，为中部地区特别是湖北教育的发展提供人才支撑，培养湖北省中青年教育教学专家队伍。例如，国家职业教育新一轮发展规划，为湖北职业教育提供巨大的发展机遇，但湖北省的职业教育专业队伍还处于分散状态，还未形成团队力量，要打造湖北职业教育品牌，必须形成自己的专家队伍，力争在中部地区乃至全国占一席之地。长江教育研究院在专家队伍培养方面大有可为。

三是产品开发的职能。通过精心策划和组织，在高水平的研究成果基础上研发出高质量的教育产品。重点制订和实施“长江版”教育产品（包括高质量的教育理论，也包括各类教材、配套课程资源等产品）中长期发展规划。

四是教育评估的职能。定期组织专家对各级各类教育发展情况进行评估分析，以专业化社会中介的形式，发布年度教育分析评价报告，引导和指导湖北省教育健康、协调发展。

概言之，长江教育研究院是集研究和经营为一体的机构，这是长江教育研究院最初的定位，也是其之所以创办的因由。当然随着时代的发展，长江教育研究院根据时代的需求提出了新的发展要求，但其教育研究、产品开发、政策服务的根本性质没有变，在周洪宇院长的带领下，不断地创新工作方法、紧跟国家教育发展的实际需要、站在时代的前列，拓展办院思路，朝着具有中国特色的新型教育智库的方向迈进。

二、召开“长江教育论坛”

一般来说，在作出重大决策时，往往在决策的设计中安排相关活动，以促进决策的开展和最终目标的达成。长江教育研究院在建院之初，就把召开“长江教育论坛”作为研究院的一项重要活动。12月16日，在研究院成立当天，便开启了第一届“长江教育论坛”，以论坛的形式凝心聚力，同时也增进参加者对长江教育研究院的共同记忆。在这次论坛中，中国教育学会常务副会长谈松华，教育部基础教育课程教材发展中心常务副主任曹志祥，教育部职业技术教育中心研究所研究员姜大源，时任湖北省教育厅副厅长、华中师范大学教授、湖北长江教育研究院院长周洪宇做了精彩的学术报告。

谈松华对区域教育战略的基本问题进行研究，指出现阶段教育发展受物质层面的现代化、制度层面的现代化及观念和人的现代化等因素的驱动。周洪宇院长从中部教育的重要性、中部教育的困境与中部教育的振兴三方面，对中部教育进行了全面思考。周院长指出中部教育历史悠久、传统深厚，规模庞大、体系完整，基础雄厚、水平一流，联结着中国东部地区和西部地区，在中国教育发展中具有重要的地位，然而受某些历史的或现实的原因影响，中部教育存在着一些突出问题和面临着发展困境，由此他提出了六条振兴中部教育的针对性政策建议：一、加快建立中部教育协调工作机制，加强中部地区各省之间的教育交流与合作；二、加大中央对中部义务教育的投入力度，促进中部基础教育的发展；三、加大中央对中部职业教育的投入力度，支持中部职业教育的发展；四、加大中央对中部高等教育的政策倾斜力度，支持中部高等教育的发展；五、加大中央对中部地区师资队伍建设的扶持力度，加快师资队伍建设步伐；六、深化中部教育改革，加快中部教育发展，共同开创中部教育的新局面。曹志祥根据他在教育部基础教育课程教材发展中心的工作经历，讲述了基础教育课程改革的实质和走向，指出基础教育课程改革实际上是要抓住学校教育的核心，抓住课程，探索人才培养、人才选拔的一种模式和机制的变革，坚持坚定不移地实施素质教育、扎扎实实地推进课程改革、切实提高教育质量的改革走向。他对长江教育研究院的建立也进行了充分肯定，认为研究院作为一个文化企业，整合了多方面的优势，既关注到教育，又关注到青少年的文化需求和教育需求，并对研究院的未来发展提出了中肯的意见和建议，如研究院不仅要关注学生、教师、学校等，而且作为一个文化产业，应能够做到引领教育乃至社会的发展，办出自身特色尤其是在研究产品开发服务上要凸显自身特色。姜大源对职业教育的基本问题进行阐述，提出了独到的见解，指出职业教育是培养具有另类智力特点的人成才的教育，是在有限的时间内、在有限的传授知识和技能的情况下，使学生获得无限的学会学习工作的方法，把技能和知识学习的方法掌握结合在一起，同时培养学生基本的发展能力和基本的社会能力的教育。除了上午的论坛外，当天下午在长江出版集团 16 楼会议室又接着举办了“长江教育论坛”分组研讨会。基础教育分论坛参加者有王磊、有宝华、朱汉国、崔鸿、刘立德、鲁子问、李祖超、涂艳国、程斯辉、叶平、解飞厚、靳岳滨等 30 多位专家、学者，会议由叶平主持。会议围绕“基础教育课程改革回顾与反思”进行了充分讨论。另一个分论坛是职业教育分论坛，由黄木生主持，王元谋、李家瑞、屠莲芳、项喜章、周建亚等 20 多位专家参加了讨论，讨论主要围绕上午姜大源的报告展开。各个分论坛发言踊跃，气氛十分热烈融洽。

三、出版规划产品

长江教育研究院制订了较为完善的产品推出计划，并在研究院的发展过程中逐步地落实实施。

（一）《长江教育论丛》系列。是打造中部教育品牌的主打产品，以培养湖北省中青年教育教学专家特别是长江教育研究院专家为主。既有围绕某一重大理论问题进行专题研究的论文汇编，也资助有独创性的教育教学理论专著出版。

（二）教育家访谈系列。以在职业教育、基础教育和高等教育三大教育领域一线工作的优秀教学骨干为主要访谈对象，以形成向教育家学习并争做教育家的教育氛围。

（三）教育评估报告系列。以高等教育、职业教育和基础教育三大教育板块协调、健康发展为评估重点，其中对高等教育中的高职高专、独立学院等问题比较复杂和集中的教育领域给予重点关注。

（四）有中部特色的职业教材系列。以职业教材研发为突破口，培养职业教育专家梯队，推出有湖北特色的职业教材系列，进而辐射中部地区。

（五）基础教育产品系列。围绕基础教育课程改革，推出三大子系列产品：国标教材系列；课程资源系列；新教材教师培训系列。

（六）师范类新教师培养课程资源开发系列。培养新一代教师，是基础教育课程改革的关键，同时课改也为师范类院校的发展提供了机遇，要培养适应课改要求的教师，就必须对原有课程体系进行新的设计，推出新的课程资源。

四、进行科学管理

院务管理是长江教育研究院日常事务的一项重要内容。管理方式是否科学、有效，直接影响着研究院的正常发展。为此，研究院采取了丰富多样的管理方式，主要以课题研究的形式进行管理。每年研究院会根据教育部的有关方针、政策、年度工作重点和相关学科专业改革发展的实际情况，结合湖北省教育厅的具体要求，在研究院院长、副院长的领导下召集主任、学术委员、各组召集人开会，研讨制订年度课题研究计划。

（一）例会管理。建立了办公例会制度，包括院长办公会议、年终全会、工作联席会议等。长江教育研究院每年召开一次全体委员工作例会，公布年度课题计划并总结上年度课题研究进程。年度科研计划等重大事项由院长办公会讨论，讨论后由院长决定。此外，各组召集人可根据需要召开临时工作会。

（二）课题管理。长江教育研究院建立了研究院科研课题管理制度，包括课题申报、年度课题计划的确定及经费管理、成果管理等制度。研究院所有成员在年度例会后可提交课题研究申请报告，课题申请报告由召集人——各学科专家——学术委员会三级网上论证确定。课题确定后由长江教育研究院通过湖北教育信息网、长江出版集团网、华中师范大学网向外公布。研究院成员可以优先申请。特别优秀的院外申请报告也可以采纳，报告完成后通过鉴定达到优秀的，其牵头人可以吸收进研究院。

课题管理程序：填写《长江教育研究院课题申请表》——经审定通过后签订《课题合作协议》——提交课题完成报告书（填写《课题结项报告书》）——学术委员会鉴定。

研究院所有课题成果的著作权由研究院和课题负责人共同拥有，由研究院统一进行成果管理，并公开出版。署名权属于研究者本人。

（三）成果管理。长江教育研究院成果分四类进行管理：

第一类是一般性理论成果，在《长江教育论丛》上发表；

第二类是重大教育理论成果和课程教学科研成果，由集团每年拿出一笔资金，资助出版；

第三类是重要报告，如对省内教育产品研发有重要作用，能提升湖北教育形象的策划报告，由长江教育研究院向有关部门，如省委、省政府、省人大、省政协、省教育厅等方面报送，或向重要新闻媒体发布；

第四类是“长江版”教育产品研发规划，其中重大的规划由省教育厅和集团领导共同审定后实施。

（四）日常管理。设在长江出版集团教材中心的秘书处承担日常管理工作。

除了以上管理之外，长江教育研究院还可结合当年工作计划，有针对性地组织论坛、研讨会、培训班等活动。在院长办公室审核同意的情况下，以“长江教育论坛”名义广泛召开论坛。同时需要说明的是，在经费方面，长江出版集团主要承担了长江教育研究院初期的运行经费，以此来支持湖北省教育事业的发展，以及便于长江教育研究院各项工作的顺利展开。而对于长江教育研究院长期的运行经费，主要是从研究院出版的产品利润中按照一定的比例来提取的。

Chapter 02

第二章

曲折中艰难探索

（2009 年 3 月—2014 年底）

这一时期是长江教育研究院发展的关键时期。时代的风云变幻莫测，2008 年全球性的经济危机使我国的文教事业尤其是图书出版事业也受到一定的冲击。为了应对经济危机的影响以及保障我国社会主义各项事业稳定快速地发展，我国在政治、经济、文化、教育等领域进行的改革如火如荼。面对国内外的迫切形势，长江教育研究院在发展的过程中机遇和挑战并存。在这一时期，为了进一步办出特色、办出水平，更好地发挥机构的体制优势，长江教育研究院对办院宗旨重新进行了明确的定位，结合现实的需要和政策的需要，众志成城不断地克服种种苦难，不断地进行改革探索。

第一节 何去何从：机构的发展定位和发展方向

长江教育研究院自2006年底成立到2009年初，历经两年多时间，工作有明显的进展，出版了一些以高职教材为特色的教育产品，也获得了一定的经济效益。但是，研究院在教育研究特别是教育政策研究方面开展的工作还需加强，还尚未充分发挥体制优势和专家资源优势以形成研究院自身研究品牌。在国家大力发展教育事业、教育改革进行得如火如荼的形势下，长江教育研究院该何去何从？研究院面临着复杂的国内、国外形势，这既是一种严峻的挑战，又是一种难得的发展机遇。在这种情况下，长江教育研究院及时召开会议，制定研究院中长期发展规划方案。

一、进一步明确研究院的发展定位

2008年美国爆发因次级抵押贷款机构破产、投资基金被迫关闭、股市剧烈震荡引起的金融风暴。它迅速席卷全球，在全球蔓延，使全球经济再一次陷入了自1929年大萧条以来最为严重的经济衰退，大多数国家和地区经济元气大伤。由于我国是世界第二大经济体，进出口比率相较于过去，每年都在稳步提高，世界其他国家与中国的贸易往来越来越频繁，贸易量也越来越大，尤其是金融方面的合作和交往日趋频繁。此次经济危机对我国实体经济发展、金融行业等产生了不同程度的影响和冲击。我国大量外国资本外流，造成短期内流动资金不足，房地产、钢铁等有形资产的过高价格无法维持。在普通消费品市场，出现了通货膨胀、物价持续走高的现象，尽管中国政府通过宏观调控来控制物价，但对物价影响巨大的原材料价格却居高不下。大量中小企业由于无法短期筹措到资金，我国南方地区、沿海地区等生产加工企业纷纷倒闭，尤其是东莞、江浙一带众多中小型企业纷纷倒闭或濒临倒闭。在这样整体性的全球经济衰退的大环境影响下，消费者购买力有所下降，出版商资金链出现紧张，海外进出口贸易明显萎缩，我国的图书出版行业也受到一定程度的冲击。同样，以开发教育产品、出版规划教材为重要职能之一的长江教育研究院，在教育产品出版方面也面临着亟需要解决的问题。

众所周知，任何事情的发展都并非一帆风顺，在发展的过程中难免会出现这样或那样的问题。有些问题是时代变化所造成的，有些是事物内部组织没及时适应周围环境发展所造成的。作为一个组织也是如此，无论是外界的原因还是内部的原因，一个组织若欲持续地科学发展下去，必须要不断地调节内部的不利因素，结合时代的发展找准定位。经过三年的初创，长江教育研究院在周洪宇院长的带领下，全院同人信心满怀，组织开展了一系列活动，出版了一系列教育产品，也赢得了一些经济效益和社会声誉。然而，作为政府、学界、企业集团相互合作的新模式，长江教育研究院拥有较好的制度优势，但是这种优势尚未充分发挥出来。尤其是在风云变幻的时代浪潮中，如何才能在全球经济衰退、中国经济低迷的情况下站稳脚跟，如何才能做强产品、做出规模、做大影响是集团领导、长江教育研究院领导、全体成员以及每一位关心长江教育研究院发展的专家学者和社会各界人士都关心、关注的一个问题。

长江教育研究院该何去何从？是做一个中规中矩的一般性教育研究组织或教育产品研发机构，还是抓住时代赋予的历史机遇，创新工作思路，找准工作方向，迎难而上，争做时代的弄潮儿？无疑，答案肯定是后者。这一方面和长江教育研究院独特的制度优势有关，长江教育研究院是在湖北省教育厅的大力支持和指导下，由学界、企业、政府三方面联合组成的一种以政府指导为原则、学术研究为基础、市场运作为手段的集教育研究、人才培养和产品开发为一体的组织机构，协同创新，能发挥各自的优势，能更好地促进中部地区特别是湖北省教育的更快、更好地发展，提供高质量的理论政策支撑、人才支撑和产品支撑。这是长江教育研究院在组织体制方面的优势，这种优势必须要发挥出来，这也是成立研究院的初衷。另一方面还和湖北人“敢为人先”的品格不无关系。湖北是一个有着悠久历史文化和光荣革命传统的省份，武汉更是一座中国近现代史上勇立潮头、先声夺人的革命历史文化重镇。一百多年前的辛亥革命开启了中国从封建帝制走向共和的大门，武汉也因此以“共和摇篮、首义圣地”而闻名于世。武昌首义所彰显的勇立潮头、不怕牺牲、敢为人先的大无畏革命精神和丰富的文化内涵，不仅载入了中华民族追求民主进步的历史史册，而且更成为湖北人民勇于创新、敢为人先的思想资源和精神宝库。长江教育研究院 2006 年在武汉成立，研究院周洪宇院长本人出生并成长于湖北，长期在武汉工作，无疑对这种敢为人先的湖北精神耳濡目染。他曾呼吁湖北应明确叫响“湖北精神”，以起到引领、向导作用，同时他认为可以从“荆楚先辈筚路蓝缕、以启山林的开拓精神，到张之洞创新开放的精神，到辛亥革命敢为天下先的精神，再到麻城起义等红色文化”四方面提炼湖北精神。受这些精神资源的浸润，长江教育研究院同人在面对前方的困难时，势必会选择敢为人先、积极作为的态度。

基于此种认识和考虑，2009 年 1 月 11 日，长江教育研究院在 2008 年年底的工作总结大会上，对研究院以往的工作认真地进行总结，反思存在的问题，并对下一步研究院的发展作出初步的设想。研究院院长周洪宇、教育部基础教育课程教材发展中心常务副主任曹志祥、长江传媒集团负责人、湖北省教科所副所长叶平、江汉大学原校长李进才、湖北省教研室主任张祖春、武汉生物工程学院院长邓宗琦、华中师范大学评估中心主任凌云、湖北省教科所所长刘青春、湖北大学教授解飞厚、武汉职业技术学院院长马必学、湖北第二师范学院教授谭细龙、华中师范大学武汉传媒学院院长沈振煜以及万智、陈冬新等 40 多位领导、专家参加会议。这次会议中所总结的经验、探讨的问题为长江教育研究院进一步明确发展方向提供了思想上和行动上的初步准备。

长江教育研究院常务副院长、教材中心研发总监陈冬新认为长江教育研究院要抓住教育部就《国家中长期教育改革和发展规划纲要（2010—2020 年）》向社会征求意见的时代机遇，找出重点研究的重大课题促进研究院自身发展。教育部评估专家、华中师范大学评估中心主任凌云教授认为研究院拥有良好的体制优势，在进行应用型研究的同时要紧紧抓住时代需要和理论前沿，他建议长江教育研究院在以后的发展中可以作为政府和教育部门之外的第三方，申请并通过政府的授权。利用专家资源优势，创办社会第三方教育评估机构，参与各个层次的评估。这种建议非常具有前瞻性。随着我国教育的发展，推进管办评分离，构建政府、学校、社会之间新型关系，是全面深化教育领域综合改革的重要内容，是全面推进依法治教的必然要求。《国家中长期教育改革和发展规划纲要（2010—2020 年）》中也明确要求推进专业评价，“鼓励专门机构和社会中介机构对高等学校学科、专业、课程等水平和质量进行评估。建立科学、规范的评估制度。探索与国际高水平教育评价机构合作，形成中国特色学校评价模式。建立高等学校质量年度报告发布制度”。2015 年 5 月 4 日，教育部颁布《关于深入推进教育管办评分离促进政府职能转变的若干意见》以深入落实《国家中长期教育改革和发展规划纲要（2010—2020 年）》相关要求。尽管在召开此次会议时《国家中长期教育改革和发展规划纲要（2010—2020 年）》仅以征求社会意见的形式下发而非正式下发，长江教育研究院专家即提出研究院发展成为第三方教育评估的建议，为长江教育研究院的进一步发展提供了新的思路。教育部基础教育课程教材发展中心常务副主任曹志祥认为关于研究院的定位应要有自身特色，有所为，有所不为，有所取舍，建议研究院注重中观层面的研究。最后周洪宇院长对此次会议作了总结性讲话，他认为在工作方向上长江教育研究院要坚持研究院整合教育资源、建设教育出版强省、加快企业发展、推广教育产品出版的建院方向，以区别于以政策研究或纯粹理论研究的行政性的研究机构或大学中的研究院所。在体制优势发挥上，长江教育研究院要发挥整合省内行政资源、研究资源、企业经济与市场推广资源的体制优势。在研究内容方面，要突出研究重点，紧紧抓住当前教育发展急迫而又重大的问题进行研究，不求面面俱到只求做出特色、做出亮点，并强调要抓好计划落实工作，使各项工作保质保量地完成。这次会议为长江教育研究院召开中长期发展规划研讨会和制定研究院中长期发展规划作了行动和思想上的双重准备。

二、召开长江教育研究院中长期发展规划研讨会

“凡事预则立，不预则废”。在进入 21 世纪第二个十年之际，我国政府制定了《国家中长期教育改革和发展规划纲要（2010—2020 年）》，并向社会发布，征求社会意见。长江教育研究院借《国家中长期教育改革和发展规划纲要（2010—2020 年）》征求社会意见之机，于 2009 年 1 月 22 日召开了由周洪宇、陈冬新、程斯辉、叶平、申国昌、方晓波等研究院部分领导、专家参加的重要会议，就“在《国家中长期教育改革和发展规划纲要（2010—2020 年）》征求意见之际，如何借机发展长江教育研究院”等问题专题研讨。周洪宇院长结合各位同人的意见，高瞻远瞩地对长江教育研究院未来的发展做了顶层设计式的规划，从进一步明确研究院的性质、宗旨、定位、目标，完善相关组织机构，采取有效措施等方面入手，力图把长江教育研究院打造成国内一流的教育研究院。

（一）厘清研究院的性质与宗旨。长江教育研究院属于民办非企业单位，即企业事业单位、社会团体和其他社会力量以及公民个人利用非国有资产举办的，从事非营利性社会服务活动的社会组织。简单地说，长江教育研究院是一个以教育公共政策研究为主的非营利性的民间社会组织。它的宗旨为：民间立场，建设态度，专业视角。“民间立场”是指以民众特别是民众中的弱势群体的利益而不是以政府或某些特殊利益集团的利益为对待和处理问题的出发点；“建设态度”是指以合作的姿态、合适的方式提出解决问题的办法与措施，而不是以对立的姿态、生硬的方式要求政府必须做什么或不能做什么；“专业视角”是指分析问题或提出对策，都要以专业的知识与理论为背景，以深入调查研究得来的大量的事实和资料为依据，而不是凭空虚构，乱开药方。它的定位：立足湖北，面向华中，走向全国；目标：做大，做强，做久；院训：圣德日新，精研济世；精神：有容乃大，无欲则刚；特点：民间性、建设性、专业性、开放性、包容性。

（二）关于研究院的办院方向与未来工作思路，即“一体两翼”，三轮驱动。“一体”是指研究院要以教育政策研究为主要研究任务，“两翼”是辅之以教育咨询评估与教育产品研发。其中，教育政策研究是基础，教育咨询评估和教育产品研发是衍生和延展，三者相辅相成，不可或缺，力争在不太长的时间内，成为国内最有影响、最有实力、最有活力的教育政策研究咨询和出版机构之一。在工作思路上，要注意运用三个“三”，即：坚守三大领域（教育政策研究、教育咨询评估和教育产品出版），运用三种力量（行政力量、学术力量和企业资本力量），体现三种实力（硬实力 Hard Power、软实力 Soft Power 与巧实力 Smart Power）。在成果出版上，要善于运用和协调中央级出版社和地方级出版社之间的关系，部分成果可以交由中央级出版社出版，以减轻长江出版集团的经济压力，并且还可以扩大成果的影响力。

（三）完善组织机构，建立相关委员会，整合有关人力、物力和财力资源。

一是调整院务委员会。

二是完善学术委员会。明确学术委员会由九人组成。下设十个分支委员会。各分支委员会既有专家，又有省教育厅相关处室负责人，以便协调行动，发挥体制优势。

三是建立院内下属机构：行政部（主要负责日常行政工作）、学术部（主要负责学术课题申报、评审与鉴定）、教育开发部（主要负责教材研发、培训与推广）、教育评估院（主要负责教育评估、监测与鉴定）、长江教育基金会（主要负责筹集资金，发展事业），简称“三部一院一会”。

四是建立附属教育研究院的教育评估院，尽快开展教育评估鉴定工作，以适应迅速发展的形势的需要，为研究院开拓新的研究空间，发挥更大的作用。

五是筹备建立长江教育基金会，募集经费主要用于教育研究、资助出版、刊物发行、重要会议活动、资助贫困学生从事教育工作等。

六是创办学术杂志《长江教育评论》和《教育家》。前者暂定为年刊，主要侧重于对重大教育活动、实践和制度的研究评论，后者暂定为半年刊，侧重于中外教育家人物介绍、思想研究。在《长江商报》上开辟“长江教育每周评论”专栏（侧重于对一周内重大教育事件发表研究院成员的评论文章），出版《长江教育研究系列丛书》（侧重于出版研究院成员的精心研究之作）。创建“长江教育在线”网。

七是编辑出版《长江教育研究院年度教育政策建议书》《长江教育研究院年度中国教育政策报告》，建立自有品牌。在每年的年初编印发行一本3万字左右的《长江教育研究院年度教育政策建议书》，从宏观上对当前的国家重大教育问题提出自己的看法或政策建议，表明研究院对国家教育政策的基本态度，以影响“两会”前的社会舆论，增加社会影响。与此同时，每年年末出版一本《长江教育研究院年度中国教育政策报告》（黄皮书，分类年度教育综述，25万字左右，附英文摘要，介于官方的绿皮书、白皮书及民间的蓝皮书之间）。前者是“实时反映”，后者是“反思总结”，快慢结合，相互补充。

八是举办“长江教育论坛”。每年3月中上旬（“两会”期间）在京举办一次“长江教育论坛”，邀请国内外教育专家、知名学者就教育问题举行论坛，发表意见和建议，推动中国教育改革和发展。

九是开展各类教育评奖活动，以扩大研究院的社会影响，如每年12月举办评选“长江教育年度教育制度创新奖”“长江教育年度热心教育改革人物奖”“长江教育年度热心教育人物奖”，以表彰本年度对教育改革、教育创新作出了积极贡献的单位和个人，形成社会关心教育、支持教育、推动教育改革与创新的良好氛围。与此同时，每年年底举办评选“长江教育年度十大教育事件”“长江教育年度十大教育新闻”“长江教育年度十大最有影响的教育图书奖”“长江教育年度十大热心教育读者奖”等，形成长江教育研究院的年度“十大”系列评奖品牌。评奖活动可以进行市场化操作，以《长江商报》“教育版”为主，联合国内各大媒体共同举办。

十是适时创建长江教育研究院（长江出版集团）博士后工作站，为研究院开展深入研究、聚集优秀人才做准备。

周洪宇院长对长江教育研究院未来发展的设想得到了与会领导、专家的一致认同。各专家围绕周院长的设想交流了自己的看法。这场会议在长江教育研究院发展史上具有重要的历史意义，它对长江教育研究院进行了反省，商讨了长江教育研究院未来的发展定位，是一个组织共同体真正形成的标志，也是一个组织开始由一般性的社会组织转变为新型教育智库的标志。这不仅是因为长江教育研究院第一次制订了以“中长期发展规划”的名义对机构未来的发展纲领性计划，而且是因为研究院全体同人真正凝聚在了一起，以高度的责任感和主人翁意识共同参与组织的发展。全院同人总结了建院几年来所取得的成绩和面临的问题，是长江教育研究院在艰难发展中敢于探索、善于总结的有益反思，为长江教育研究院之后的继续发展澄清了思想、指明了方向。自此，长江教育研究院在接下来的几年内围绕着以上的宗旨和定位，在湖北省政府、华中师范大学和长江出版传媒集团的支持下，在周洪宇院长的带领下，在教育领域内诸多专家学者的关心和鼓励下，研究院全体同人，众志成城，不断地克服困难，朝着内涵式发展的方向迈进。

第二节　找准方向：积极开展各项活动

长江出版传媒股份有限公司从长江出版传媒集团独立出来后，周洪宇院长与执行院长万智、副院长陈冬新等人在长江出版传媒股份有限公司领导、教育厅领导与华中师大领导的支持下，找准长江教育研究院的发展方向，根据时代的需求和研究院中长期发展规划的指引，积极开展各项活动。经过不断摸索，长江教育研究院机构逐步进入了更为科学、更为规范的运行轨道，各项工作安排有序，稳步推进，赢得了良好的社会声誉，知名度不断提高。

一、在京召开“北京·长江教育论坛”

在北京召开“北京·长江教育论坛”是长江教育研究院找到自身定位后的重大举措，也是长江教育研究院凝聚教育领域内专家智慧来促进长江教育研究院自身发展，以及提高长江教育研究院社会知名度的一项重要活动。在每年3月初与人民教育出版社合作，在北京举办“北京·长江教育论坛”，到会的有国内教育界的知名人士，既有教育部重要领导，特别是教育部下属两个最主要的研究机构——国家教育发展研究中心与中国教育科学研究院的领导，又有从事教育研究工作以及教育出版工作的专家学者。国内教育研究的主要机构——北京大学、清华大学、北京师范大学、中国人民大学，以及主要的民间教育研究机构——21世纪教育研究院、中国教育政策研究院等领导与学者都会参与会议，一些特邀的全国人大代表和全国政协委员，也会应邀参会，了解社情民意，以作为向“两会”提交建议、议案、提案的重要参考。可以说，每年3月初在北京于全国“两会”前，都会以长江教育研究院的名义，召开一次高端教育座谈会。通过此论坛，发出长江教育研究院的声音，进而影响“两会”和“两会”的代表委员，吸引他们关注教育，关注教育当中的重要问题，特别是相关的教育政策。

2009 年初教育部启动了就《国家中长期教育改革和发展规划纲要（2010—2020 年）》征求社会意见后，长江教育研究院作为第三方教育政策研究机构积极参与，分别于同年 1 月 22 日、2 月 22 日在武汉召开了两次专题研讨会，本着“民间立场、建设态度、专业视野”的研究精神，形成

了对《国家中长期教育改革和发展规划纲要（2010－2020 年）》的 10 条建议，并以《长江教育研究院 2009 年度教育政策建议书》（简称《建议书》）的形式呈现了出来。是年 3 月 2 日，正值“两会”召开前夕，长江教育研究院在北京召开“北京·长江教育论坛”专家座谈会，就《建议书》征求北京专家的意见。顾明远、曾天山、姜大源、魏运华、刘立德、程方平、刘复兴、陈中原、谭细龙、申国昌等专家，以及《光明日报》《中国教育报》《新华社》《南方都市报》、武汉电视台等多家媒体单位参加了座谈会。这次发布会取得了较大的影响，顾明远教授、曾天山研究员、程方平研究员等《国家中长期教育改革和发展规划纲要（2010－2020 年）》直接参与专家，对研究院的建议给予高度的评价，特别是由研究院首次提出的“教育体制改革应确立正确的价值取向”“建立国家教育决策咨询委员会”“逐步实施中职免费”“慎重对待高中文理分科”“创新教师教育与管理体制”等建议，社会反响甚巨，并被有效地吸收进《国家中长期教育改革和发展规划纲要（2010－2020 年）》中，《光明日报》《中国教育报》《新京报》及新华社、中国教育电视台、武汉电视台等媒体进行了跟踪报导。事实证明，在“两会”前夕于北京召开“北京·长江教育论坛”，不仅有助于研究院听取专家的意见和建议，而且便于社会了解长江教育研究院的研究成果，进而增强长江教育研究院的社会影响力。

2010 年 3 月 3 日，正值“两会”召开之际和《国家中长期教育改革和发展规划纲要（2010—2020 年）》开始启动第二轮征求意见的重要时刻，长江教育研究院与人民教育出版社在北京共同举办了 2010 年“长江教育论坛暨《教育公平论》出版座谈会”。本次论坛的宗旨是“进一步深化教师教育改革，大力推进教育公平”，其主要议题是研讨《长江教育研究院 2010 年度教育政策建议书》和人民教育出版社最新出版的周洪宇院长领衔撰著的教育学术著作《教育公平论》。全国人大常委、民进中央专职副主席兼秘书长、中国教育学会副会长朱永新教授代表全国人大常委会副委员长、民进中央主席严隽琪到会祝贺并发表了热情洋溢的讲话。另外，教育部师范

教育司、中央教科所、北京大学、北京师范大学、华中师范大学等单位的领导、专家和学者也出席了会议。周洪宇院长在讲话中指出，《国家中长期教育改革和发展规划纲要（2010—2020年）》要进一步突出教师教育和教师队伍建设的位置。为进一步深化我国教师教育改革，提升教师教育发展水平，提高教师教育质量，大力促进教育公平，长江教育研究院对教师教育问题进行了专题研究，提出了建立教育公务员制度、制定并实施教师教育专业标准、实行国家统一教师资格考试制度、完善师范生国家公费制度、建立政府购买公共教育服务等10条关于加强教师队伍建设的政策建议。人民教育出版社副总编辑魏运华编审指出，长江教育研究院和人民教育出版社开展了多次卓有成效的合作，并表示在以后将进一步加强与长江教育研究院的合作，共同为繁荣教育学术、服务教育改革、推进教育科学发展而努力奋斗。

二、研制和发布教育政策建议书

中国的发展离不开社会的全员参与，政府在中国的发展当中充当管理者、“舵手”的角色，通过颁布各项有利于社会和谐稳定、有利于经济稳定增长、有利于中国特色社会主义事业发展和民众福祉的规章制度来提高中国的社会发展水平。在教育方面亦是如此，尤其是在当前教育问题日益成为社会民众最为关注的一个民生问题。教育政策的颁布是国家治理教育、促进教育发展的基本途径，也是解决教育问题的重要手段。长江教育研究院审时度势，瞄准国家教育政策这一领域，研制和发布教育政策建议书，以民间立场、专业视角为国家制定教育政策建言献策，这也是长江教育研究院找准定位谋求内涵式发展的一项重要举措，经过每年的研制和发布，成为了长江教育研究院作为一个民间教育智库影响国家教育政策的重要的品牌性的成果。现将每年教育政策建议书研制活动和发布过程作一个简要的梳理（教育政策建议书的具体内容和社会影响本章不作详细介绍，后另设有专章）。

2008年8月，国务院总理温家宝主持召开了国家科技领导小组第一次会议，审议并原则通过《国家中长期教育改革和发展规划纲要（2010—2020年）》，从此，正式启动了《国家中长期教育改革和发展规划纲要（2010—2020年）》研究制定工作。《国家中长期教育改革和发展规划纲要（2010—2020年）》是对中国未来12年教育改革与发展进行规划与设计的纲领性文件，意义与地位十分重大。2008 年 10 月，国务委员刘延东主持召开工作小组会议，对《国家中长期教育改革和发展规划纲要（2010—2020 年）》制定工作进行了认真部署。是年 10 月 29 日，教育部召开会议具体研究讨论《国家中长期教育改革和发展规划纲要（2010—2020 年）》的制定工作，邀请各民主党派、教育科研机构和教育团体参加，在广泛讨论的基础上初步拟定 11 个重大战略专题、36 个子课题。2009 年 1 月，《国家中长期教育改革和发展规划纲要（2010—2020 年）》工作小组办公室发布公告，宣布从 1 月 7 日至 2 月底，向社会广泛征求意见。长江教育研究院以此为契机，组织武汉大学、华中科技大学、华中师范大学、湖北省教育厅、湖北大学、湖北第二师范学院、湖北省教科所、武汉市教科所等单位有关专家，2009 年 1 月 22 日和 2 月 22 日，在周洪宇院长的主持下，专门召开了两次研讨会，集中讨论了关于《国家中长期教育改革和发展规划纲要（2010—2020 年）》的建议，重点围绕教育体制改革、区域教育发展、基础教育均衡发展、教育质量保障、高考制度改革等问题展开热烈讨论。在讨论问题的基础上，拟定了 2009 年度的教育政策建议书——《长江教育研究院关于〈国家中长期教育改革和发展规划纲要〉的建议》。该建议书在 2009 年 3 月 2 日召开的“北京·长江教育论坛”上正式对外发布，得到顾明远等著名教育学者的一致认可。《光明日报》《中国教育报》《南方都市报》、新华社、武汉电视台等进行了跟踪报道。此外，建议书还提交给了教育部《国家中长期教育改革和发展规划纲要（2010—2020 年）》起草小组，并呈送至当时的周济部长、袁贵仁副部长、陈小娅副部长等。

2010 年长江教育研究院把视线投入到了教师教育领域，关注的重点是教师队伍建设。之所以如此，与长江教育研究院同人一贯的判断“当前中国的教育改革，重点是推进基本公共教育服务均等化（特别是基础教育均衡化），关键点是教师队伍建设，难点是教育体制改革”相一致的。2010 年 7 月 29 日教育部正式对外发布的《国家中长期教育改革和发展规划纲要（2010－2020 年）》的第四部分“保障措施”中，把“加强教师队伍建设”放在了“保障经费投入”的前面，这样的排序表明国家对于教师队伍重要性的深刻认识，“教育大计，教师为本”“办好教育，教师是关键”。这和长江教育研究院的主张不谋而合。基于此，长江教育研究院团队认为教师队伍的质量直接关系到各类教育特别是基础教育的质量，在某种程度上决定着中国教育的成败，关系到中华民族的伟大振兴，如何落实《国家中长期教育改革和发展规划纲要（2010—2020 年）》，建设一支高素质的教师队伍？如何在未来逐步完善相关政策，进一步提高教师队伍质量？在周洪宇院长的带领下，研究院围绕“教师队伍建设”这一主题，广泛开展调研，深入研究中国当前教师队伍建设的现状和问题，在此基础上形成了 2010 年度教育政策建议书《关于教师队伍建设的十点建议》。

2010 年 3 月 2 日在北京与人民教育出版社联合召开的“北京·长江教育论坛”上发布该建议书，同样也把该建议书提交给了《国家中长期教育改革和发展规划纲要(2010—2020 年)》起草小组，相关建议内容被起草小组采用，吸收进教育规划纲要之中。

随着工作的不断推进，尤其是在《国家中长期教育改革和发展规划纲要(2010—2020 年)》颁布之后，各项规划逐步实施，长江教育研究院在周洪宇院长的带领下对政策的研究越来越深入。2010 年底长江教育研究院针对我国教育体制改革创新等重大问题，多次组织专家学者研讨和座谈，把“建立‘教育特区’，实现区域突破”作为该年度教育政策建议书的主题。经过周洪宇院长、叶平教授等人的共同努力，形成了《建立“教育特区”，以区域突破带动教改全局》的 2011 年教育政策建议书，并于 2011 年 3 月 2 日在北京举办的“长江教育论坛”上，正式发布了该建议书，引起了很大的反响。身为全国人大代表的周洪宇院长又将这份建议书的主要内容作为 2011 年议案提交全国人大十一届四次会议。2012 年至 2015 年，长江教育研究院又陆续研制和发布了《关于建立教育投入长效保障机制，进一步加大教育投入的建议》《新挑战与新机遇：第三次工业革命及中国教育应对之策》《关于促进信息技术与教育深度融合，发挥信息技术对教育发展具有革命性影响作用，深化教育综合改革的建议》。

发布教育政策建议书是长江教育研究院找准研究院发展方向后，作为民间教育组织研究并影响国家教育政策的一项重大举措，自 2009 年第一次发布教育政策建议书后逐渐形成为制度，是长江教育研究院逐渐由一个新生的民间教育研究组织成长为全国知名教育智库的一项重要活动。可以看出，长江研究院教育政策建议书所选择的主题十分切合中国教育发展的实际，所提出的建议既具有前瞻性，又具有现实性，既具有全局性，又具有针对性，因此都产生了很大影响。

三、编写出版《中国教育黄皮书》

为了对已实施的教育政策进行反思总结，长江教育研究院联合华中师范大学、武汉大学、华中科技大学、湖北第二师范学院等省内外专家学者编辑出版了年度《中国教育黄皮书》，力求反映民间的立场和声音，反映学术界一批有共同理念与追求的人士对我国教育的真实想法。

把教育政策研究工作以书籍的形式向外进行发布是编写《中国教育黄皮书》的初衷，研究院为此曾多次展开讨论。2009 年 8 月 18 日，研究院副院长陈冬新召集叶平、程斯辉、谭细龙、申国昌、雷春等专家召开座谈会，在分析当时教育蓝皮书、教育绿皮书以及计划推出的教育白皮书的基础上，讨论了长江教育研究院的教育黄皮书的研究价值、研究定位、队伍组成、编写方式等，并达成了相关共识。周洪宇院长亲自任本年度教育黄皮书的主编，陈冬新副院长和华中师范大学教育学院申国昌教授任副主编，从2009年7月着手筹稿到2010年6月完成稿件约齐和改定。主编周洪宇院长在该书的前言中深情地写道："在编写过程中，我们一直得到中国教育学会会长、著名教育家顾明远先生的关心和指导，得到教育部职业技术教育中心研究所姜大源研究员、《中国教育报》副总编翟博博士的鼓励，得到上海市教育研究院民办教育研究院院长胡卫研究员等人的协助，得到湖北省教育厅领导的关心和湖北省内高等院校和科研机构的教育专家的帮助，得到湖北教育出版社资深编辑陈雅锋先生的支持，尤为难得的是，湖北长江出版集团负责人在集团公司上市筹备紧张之际仍惦念本书的出版。"可以看出，《中国教育黄皮书》不仅是研究院同人智慧的结晶，还凝聚着诸多人员的期盼和鼓励，同时也说明了长江教育研究院所开展的工作得到同行的支持和认可。

2010年10月9日，长江教育研究院联合北京21世纪教育研究院在武汉举办了"'促进义务教育均衡发展'专题研讨会暨《中国教育黄皮书》（2010年）首发式"，本次会议由北京21世纪教育研究院和长江教育研究院共同主办，21世纪教育研究院院长杨东平、北京师范大学教授袁桂林、北京市政协特邀委员王晋堂、中国教育报刊社副社长谢湘、长江教育研究院院长周洪宇、湖北省教育厅厅长陈安丽、长江出版集团副总裁宋丹娜、长江教育研究院副院长陈冬新及武汉大学教授程斯辉、华中师范大学教授雷万鹏、华中师范大学教授申国昌、湖北省教育科学研究所研究员蒋瑛俐、武汉市教育局副局长徐定斌、黄石市教育局局长尹国平、崇阳县教育局局长龙志凡、监利县教育局局长余新洲、宜昌市夷陵区教育局副局长任贤志、丹江口市教育局副局长汪敬清等领导、专家出席会议，会议围绕彼时我国教育改革的热点——"促进义务教育均衡发展"展开了热烈的讨论。

在此次会议上，长江教育研究院正式对外发布了《中国教育黄皮书》这一研究院最新出版物。

《中国教育黄皮书》（2010年）主要包含教育改革反思、教育政策建议、教育政策专题报告、教育年度发展报告、区域教育改革、2009年教育大事记等八部分内

容。其中教育改革反思，以20世纪中国教育改革经验作为历史铺垫，进而审视当今教育改革的难点与重点。围绕《国家中长期教育改革和发展规划纲要（2010—2020年）》的制定，长江教育研究院提出了十点建议：教育改革应确立正确的价值取向，探索自主创新的区域教育发展模式，逐步实施农村中等职业教育免费，合理保障流动人口子女在城市受教育的权利，建立基础教育学校标准体系，慎重对待高中文理分科，创新教师教育与管理体制，国家财政对教育投入尽早实现4%的目标，建立国家教育政策咨询委员会，加快教育立法进程，真正实现以法治教。同时该书围绕基础教育均衡发展、解决留守儿童教育问题、职业教育改革、深化高等教育改革、促进民办教育发展等，提出了系列教育政策建议，并从学前教育、义务教育、高考改革、职业教育、民办教育、继续教育等几个领域对2009年度各类教育发展做了综述。还专门以湖北省为个案，对区域教育改革和发展作了尝试性探究，并提出了区域教育改革与发展的政策建议。

2011年至2014年，长江教育研究院又陆续组织编写并出版发行了年度《中国教育黄皮书》，主题分别为“进一步推进教师队伍建设”（2011年）、“教育体制改革呼唤区域突破”（2012年）、“进一步优化教育财政投入”（2013年）、“第三次工业革命与教育改革”（2014年）。经过几年的连续出版，《中国教育黄皮书》形成了固定系列，逐渐成为长江教育研究院教育政策研究品牌出版物之一。

以上三项是长江教育研究院找准定位后着力开展的最为重要的活动，需要特别指出的是，长江教育研究院所开展的活动并不仅仅局限于此，既保留了建院之初的传统项目，还结合各项工作的推进和现实的需要陆续开展了其他活动。例如，继续实施项目管理，设立研究课题，研制高职学校规划教材，举办教师培训等；计划先以书代刊的形式出版《长江教育论丛》，为研究院及学界同人提供一个研究教育政策的公共平台（《长江教育论丛》第一期于2015年上半年出版，下半年出版了第二期）；研制并公布长江教育研究院中国教育发展指数；成立教育评价研究中心、中小学教材研究中心，等等。这一时期是长江教育研究院快速发展期，研究院的整体发展步入一个新的高水平阶段，各项工作计划周详，稳步推进，成效显著。

Chapter 03

第三章

新形势下的转型发展

（2015 年至今）

2015 年以来，面临近年来国际智库的蓬勃发展，中国崛起后对智库建设的迫切需要，中共十八大尤其是十八届三中、四中、五中全会后，中央对建立中国特色智库的明确要求，长江教育研究院力求新形势下的转型升级发展，逐步将未来的定位，由原来的“教育政策研究与教育产品研发”发展到“教育政策研究智库、教育产品研发基地、教育咨询评估中心”，由原来的“一体（教育政策研究）一翼（教育纸质产品）”到“一体（教育政策研究）两翼（教育多媒体产品和教育咨询评估等）”，由原来的“政、产、学、研一体化”到“政、产、学、研协同化”，由原来的“民间立场、建设态度、专业视野”到“全球视野、中国立场、专业能力、实践导向”，由原来的地方化、区域化到全国化进而国际化、全球化等，开始迈上一个新台阶。

第一节　顺应潮流：长江教育研究院转型的时代选择

长江教育研究院作为一个成长中的教育智库，不仅是立足于我国教育现实的中国智库，而且也把眼光转向国外，力图成为全球教育智库中重要之一员。把长江教育研究院放在全球智库和中国智库发展的背景下去考察，就会发现长江教育研究院的定位越来越准确、完善，就会发现它正用自身的努力创造着自己的历史。

一、国际智库的蓬勃发展

智库是“思想库”“脑库”“外脑”、咨询公司、智囊团或其他智囊组织的统称，是指由多方面专家、研究人员组成的跨学科公共研究机构，其主旨是为决策者提供政策建议和决策咨询，其目标定位是政府决策者和社会大众，通过各种研究成果和公共媒体影响公共政策的制定和社会舆论。智库被认为是继立法、行政和司法后的“第四部门”，是国家“软实力”的重要组成部分。当前国际智库蓬勃发展，无论是数量上还是业务开展上，都呈现出迅猛发展的态势。据统计，截至 2015 年，全球共有 6 681 家智库，其中美国 1 830 家，中国 429 家，英国 287 家，是世界智库数量最大的三大国家。在全球十大智库中，美国、英国、瑞典、比利时四国包揽前十名，其中美国有 6 家跻身全球十大智库，为全球十大智库数量之首。目前，美国智库成为影响美国公共政策决策和司法立法的政治力量，成为能够表达社会各方利益的重要“传话筒”。①

在开展业务方面，国际智库除了为本国政府提供政策建议之外，大部分智库还积极参与国际交流和合作活动，提高国际影响力，注重研究国际性、全球性重大问题，积极开展跨国扩张与国际合作，组建全球或地域性智库网络，以非官方的身份从事影响官方决策的跨国活动等，成为了真正意义上的国际智库。如成立于 1946 年

①沈进建：《美国智库的形成、运作和影响》，载《中国社会科学评价》2016 年第 2 期。

的美国斯坦福国际咨询研究所，原名斯坦福研究所，主要业务是为美国政府以及工商企业从事专题研究，随着机构的发展逐步把目光投向国际，竭力向海外扩展活动，与世界各国、各地区的政界、企业界以及著名的战略、政策和学术研究机构进行密切往来。现除了设在加利福尼亚州门罗公园的总部，在华盛顿、纽约等地设的两个分所、四个办事处，在欧洲的苏黎世和斯德哥尔摩、亚洲的东京和曼谷、澳大利亚的悉尼以及中东等地也设有许多办事处，每年接受国际方面的个别委托与咨询约2 000余件，与世界65个国家800多家公司保持联系。又如美国另一家全球顶级智库——兰德公司，每月组织150名调研咨询人员参观访问世界的、民间的军事科研机构，同时也接待来自世界各地约400名同行和政治家的访问。

不难看出，随着经济全球化和信息化革命的步伐加快，世界各国政治、经济的相互依存和互动日益加深，各国国内政治、经济、社会、环境等问题往往需要在全球视野下进行观察和寻求解决方案。在此情况下，国际智库紧跟全球化的趋势，利用自身的智力资源、物力资源和人力资源等，积极参与国际合作，一方面在国际舞台上发挥越来越重要的作用，另一方面又通过国际化进一步提升智库在本国内的作用和影响。在以往任何时代，都没有像当前这样出现了智库发展的热潮，这不仅是世界智库发展的趋势，也反映出智库作为一种“思想库”本身即具有重大的存在价值和存在必要。

二、中国对智库建设的迫切需要

中国智库在政府决策和推动经济发展等方面扮演着越来越重要的角色。随着全球智库的蓬勃发展，同国际智库相比，我国智库建设还相对滞后。尽管中国已经成为智库数量仅次于美国的“智库大国”，但上榜智库的整体水平还是逊于美国和欧洲的一些主要智库。据《全球智库报告2015》统计，在全球智库综合排名榜单100强中，中国有6家智库入选，分别是：中国社会科学院（第31名）、中国国际问题研究院（第35名）、中国现代国际关系研究院（第39名）、国务院发展研究中心（第50名）、北京大学国际战略研究院（第64名）、上海国际问题研究院（第72名）。可以看出，中国的智库与国际智库的实力还存在一定的差距，国际一些顶级智库经过多年的发展，在各项领域的研究水平都相对较高，并且整体的智库体系发展更加成熟，中国智库难以望其项背。显然，作为知识与思想生产者的智库实力，远远落后于我国贸易、经济、军事、科技等实力，这和中国作为世界第二大经济体的国际地位不相符，和中国快速发展的社会现实不相符，和中国特色社会主义事业建设的各项需要不相符，中国的政治、经济、文化、社会等各项事业呼唤水平高、质量优的智库不断涌现。

随着我国经济社会深刻转型发展，面对着更加纷繁复杂的国内外形势，中央决策所面临的国内外环境正在发生深刻变化，所面临的矛盾和挑战日益复杂，对科学决策、民主决策的要求越来越高。特别是国内经济发展爬坡过坎处于结构调整阵痛期、增长速度换挡期、全面深化改革处于攻坚闯关克难期、社会建设处于深层次矛盾凸显期，决策需要考虑的因素越来越多，对决策的全局性、前瞻性、战略性、综合性和长期性问题提出了更高的要求。① 基于这些原因，党的十八大以来，新一届中央领导集体高度重视智库建设，对智库建设提出了新要求、新定位、新方向。在2012年中央经济工作会议上，习近平总书记指出，要健全决策咨询机制，按照服务决策、适度超前的原则，建设高质量智库。2013年4月15日，习近平总书记对我国智库建设作出重要批示，把智库建设上升到了国家战略高度。11月，十八届三中全会进一步明确提出“建设中国特色新型智库，建立健全决策咨询制度”，把加强中国特色新型智库建设作为推进国家治理体系和治理能力现代化的组成部分。2014年3月，习近平总书记在访问德国时，把智库建设提上了国家外交层面，指出在中德两国成为全方位战略伙伴关系中，应加大政府、政党、议会、智库交往。2015年1月20日，中办、国办联合公开印发《关于加强中国特色新型智库建设的意见》，指出中国特色新型智库在为党和政府科学民主决策、参与国家治理以及构成国家软实力等方面的重大意义，对我国特色新型智库建设作出了整体性规划。中国特色新型智库的建设迎来了最好的时代。

三、长江教育研究院的顺势转型

长江教育研究院经过近十年的摸索，形成了一套较为成熟的运作管理体制，来规范研究院的运作，提高项目研究的工作效率，把握研究课题的大方向，寻找支持研究的资金和维持研究院运转的能力，推动研究院不断产生新思想、新产品和新成果。前已述及长江教育研究院在召开研究院中长期发展规划会议后，找准定位，本

①李国强：《对“加强中国特色新型智库建设”的认识和探索》，载《中国行政管理》2014年第5期。

着“民间立场，建设态度，专业视角”的宗旨、“立足湖北，面向华中，走向全国”的定位，通过召开“北京·长江教育论坛”、研制和发布教育政策建议书、出版《中国教育黄皮书》、创办《长江教育论丛》、编辑出版高职院校和中小学规划教材、设立研究课题、开展教师培训、开发智能教育产品等业务活动，凸显出长江教育研究院作为一个民间性的教育政策研究机构和教育产品研发机构的专业性、开放性和包容性等特点。

在新的历史时期，在国家大力鼓励、支持和开展中国特色新型智库建设的大好时机，在国内智库建设势头良好、智库建设参与人员热情高涨、信心倍增的大好时期，长江教育研究院也紧随时代的发展步伐，响应国家的号召以及本着研究院长足发展的考虑计，顺势转型。2015 年 12 月 16 日，长江教育研究院召开重要工作会议，会议由湖北省人大常委会副主任、长江教育研究院院长周洪宇主持，长江出版传媒股份有限公司副总经理、董秘万智，长江教育研究院执行院长胡明亮，副院长陈冬新、方平、杨可等人出席会议。会议对 2016 年举办“北京·长江教育论坛”各项事宜进行了安排，此外，会议还重点讨论了在新时期为了使长江教育研究院更加适应时代的需求对机构进行相应调整的问题，主要包括成立职能部门以及成立阅读研究所两大举措。

长江教育研究院组织机构变迁：

成立初期在内部组织架构方面主要设置了院务委员会和学术委员会两大机构，院务委员会包括名誉院长、院长、执行院长、副院长、秘书长等五大部门，学术委员会包括学术顾问和学术委员会主任两大部门，其中在组织管理中还设置院长办公室，负责研究院的各项决策，常设研究院秘书处负责研究院报告起草、会务安排、课题材料汇集、产品出版组织等日常工作。院务委员会、学术委员会两大块工作的协调主要由陈冬新副院长统筹负责，这样的组织架构基本满足和保证了长江教育研究院在建院初期的各项事务安排。

随着研究院工作的不断推进，2009 年长江教育研究院对研究院院内下属机构进行了扩充，设置了行政部（主要负责日常行政工作，陈冬新兼管）、学术部（主要负责学术课题申报、评审与鉴定，陈冬新、刘青春兼管）、教育开发部（主要负责教材研发、培训与推广，李家瑞、刘安民兼管）、对外交流与合作部（主要负责对外联系与交流，叶平、王薇兼管）、教育评估所（主要负责教育评估、监测与鉴定，李进才、凌云兼管）、长江教育基金会（主要负责筹集基金，发展教育事业，陈冬新、石挺兼管）等机构，简称“四部一所一会”，同时在学术委员会当中增添了秘书长，由华中师范大学教育学院教授申国昌和长江教育研究院副院长陈冬新担任，并对学术委员会的委员进行了扩充。“四部一所一会”的设立使长江教育研究院各项职能部门更加完备、具体，在负责事务方面更加精准，分工明确，有助于各项任务快速安排到人、落实到位。2009—2014年期间，组织机构一直按此延续。

2015年在内部组织方面成立的主要有学术部、策划部、编辑部、出版部、阅读部、外联部、统筹部。和之前的相比，既涵盖了之前的部门，又有新的增设，例如把重大活动的策划突出出来，专门成立了策划部，负责重大活动策划工作；针对《长江教育论丛》《中国教育黄皮书》的编辑工作，专门增设了编辑部；又增设阅读部，负责阅读研究所的管理工作。阅读研究所由陈冬新提出设立，主要是在阅读的研究、引领、出版、推广、政策建议等方面开展工作，以适应全民阅读的社会需要。在团队建设方面，长江教育研究院人员结构不断趋于优化，既有年富力强的自建院以来一直参与长江教育研究院发展的同志，也逐渐吸引了刘来兵、陈光春、张炜、于洋、付卫东、周文鼎、程功群、郭景川、黄亚栋、邓凌雁、郭伟等年轻同志的加入，为长江教育研究院的不断发展注入了新鲜的血液。

可见，作为新型教育智库，长江教育研究院在新的历史时期，通过完善组织架构，成立专门的部门来更好地组织开展各项工作，在为高职院校及基础教育开发教育产品的同时，着重开展政策研究，研制教育政策建议书，发表高水平的政策研究论文，参与国家教育决策咨询，更好地发挥教育智库的作用。

此外，长江教育研究院还结合研究院同人尤其是研究院院长周洪宇教授等人的各种学术或行政资源，针对当前教育热点问题乃至社会热点问题，发表文章、著书立说、阐述自己的教育主张、直接与国务院总理或教育部领导会面提出可具操作性的对策和建议。“天下大势，浩浩荡荡，顺之者昌，逆之者亡”。长江教育研究院向新型智库转型是时代发展的必然要求，也是自身可持续发展的必然选择。

第二节　名传于外：政府和社会各界对机构的认可

长江教育研究院成立的初衷是为了整合湖北省内教育资源尤其是图书出版资源，但随着研究院各项工作在全国范围内的逐步开展，研究院的社会声誉不断提升，得到了政府行政部门、中小学教师、同行专家和社会人士的一致认可和好评，这是研究院成立十年来全体同人努力的结果，也是研究院在新的形势下转型发展的动力之一。

一、长江教育研究院受到党和国家领导人以及教育部部长的充分肯定

长江教育研究院成立十年来，通过自身的努力，教育政策研究与咨询工作，以及教育产品研发等，受到了政府有关部门和社会各界的普遍关注，并得到了党和国家领导人以及教育部部长的充分肯定。

为了调研民间教育研究机构的生存环境，把握其成长规律，加强对民间教育研究机构的指导，全国人大严隽琪副委员长此前还专门于2011年3月21日在长江教育研究院院长周洪宇、湖北省教育厅厅长陈安丽等陪同下视察了长江教育研究院。她在参观了长江出版传媒集团陈列室及长江教育研究院成果展示后，听取了集团负责人关于长江出版传媒集团和长江教育研究院的发展情况的汇报，并和长江出版传媒集团、长江教育研究院的领导及工作人员合影留念。她对长江教育研究院由省教育厅、华中师范大学和长江出版传媒集团三家联合发起，由长江出版传媒集团承办，以政府指导为原则、学术研究为基础、教育文化出版为支撑的，发挥“政、产、学、研”各自优势的管理体制表示了浓厚兴趣，称赞长江教育研究院的体制创新和探索形成的发展模式“很有特色”“很有生命力”。她说，这几年了解到长江教育研究院在教育政策研究方面推出了很多成果，这次到湖北来，自己主动要求到长江教育研究院来看看。看了长江教育研究院的成果展示，听了介绍后，觉得长江教育研究院与国内目前体制内外的教育研究机构相比，有三个方面的特点：第一是企业和高校联合研究机构，再加上很重要的是，在中国特色下必须得到政府的大力支持，“产、学、研”加上政府的支持，这几个方面在这样一个平台上形成了非常好的一种合力的机制和平台。这是非常独特的生命力和特色所在。第二，出版和教育都是同一个文脉上的，应该说是孪生兄弟。搞文化没有教育出版是不行的，出版没有文化就没有精气神。所以长江教育研究院的组成体现了文化、出版和教育高度的融合，所以这也是其具有生命力的很重要的特色。第三，在成果转化方面，通过教育与出版“两翼”联动，以及支撑“两翼”的出理论成果、出政策建议、出教材、举办“北京·长江教育论

坛”等四个方面的活动内容，成果的涵盖面很广。她还指出，在学校里，很多老师注重搞科研，但研究成果因为缺乏途径，往往很难变成政策。作为参政党的民进，需要调动社会的资源，为国家发展献计献策。为此，民进中央与北京师范大学联合成立了中国教育政策研究院，其主要目的就是为参政议政建言献策。与大学教授不同，研究院的成果可以转换成向中共中央提的政策建议。通过这种方式，让大学教授实现自己的价值，推动历史和社会的发展。她最后希望，长江教育研究院与中国教育政策研究院，有很多共同的追求，在体制和机制建设上也各有特点和定位，希望两个研究院能形成合力，定期举办一些研讨活动等。

2014 年 3 月全国“两会”上，长江教育研究院向全国人大提交了“关于以信息技术与教育深度融合促进教育改革”的 10 条教育政策建议，引起了分管教育工作的中共中央政治局委员、国务院副总理刘延东等同志的高度重视。“两会”期间，3 月 12 日下午 3 时至 6 时，中央领导特邀七位有代表性的“两会”代表委员到中南海参加教育改革座谈会，听取大家的意见建议，还特别安排全国人大代表、长江教育研究院院长周洪宇第一个发言，听取他对以信息技术与教育深度融合促进教育改革、加快考试招生制度改革的意见。周洪宇院长谈了四点意见和建议：一是深化考试招生制度改革是正确的，既要坚持正确方向不动摇，又要广泛听取各方意见，不断加以完善。二是在信息技术与教育不断深入融合发展的新形势下，要充分发挥信息技术对教育发展的革命性影响作用，特别是运用信息技术手段做好考试招生改革中综合素质评价、社会化报名等工作。三是根据习近平总书记近期“全面深化改革，重大改革要于法有据”的讲话精神，加快制定《考试法》等相关法律法规，为考试招生制度改革提供强有力的法律保障。四是组织力量，运用各种方式和途径，做好深化考试招生制度改革的专业解读和宣传工作，形成最大的共识，为深化考试招生制度改革创造良好的社会氛围。全国政协常委、民进中央副主席朱永新，全国政协委员、安徽省教育厅副厅长李和平，全国政协委员、中国教育学会会长钟秉林，全国政协委员、北京四中校长刘长铭等 6 人相继发言。刘延东副总理对周洪宇院长等人的发言，给予了充分肯定，指出，十八届三中全会提出要加快推进改革开放包括教育改革开放，中央还提出以信息化带动教育现代化，各方面都要按照中央的要求精心组织，狠抓落实。教育部在这个方面更要抓紧抓实，大力推进。她肯定代表、委员们的发言，站位高，视野阔，想得远，谋得深，富有战略思维和责任意识，所提建议现实性和针对性强，有可行性和可操作性，要求教育行政部门对代表委员的意见和建议，尽量消化吸收，积极落实。有些一时不具备条件实施的，也要积极创造条件，为将来实施打基础。教育部部长袁贵仁、副部长刘利民等一同听取代表委员的意见建议。全国人大常委会副委员长、民进中央主席严隽琪也在这份教育政策建议书上作了重要批示，这些说明长江教育研究院的教育政策建议及其相关工作，是适时的、有效的。

2015 年 3 月 12 日上午，在北京参加“两会”的湖北省人大常委会副主任、长江教育研究院院长周洪宇在人民大会堂候会时，与教育部袁贵仁部长进行了会谈。袁贵仁部长对长江教育研究院、长江出版传媒股份有限公司“两会”期间给他送去的以“加强教育法治建设”为主题的《教育政策建议书》以及《中国教育黄皮书》（2015 年）、《中国好教师》（丛书）、《长江教育论丛》（2015 年第一辑）等图书表示感谢。他充分肯定了长江教育研究院《年度教育政策建议书》中关于加强教育法治建设的十点建议，他还表示：“加强教育立法是前提，完善立法、执法、司法、监督等制度建设是关键，严格执法是保障。”他希望长江教育研究院积极推动《职业教育法》审议以及几部法律的制定和修改，特别是做好当年全国人大常委会开展的职业教育执法检查配合工作。还说：“长江教育研究院的工作方式很好，每年‘两会’期间发布《年度教育政策建议书》并推出《中国教育黄皮书》，结合代表履职，有助于推动教育改革发展，也有助于推动社会进步。今年国家要制定‘十三五’规划，教育方面要统筹规划，希望长江教育研究院可以就其中某一个方面承担研究任务，提出政策建议。”周洪宇院长就袁贵仁部长对长江教育研究院所做工作的肯定表示感谢，并表示会积极参与，尽快完成研究任务。周洪宇院长还谈到长江教育研究院有关职业教育实行“工士”制度的建议，并介绍了湖北职业技术学院的探索。袁部长认为实行“工士”制度有助于培养高职高专学生的荣誉感，打通职业教育与普通教育的立交桥，并肯定这是一种有益的探索，可以继续试验。

2016 年 3 月全国“两会”期间，长江教育研究院再次当面受到了教育部袁贵仁部长的充分肯定和表扬。3 月 13 日上午，在人民大会堂听取完最高人民法院和最高人民检察院的报告后，袁贵仁部长与周洪宇院长进行了交谈，告知周洪宇院长，长江教育研究院日前在京发布的教育政策建议书等系列研究成果均已收到。袁贵仁对研究院 2016 年在教育政策建议书中提出的“十三五”期间逐步实行高中教育免费、义务教育学生“免费午餐计划”“0—6 岁启明星免费阅读行动”等十点建议予以充分肯定，认为其中不少建议（包括“新三免”）都有重大意义，而且是可行、可操作、可逐步实现的。他表示，他从媒体上注意到了长江教育研究院在“两会”期间对“新三免”和教育规划有关重大事项的各种呼吁，认为研究院主张“在未来可预见的时间内延长一年、达到义务教育学制国际平均年限 9.24 年以上、实行十年义务教育学制”的观点是理性的、稳妥的。他说，“目前可以根据国家和地方财力允许的情况逐步推进免费教育，十年、十二年、十三年、十五年都行，一些有条件的地方也做了很好的探索，值得鼓励。但不宜简单地提出将义务教育学制往十二年、十三

年甚至十五年延长。中国太大，各地发展严重不平衡，当务之急是巩固义务教育的

成果，提高义务教育的质量，而不是盲目地延长学制”，并认为目前在未进行充分研究前仍以维持九年义务教育学制比较稳妥。他还特别指出，长研院与人教社多年来于“两会”召开之前在京举办权威性的教育论坛，发布教育政策建议书等报告，与专家学者特别是“两会”代表委员、部委同志加强探讨和沟通交流是一种很好的方式。这种工作方式既可及时提出教育政策建议供国家决策参考，又有利于代表委员更好履职发挥作用，有助于发挥各方面积极性和创造性，共同推动教育改革发展和社会进步。此外，他还对长江教育研究院的未来发展给予了指导和期望，指出长江教育研究院作为一个有原则、有成绩、有影响的民间教育智库，希望在当前国家大力鼓励和支持社会中介组织与第三方开展研究与评价，以促进国家教育治理体系和教育治理能力现代化的时期，要多与其他教育智库加强合作交流，进一步深化拓展研究内容，期待长江教育研究院在未来发挥更大的作用。

长江教育研究院受到刘延东副总理、严隽琪副委员长等党和国家领导人及教育部部长的多次肯定，说明长江教育研究院作为一个教育智库在为政府提供咨询、政策建议方面正日益发挥着重要的作用。

二、开展的教师培训广受学员好评

开展教师培训是长江教育研究院的一项重要活动。2015 年，湖北省教育厅、武

汉市教育局发布 2015 年度中小学教师培训政府采购项目评审结果，长江教育研究院中标三个培训项目，培训总人数为 1 522 人，总标的约 279 万元，是长江教育研究院继去年承办湖北省 965 名校长集中培训之后在教师培训服务领域的又一成果。此次中标的省市培训项目包括：湖北省教育厅“2015 年国培计划中小学教师校长信

息技术能力提升工程培训”“2015 年国培计划教育信息化背景下英语教师口语能力国际达标专项培训”和武汉市教育局“2015 年中小学教师信息技术与学科整合培训”，其中，口语能力达标专项培训采取集中培训和网络研修相结合的混合培训模式。此次中标的培训项目比 2014 年增长 58%、总标的增长 102%，尤其是实施英语口语项目中的网络研修，为长江教育研究院积累了开展远程培训的典型项目实验，为之后利用第一教育网（www. diyi. cn）开展大规模教师远程培训活动奠定了基础。

长江教育研究院创新培训形式，通过信息化手段使现代教育技术与培训紧密结合，突破了传统培训的单一模式。例如，在 2015 年 7 月 13—17 日开展的武汉市骨干教师“中小学教师信息技术与学科教学整合”专项培训活动中，培训前长江教育研究院围绕培训主题对学员进行了调研，并根据调研结果，精心遴选省内外的信息技术专家、一线优秀教师担任讲师，组织授课教师备课会，对培训课程进行精心设计，在授课内容、形式和考核等方面都进行了创新。采取主题任务式培训模式，所有学员从培训第一天起都明确以掌握“微课”的应用为培训目标，通过培训学会制作、分享、应用“微课”来变革传统课堂。长江教育研究院还将信息技术贯穿整个课堂，学员通过用手机扫描自己座位前的二维码即可完成签到，大大提高了签到的效率。培训会场还设立有大型“微信墙”，学员可以在课堂上用微信与教师进行互动，还可以创建微信讨论组进行小组讨论，有效地调动了学员的积极性、主动性和创造性，亦使个性化、针对性的教学互动成为可能。在培训课程形式上，除专家授课之外，还组织上机操作，由一线教师手把手教授学员如何利用信息技术变革课堂。培训期间，还组织学员观摩 3D 智慧教室、体验未来教室、观看“微课”资源等，并就参观活动展开反思讨论。在培训组织形式上，采取分班上课、小组互助合作学习的方式。

长江教育研究院所开展的培训，因其理论与实践相结合的课程安排、新颖别致的培训形式、阵容强大的专家团队、细心周到的后勤服务，受到学员们的一致好评。学员武汉市实验外国语学校的江琴老师动情地说：“参加这次培训，颠覆了我对以往教师培训的认识，这是一次全新的培训。”学员李庆余老师表示：“尽管培训活动时间短，任务重，但我们累并快乐着，因为大家都收获很大。”培训不但赢得学员的认可，武汉市继续教育中心的领导也对培训的组织与实施工作给予了高度评价，认为长江教育研究院有很多培训经验值得推广。

三、开发的数字教育产品备受关注

长江教育研究院开发了一系列教育产品，不但有高职院校规划教材而且有基础教育教辅资料，不但有传统的纸质教育图书而且有科技味十足的多媒体教育产品，尤其是开发的数字教育产品备受关注。

2015 年 11 月 12 日，长江教育研究院和盘古教育科技研究公司联合开发的数字教育产品在第十二届“中国光谷”国际光电子博览会上亮相。“中国光谷”国际光电子博览会创办于 2002 年，由国家九部委和湖北省政府联合主办，到目前为止已成功举办 12 届，累计全球 30 多个国家和地区的 4 500 余家知名企业参展，35 万多名专业观众参观，举办 120 多场论坛，是中国最大光电子信息产业基地的国际盛会。长江教育研究院作为武汉“互联网＋教育培训”产业的代表性企业应邀参加了本届博览会。在展会现场，工作人员向观众演示并讲解了“微学堂”智慧家教产品，该产品针对学科重点、难点、易错点，以新颖的“三分屏”微课模式制作解析视频，融思路点拨、解答示范、归纳点评于一体，有效地解决了学生课外缺乏个性化辅导的“痛点”，满足了学生个性化的学习需要。

当然，长江教育研究院各项工作及政策研究成果受到党和国家领导人以及教育部长肯定、培训项目受到学员认可以及数字教育产品备受关注，只是长江教育研究院受到社会各界认可的一个侧影，研究院开展的活动还经常地受到各大报纸、门户网站等媒体的关注。

第三节　乘风破浪：长江教育研究院未来的发展目标

长江教育研究院从建立至今，已走过了十年历程。与时代同脉搏，伴国家共成长，其间既见证社会进步，又经历自身艰难曲折，可谓“艰难困苦，玉汝于成”。承人民福佑，各位努力，十年艰辛，终于有所作为，但不可丝毫自得，未来仍需努力。

首先，在战略定位与追求上，作为一家有理想、有追求、有目标的中国特色的新型教育智库，未来的长江教育研究院应体现“全、特、专、实”的战略定位与追求。

一是应具有全球视野。2015 年 1 月 20 日，中共中央办公厅、国务院办公厅印发《关于加强中国特色新型智库建设的意见》（以下简称《意见》）。《意见》在中国特色新型智库的功能定位上明确了“公共外交”的职能，同时，在基本标准上强调具有“开展国际合作交流的良好条件”。作为中国特色新型教育智库，长江教育研究院应具有广阔的视野，从世界经济社会发展的大趋势中，从国际教育改革发展大背景下把握中国教育的战略定位，提出中国教育的应对策略，同时，还应依托高水平教育研究，积极参与国际性教育议题的设置、研究和交流合作，“推荐知名智库专家到有关国际组织任职”，广泛传播中国的教育实践经验和政策主张，增强在国际教育媒体和国际组织平台上的话语权，把中国教育理念和教育主张有效传播出去。最近，长江教育研究院也拜访了中国驻美国大使馆，就在美建立分院之事进行了交流。

二是应具有中国特色。智库的发展应遵循智库建设的一般规律，在智库发展相对比较成熟的西方国家，它们的智库运作方式、发挥功能作用的方式等都积淀了一些相对比较成熟有效的经验做法。但智库在每个国家都有自己的国别特点，即便在西方国家内部，这些特点也是十分明显的。中国特色新型教育智库应具有中国立场，坚持“四个全面”战略布局，坚持中国特色社会主义方向，同时，要负有国家使命，体现国家利益，创造并形成具有中国特色的理论政策概念或关键词。例如，长江教育研究院近年提出的与美籍华人学者林毓生的“创造性转化”和李泽厚的“转换性创造”相区别的“新轴心时代”中国教育的“再生性创造”、学位制度上有别于美国社区教育“副学士”“协学士”更有中国特色的“工士”制度等，就是期冀争取中国的话语权，在国际学术界、教育界占有应有的一席之地。

三是应具有专业能力。在中国特色新型智库的基本标准中，《意见》提出要有“特色鲜明、长期关注的决策咨询研究领域及其研究成果”“具有一定影响的专业代表性人物和专职研究人员”等，这些标准设置的背后，都意在推动各智库避免重复建设，防止一哄而上和无序发展，提出了差异化、专业化的智库发展思路。中国特色新型智库要求教育智库应体现专业化，走向精细化，而不是做谁都能做的事。长江教育研究院要集中力量“把一壶水烧开”，创出自己的品牌，形成自己的专业品质、专业优势、品牌优势，在一些重点领域形成核心竞争力。所做出的研究具有战略性、前瞻性、思想性、客观性、可操作性。

四是应具有实践导向。高度重视成果的传播与推广是世界知名智库的一个共同特点。中国特色新型教育智库不仅要努力拿出战略性、前瞻性、思想性、客观性的研究成果，还要具有可操作性，努力推动成果转化和落实，千方百计地让智库的“谋划”转化为党和政府的决策，让智库的“方案”转化为实际行动，让智库的“言论”转化为社会共识。长江教育研究院还将更多地通过“北京·长江教育论坛”、全国人大、全国政协、民进中央等多个平台，通过全国人大议案建议、全国政协提案以及党派统战系统等途径，将自己的教育政策建议努力转化为推动教育改革发展的重要政策，以充分体现其作为教育智库的实践导向。

其次，在机构转型上，按照中国特色新型智库“咨政建言、理论创新、舆论引导、社会服务、公共外交”的总定位，教育智库“创新理论、服务决策、指导实践、引导舆论”的基本定位，以及笔者所理解的“全球视野、中国立场、专业能力、实践导向”的具体定位，为了更好地适应新要求，未来长江教育研究院应努力实现五大转型。

一是实现研究人员的转型。由重学历向重阅历和学历转变。长江教育研究院与一般研究机构不同，它的研究人员除应有一定的学历外，应更重视阅历，即相关岗位的实践经验，经历越丰富、人脉越广，越受智库欢迎，这是由智库的性质和任务决定的。我国传统意义上的智库，主体是从事学术研究的学者组成，很少有在决策部门任职的经历。我国智库专家与发达国家智库学者的最大的差距是阅历不足，今后应“推动党政机关与智库之间人才有序流动，推荐智库专家到党政部门挂职任职”“推荐知名智库专家到有关国际组织任职”。

二是实现研究内容的转型。长江教育研究院要由注重学术理论问题研究为主向聚焦重大理论和现实问题为主转变。重点要围绕教育政策研究的学术前沿，自主开展教育政策理论研究、教育政策的历史与沿革研究以及重大议题的前瞻性与储备性研究；围绕国家和区域重大教育政策急需，开展教育政策热点和难点问题研究、重大教育政策专题研究以及各种中长期或应急性的重大课题研究和案例总结研究；围绕重大政策的实施效果，开展重大政策的比较研究，政策实施过程跟踪评价、政策调适、风险预估与防范等研究。

三是实现研究技术的转型。《意见》提出：“推进研究方法、政策分析工具和技术手段创新，搭建互联互通的信息共享平台，为决策咨询提供学理支撑和方法论支持。”以往，教育科研工作者在做研究时，普遍采用的技术方式还是传统文献研究，还有一些采用问卷调查研究。但在大数据时代，必须借助于互联网、云计算、大数据平台进行工作，才能实现更大范围、更远距离的调研与交流。兰德公司的许多专家是数学家和统计学家。美国东西方研究所为了研究网络空间政策，专门从从事网络研究的贝尔实验室挖来一位技术专家进行政策研究。因此，长江教育研究院应加快研究方法和手段创新，实现由传统文献研究、问卷调查向依靠互联网、云计算、大数据平台等新技术转变。

四是实现成果应用的转型。长江教育研究院要由过去的注重学术理论成果发表向重视成果转化、“产、学、研一体化”发展转变。教育科学研究工作，大多注重学术理论的研究，并且有了研究成果选择公开发表，虽然有些成果在社会上也产生了一定的影响和价值，但是大部分成果在发表后就束之高阁，并未发挥应有的经济社会价值。长江教育研究院应以问题为导向，重视成果转化，并积极通过“产、学、研一体化”促进教育科学事业的发展。

五是实现科研组织形式的转型。长江教育研究院承担的多重使命，要求科研组织形式实现由单学科、个体化的科研组织形式向跨学科、组织化的协同创新模式转变。正如中央党校校务委员会委员、科研部主任梁言顺所指出的“智库，胜在智，强在库。这个智，不单单是锦囊妙计，而是智慧谋略；这个库，超越了‘幕僚’‘师爷’层面，体现为系统的组织性力量”。《意见》明确提出，“重视决策理论和跨学科研究”等。长江教育研究院的组织体制就是跨地域、跨学科、跨部门的开放式的协同创新联合体，为有效开展重大战略性、前瞻性、针对性的政策研究提供了组织保障。

再次，在运行机制上，长江教育研究院应注意创新发展。应从智库的组织管理体制、研究体制、经费管理制度、成果评价和应用转化机制、国际交流合作机制五个方面开展创新，努力建立一套“治理完善、充满活力、监管有力”的运行机制。

一是建立协同创新机制。《意见》指出，要“鼓励智库与实际部门开展合作研究，提高研究工作的针对性实效性”“鼓励人大代表、政协委员、政府参事、文史馆员与智库开展合作研究”。应紧紧围绕教育重大问题，建立与党政机关、高校、科研院所开放式的协同创新的工作机制，形成研究合力。当前，长江教育研究院应重视以国家“2011 协同创新中心”为基础，加快组成我国高端教育智库。

二是建立快速反应机制。长江教育研究院应服务党和政府各项教育重大政策需求，一般时效性都比较强，应提升快速反应能力，通过先期储备研究、先进的研究手段、广泛的调研网络，迅速开展研究，形成有深度、有见地、可操作的研究成果。

三是建立课题选题机制。长江教育研究院应探索成立由国内外顶尖专家学者组成的选题委员会，形成科学有效、适度超前的科研选题机制，规划长远和年度重点研究课题，全面优化研究领域和选题方向。

四是建立科研组织机制。长江教育研究院应探索建立团队合作、联合攻关的工作机制；逐步实现从个人兴趣向服务国家、服务大局转变，从分散的、个体化研究向团队合作、协同创新和“跨界”研究转变。实行课题负责人制度，根据课题需要组建跨部门、跨领域课题组，集中优势力量并有效整合各种研究资源参与决策咨询研究。

五是建立成果审核机制。长江教育研究院应实行研究成果分类送审制度和质量把关制度，形成高标准、严密规范的成果质量保证体系。

六是建立激励导向机制。长江教育研究院应建立以激励为导向的成果评价机制。提高科研组织、课题评审和业绩评价的透明度，强化竞争，提高评审标准和淘汰率，加大对优秀成果的激励力度。从重论文、著作向重完成上级管理部门任务、服务决策转变。以关注实绩为用人导向，结合公推公选、公开竞聘等选拔制度，为优秀人才的全面发展提供更为广阔的平台。

七是建立项目管理机制。长江教育研究院应以问题导向和前瞻导向相结合实施科研项目管理机制。需求导向、问题导向、项目导向是目前教育科研的三大动力源。针对群众的教育需求，瞄准教育的现实问题，通过课题立项的形式，进行前瞻性研究，着力提高政策建议对决策的实际应用价值和理论价值。

八是建立数据支撑机制。大数据已经渗透到当今每一个行业和业务职能领域，数据分析能力正在成为组织的核心竞争力。长江教育研究院应建立各类教育数据库，形成一批具有集成优势的智库研究平台。坚持用事实说话，用数据说话，通过对数据的定量、定性分析，为教育科研提供全方位的更具专业化和个性化的服务。

最后，在构建发展格局上，长江教育研究院应继续完善“三位一体”大格局，探索中国特色新型教育智库发展之路。

长江教育研究院通过近十年实践探索，逐步形成了“政策研究、产品研发、咨询评估”的工作模式，搭建起一个以教育出版企业为支撑、联系相关教育专家和教育管理部门的平台，探求一种以政府指导为原则、学术研究为基础、教育出版为手段，“政、产、学、研”各自优势相结合的体制。这种研究体制与运行模式在国内外很少见，是一种混合制研究体制和模式，属于地方性的模式创新。

长江教育研究院应努力构建“三位一体”大格局，这里的“三位一体”主要包含四层含义：在产出上，强调“出思想，出人才，出产品”；在功能上，重点是“政策研究、产品开发、咨询评估”；在研究力量上，强调“政府、学界、企业”协同创新；在学术态度上，强调“民间立场、建设态度、专业视野”。“三位一体”大格局的具体推进路径：一是深入开展教育政策研究；二是加强教育产品研发；三是开展教育咨询评估。

目前长江教育研究院最薄弱的环节是教育咨询评估，而这也是当下教育体制改革的重点所在，需要进一步加强。十八届三中全会强调要“深入推进管办评分离，委托社会组织开展教育评估监测”。长江教育研究院作为社会智库，始终把履行社会责任放在首位，“管办评分离”为社会智库服务教育拓展了空间。2013 年开始谋划，2015 年年初，长江教育研究院正式下发了《教育评价研究中心组建方案》，强调要遵循教育评价的客观规律，坚持教育评价实践、教育评价理论研究和教育评价咨询相结合，坚持“标准科学合理、程序严格规范、结论客观公平”的评价理念，以高水平的专家队伍建设、清正廉明的评价作风建设和务实高效的评价组织行为保证质量的三大支柱，努力把长江教育研究院评价中心建成“省内有权威、国内外有影响”的专业性教育评价研究机构。

通过十年的努力和实践，长江教育研究院的教育智库建设已经取得了一定的进展，许多研究成果通过长江教育研究院院长、湖北省人大常委会副主任、全国人大代表周洪宇和长江教育研究院顾问、华中师范大学党委书记、全国政协委员马敏等人的人大议案建议和政协提案等多种形式转化为政策建议，成为国内重要的社会智库。长江教育研究院顾问、中国教育学会原会长顾明远，长江教育研究院顾问、中国教育学会原常务副会长、国家教育发展研究中心原主任谈松华，长江教育研究院顾问、教育部党组成员、国家教育行政学院原院长、全国人大代表顾海良，长江教育研究院院长、湖北省人大常委会副主任、全国人大代表周洪宇，长江教育研究院名誉院长、华中师范大学党委书记、全国政协委员马敏，长江教育研究院学术委员会副主任、华中师范大学校长杨宗凯，长江教育研究院战略谋划部主任、武汉纺织大学教育研究中心主任张建林，长江教育研究院基础教育研究部主任、湖北省基础教育研究中心主任、华中师范大学教育学院院长雷万鹏，长江教育研究院秘书长、湖北省教育政策研究中心主任、华中师范大学教育学院副院长申国昌，长江教育研究院学术部主任、湖北教育科学研究所副所长刘国卫，以及长江教育研究院重要学术骨干如湖北教育科学研究所原副所长叶平、武汉大学教育学院院长程斯辉、华中师大教育学院原院长涂艳国、湖北大学教育学院院长靖国平、湖北第二师范学院原科研处长谭细龙、武汉职业技术学院原院长马必学、湖北工业大学李梦卿等人也担任国家教育咨询委员会、国家基础教育课程教材专家咨询委员会、国务院学位委员会教育学科评议组、教育部教师教育咨询委员会、教育部国家教育督导专家团、教育部教育信息化专家组、全国教育科学规划领导小组等国内许多重要学术机构和咨询组织职务，应邀参加各种高层座谈会，直接向中央和教育部领导建言，提供咨询意见。

"路漫漫其修远兮，吾将上下而求索"。建设中国特色新型教育智库，是一项长期而艰巨的任务，意义重大，使命光荣。长江教育研究院将在今后的岁月里，不断创新管理体制和运行机制，为促进教育决策的科学化、民主化，促进国家教育治理现代化，提升教育软实力作出其应有贡献，并为中国教育智库发展探索一条可行之路。

Chapter 04

第四章

初亮啼声：为国家教育改革发展规划纲要制定提供建言

《国家中长期教育改革和发展规划纲要（2010—2020年）》（以下简称《规划纲要》）是进入21世纪以来我国第一个教育规划纲要，是指导教育改革和发展的纲领性文件。党中央、国务院高度重视《规划纲要》的制定工作，强调这是政府必须做好的一件大事，要求在制定过程中广纳群言、广集众智，充分听取社会各界意见，努力制定一个让人民满意、符合中国国情和时代特点的高质量的《规划纲要》。长江教育研究院积极响应政府号召，通过实地调研以及专门座谈讨论，形成了对教育体制改革、区域教育发展等问题的十条建议。这是长江教育研究院首次针对我国教育的现实为政府决策、咨询所做的政策建议，是长江教育研究院在政策建议方面的首次正式发声。

第一节　关于《国家中长期教育改革和发展规划纲要（2010—2020年）》征求意见稿的十点建议之提要

一、教育改革应确立正确的价值取向，进一步明确教育改革的愿景

教育改革，要坚持以人为本、统筹兼顾、灵活多样、民主科学、循序渐进的价值取向。教育改革的重点是教育体制改革，教育体制改革的重点是教育行政体制改革，教育行政体制改革的关键是适应教育改革发展和转变政府职能的需要，改变传统的教育管理方式，发挥地方和基层的积极性；理顺政府与社会主义市场经济相适应的办学自主权，建立教育家办学的新机制；探索与社会主义市场经济相适应的教育体制，完善动员行业、企业和社会力量共同发展教育的政策体制，改善公办教育与民办教育共同发展的制度环境；提高教育对外开放的层次和范围。建议处理好中央与地方、政府与学校、公办与民办、国内与国际以及各类教育之间的关系等。教育改革，要坚持以人为本、统筹兼顾、灵活多样、民主科学、循序渐进的价值取向，着重处理好以下几方面的关系：

首先，处理好中央与地方的关系。进一步加强党和国家对教育事业的领导。明确划分中央与地方政府在各级各类教育中的权利与义务，切实保障教育的优先发展。明确中央与地方的权限与职责，该中央管的就要由中央全力去管好，该中央放权的就应当大胆放权，取消不合理的审批制度。中央既不能越位，也不能缺位。同时，该地方负责的地方就应当全力负起责任，不要瞻前顾后，小心谨慎，而应放开手脚，大胆负责。中央与地方应当权责清晰，分工明确。

其次，处理好政府与学校的关系。政府引导与学校自主办学相结合。在政府与学校之间重新进行管理权力的配置，一方面要赋予学校以办学的自主权，使学校主动参与市场竞争；另一方面还要发挥政府对教育的引导、规范与监督作用，二者要有机结合。

再次，处理好各类教育之间的关系。全面改革学校教育体制，协调各级各类教

育之间的关系。要处理好学前教育、初等教育、中等教育、高等教育与职业教育之间的关系，着力构建终身教育体系。

又如，处理好学校内部各种关系。按照学校不同的产权制度确立适当的校内组织机构和治理机构，在确保国家大政方针得以贯彻的前提下，充分发挥校内主体的积极性和创造性，确保学校有序地运行和发展。一是校内机构的设立，既要考虑到学校的实际工作需要，又要征求管理者、家长、教师和学生的意见。二是校内各项规章制度的制定与修改，要考虑到行政人员、教学人员、教辅人员以及学生等不同层次人员的利益。三是充分发扬民主，在校内管理中，要让师生广泛参与各项管理与改革，体现出教师的主导地位。吸收学生参与管理，有利于培养学生的自主管理意识和能力。

最后，处理好公办教育与民办教育的关系。在发展公办教育的同时，要注重发展和完善民办教育。继续完善以政府办学为主、社会各界共同办学的体制，鼓励民办教育集团化、品牌化和跨区域化。民办教育董事会要广泛吸收教育家、教师、学生、家长及教育行政管理人员代表参与管理、指导和监督，鼓励民办教育与国外合作办学。

二、根据区域教育发展实际，探索自主创新发展模式

鼓励和支持各教育改革实验区解放思想，大胆试验，仿效改革开放初期建立的经济特区，赋予各实验区特殊政策，放手让它们先行先试，率先破解各种阻碍教育发展的难题，充分发挥实验区对区域教育改革和发展的引领、辐射和示范效应。

因此，建议从各试验区的社会经济发展实际出发，结合各区域综合配套改革的特点，确定各自的教育体制改革试验的重点指向。如：东部地区的上海浦东新区，可重点进行政府职能转变和教育行政体制改革试验，从单一政府提供到政府与社会共同提供公共教育，建立“小政府、大社会、大服务”；天津滨海新区可重点试验：如何通过改革人才培养模式，提升自主创新能力和创新型国家的人力资本水平。鉴于中部地区的教育改革试验区都是为“两型”社会服务的特点，可根据武汉城市圈高校集中的优势，重点试验如何破除中央、地方院校的壁垒，克服大学行政化弊端，实现自主办学和建立现代大学制度；湖南长株潭城市群试验区可重点试验如何通过地方教育体制改革和中小学办学模式改革，尊重学校办学自主权，建立现代中小学制度，推动素质教育实施。西部地区的重庆和成都教育综合改革试验区，可结合社会经济区域改革试验的要求，重点试验如何建立和完善城乡一体化的教育管理体系，

促进教育公平和城乡义务教育均衡发展。

三、逐步实施农村中等职业教育免费，把普及十二年义务教育作为国家中长期教育改革与发展规划目标

近期可以先实行农村中等职业教育免费制，对考入农村中等职业学校和城市涉农专业的农村贫困家庭子女实行免费，逐步扩大到考入中等职业学校和城市贫困家庭子女，再扩大到考入农村和城市的中等职业学校的所有农村家庭子女。近期国家不宜盲目提实现高中教育免费或学前教育免费，但应考虑将高中教育或学前教育免费作为国家中长期教育改革与发展规划目标。对有条件实行高中教育或学前教育免费的少数经济和教育发达的地区，国家无需反对或制止，而应鼓励和支持。具体建议如下：

1. 分类承担。农村中等职业教育经费投入实行中央和地方共同负担，地方承担的比例视地区经济发展程度确定。在省级政府负责统筹落实的现行体制下，要实行“分类承担”的政策。这里所谓的“分类承担”，即是根据中国经济、社会和文化发展不平衡的国情，合理划分义务教育经费投入的比例。具体而言，即对于东部发达地区，主要由地方政府来承担。对于中部一般发达地区，实行以“中央和省级政府共同负责，以地方为主”的教育财政投资体制，具体可按省市承担70%－80%，中央承担20%－30%。对西部欠发达地区，应当完全或主要由中央财政来承担。

2. 分步实施。此项工作可分步实施，先点后面。今年可以先从对考入农村中等职业学校和城市涉农专业的农村贫困家庭子女实行免费，明年扩大到考入城市中等职业学校的农村和城市贫困家庭子女，后年再扩大到考入农村和城市中等职业学校的所有农村家庭子女。从类型而言，可以先从农村中等职业教育开始，然后推广到城市中等职业教育；从专业来看，今年先对农村中等职业学校和城市涉农专业实行免费，明年再过渡到非农业中等职业专业免费；就群体而言，先免农村地区贫困家庭子女的学费，然后逐步推广到城市贫困家庭子女；从层次上看，先低年级后高年级，分层次逐步实施；从地区来讲，今年发达地区和少数中西部条件较好地市可先行一步，明后年中西部地区广泛实施。

四、合理保障流动人口子女在城市接受教育的权利

为了保障流动人口子女在城市接受教育的权利，应由流出地承担在城市接受教育流动人口子女的一部分经费；应当允许符合条件的流动人口子女在就读城市参加

中考和高考。

（一）流动人口子女在城市接受教育，流出地应当承担一部分经费

义务教育经费应该作为国家的一种福利，使每位接受义务教育的学生充分享受。近年来尽管中央和地方财政为义务教育投入了大量的经费，但是由于财政拨款按政府逐级发放，农民工随迁子女因离开了原籍到城市读书，不仅不能享受到免费教育，甚至还得交巨额的借读费，这将使并不富裕的农民工家庭又加重了经济负担。而同时，流入地政府也相应地承担了较大的投入和师资配备，也感到压力巨大，难以完全承担。有的以此为由，拖延不予解决。为此，建议应由农民工流入地与流出地共同承担，流入地承担70%，流出地承担30%。流出地承担的部分经费，具体可采用“教育支票制”的形式实施，即将中央财政转移支付的一部分义务教育专项经费改为“教育支票制”。所谓“教育支票”是将教育经费变为能够兑换成现金的特殊支票。

（二）允许符合条件的流动人口子女在城市参加中考

建议允许符合条件的流动人口子女在城市参加中考。具体条件如下：

第一，允许在城市就读小学5年以上且有学籍的流动人口子女在该城市参加中考，在报考示范高中及中职时与其他市民子女一视同仁，即流动人口子女只要满足条件者同样可以报考省级或市级示范高中。

第二，其父母在该城市工作或居住6年，参加该城市的社会保险满6年，依法在该城市缴纳所得税，或具有硕士学位、被聘任为中级及以上专业技术职务或具有技师（国家二级以上职业资格证书）以上职业资格者，其子女可以在该城市参加中考。

（三）关于允许符合条件的流动人口子女在城市参加高考

同样，按照分类、分步、有序推进的原则，限额审批，提前公示，允许符合条件的流动人口子女在城市参加高考。具体操作时，有关部门首先要对当地流动人员子女适龄人口的数量做出科学统计；再测算每年地方教育资源的承受程度，最多能允许多少流动人口子女在城市参加高考；按照先来后到的顺序和所作贡献的大小，设计不同的权重（如“家庭先来后到”占30%，“在流入地学校学习时间短长”占30%，家庭对地方“贡献大小”占30%，等等，具体指标可以进一步科学细化，这里只是原则建议），然后再综合打出总分，给每个孩子排序，并按《行政许可法》规定，提前一年公布，公示每年能安排多少人。具体方法可参照内地申请人赴港澳定居审批方式和上海市出台的《居住证持有人办理本市常住户口规定》相关规定。应由教育、财政、劳动、地税、城管、发改委、公安等部门来协同办理。

五、建立基础教育学校标准体系，确保基础教育均衡发展

建立基础教育学校标准体系，实施“基础教育学校标准化工程”，努力实现基础教育学校基础设施标准化、校际师资均衡化、质量评价一体化、生源素质均衡化和督导制度规范化，以实现基础教育均衡发展。为此建议：

第一，尽快颁布《教育督导条例》。

第二，建立教育发展水平和质量监测体系，逐步形成国家、省、市、县四级基础教育监测网络；建立区域教育公平监测体系；改革和创新教育督导工作机制；明确教育督导队伍的任职资格，提高督导队伍的素质和水平，逐步使我国教育督导走上法治化、规范化和科学化的轨道。

第三，通过立法规定，改革教育督导的机构设置方式和程序，推行教育督导委派制，即教育督导部门实行垂直领导，只对上级督导部门负责，对同级或下级人民政府的教育行政进行督导，以保持教育督导机构的独立性，从而保证其不受干扰地开展工作。为了加强教育部对全国各地基础教育的领导和监督，可以实行教育部直接委任制，即教育部委任省级教育督导部门负责人并组建督导队伍，省级教育部门委任市、县级教育督导部门负责人并组建督导队伍。人员编制和经费纳入当地政府编制并由当地政府提供经费，实行教育系统的内部督导。同时，也可考虑在各级人大教科文卫委员会里设督导机构。由全国人大委派省级教育督导部门负责人并组建督导队伍，省级人大委任市、县级教育督导部门负责人并组建督导队伍，实行外部系统对教育系统的督导。

六、慎重对待高中文理分科，探索合理的考试评价制度

文理分科是否取消不宜一概而论，更不能在条件不具备的情况下贸然取消文理分科，导致更大的混乱和更多的问题。文理分科只是导致文理偏差、畸形发展的或然因素，而非必然因素，更非唯一因素。将文理分科视为必然因素乃至唯一因素的认识是错误的，是一种简单化、片面化的思维，将涉及多因素的复杂问题简单化了。不要奢望“一合即好”。国家可以在一些地方进行文理不分科的试点探索，但不宜马上取消文理分科，搞一刀切、一盘棋。国外发达国家也并不是文理不分。日本就是一直实行文理分科，从高二上学期开始分科。只要合理调整课程结构，优化教学制度，改革高考评价制度，实行文理分科一样也可以收到好的效果。所以，不要绝对化看问题，要全面地、客观地、冷静地看问题，尤其是教育界的知名学者，更不能

人云亦云，误导社会。

七、创新教师教育与管理体制，优化师资队伍结构

为了优化师资队伍结构，使师范生免费政策制度化，实行国家统一教师资格考试制度，建立国家教育公务员制度，实行教师定期轮换流动制度，重新修订《教师法》，从而加快教师教育与管理制度创新。

八、加大国家财政对教育投入，尽早实现4%的目标

建议国家财政性教育经费支出占GDP的比例，按照每年递增不少于0.25个百分点，最好0.3个百分点的速度提高，在2012年达到4%的目标，使我国国家财政性教育经费在现在每年6 000多亿的基础上继续增长，达到1万亿左右的总额。为此，建议中央财政支出教育经费的比例，每年比上年增加一个百分点；省级财政支出教育经费所占的比例，每年平均增长两个百分点；省以下财政支出教育经费所占比例，每年平均增长两个百分点。

九、建立国家教育政策咨询委员会，促进教育决策科学化、民主化

成立国家教育政策咨询委员会，完善教育决策的程序与机制，推动教育政策尤其是重大教育政策的科学化、民主化。就建立国家教育政策咨询委员会，该委员会的主要任务是对重大教育政策从立项论证、开展调研到制定文本全过程提出咨询意见，为中央出台重大教育政策和措施提供依据，对社会各界普遍关心的重大教育问题进行讨论咨询并形成咨询意见，对其他教育咨询委员认为应该讨论咨询的重大教育问题和政策进行咨询。就建立完善的教育决策程序与机制，建立重大教育问题的预警机制，及时、准确地预测与把握可能出现的重大教育问题；建立重大教育决策的实证调研制度，帮助决策者全面、准确地把握实情，制定科学、有效的政策方案；建立重大教育决策的咨询制度、论证制度，充分发挥智囊机构和专家学者的作用；建立重大教育决策的公众听证制度，保证教育政策相关利益群体了解和参与决策进程，并表达政策诉求；建立重大教育政策执行过程和执行效果的评估与改进制度，不断提高政策设计的科学性、有效性。

十、加快教育立法进程，真正实现以法治教

制定《教育督导条例》是完善教育督导制度的迫切需要；制定《校园安全法》，

确保师生人身安全；制定《学位法》，以立法的形式确立和完善学位制度；制定《特殊教育法》以保证残疾人受教育权；制定《终身教育法》有利于促进学习化社会的形成；制定《民办教育促进法》促进民办学校健康发展。此外，还应该考虑修改《职业教育法》《高等教育法》《教师法》，制定《教育经费投入法》《学前教育法》等，使教育改革与发展有坚实的法律保障。

第二节　《国家中长期教育改革和发展规划纲要（2010—2020年）》征求意见稿十点建议的教育贡献

一、《国家中长期教育改革和发展规划纲要（2010—2020年）》征求意见稿十点建议的发布盛况

2009年3月2日，正值“两会”召开前夕，长江教育研究院在北京召开了研究院专家献计《规划纲要》座谈会。座谈会的主要议题，是长江教育研究院就《长江教育研究院2009年度教育政策建议书》（简称《建议书》）征求北京专家意见，该年度建议书主要针对《规划纲要》献计献策。参加座谈会的有：中国教育学会会长、北京师范大学教授顾明远，教育部教科规划办常务副主任曾天山，教育部职业技术教育中心研究所姜大源研究员，中央教育科学研究所原学术委员会主任程方平研究员，全国教育政策与法律研究专业委员会理事、北京师范大学科研处处长刘复兴教授，中国教育领域资深记者陈中原教授，湖北省教育学会秘书长、湖北第二师范学院教授谭细龙，华中师范大学教授佐斌、申国昌等专家、学者，人教社副总编辑魏运华及人教社文化教育分社社长刘立德也应邀与会。此外，《光明日报》《中国教育报》《南方都市报》、新华社、武汉电视台、湖北经视等媒体单位也参加了座谈会。

座谈会由长江教育研究院副院长陈冬新主持。她首先介绍了长江教育研究院成立的背景及此次座谈会的主要议题，并向专家简要介绍了研究院成立两年来所取得的研究成果及下一步的发展规划。自2009年初教育部启动就《规划纲要》征求社会

意见后，研究院作为第三方教育政策研究机构积极参与，分别于2009年1月11日、1月22日、2月24日在汉召开了三次专题研讨会，本着“民间立场、建设态度、专业视野”的研究精神，形成了对《规划纲要》的10条建议，并以《建议书》的形式呈现出来。这10条建议有一部分是研究院首先提出来的，另一部分是在已有建议基础上的补充与完善。

长江教育研究院院长周洪宇教授首先对10条建议的体例结构进行了介绍。第一个方面是从宏观主题切入，从教育改革入手，从教育改革价值取向及教育改革的愿景来谈。第二个方面从区域教育的创新来谈，教育的改革、教育的突破往往不是自上而下，而是自下而上，改革开放30年突出的经验教训就是改革要区域创新，从基层做起，要调动基层的积极性、创造性，而不能仅仅是等待上级的指示。第三、四、五、六个方面是各级各类教育的核心问题，是焦点、热点问题。第三点是免费问题，但实际上是教育问题，还讲到国家基础教育发展的目标。第四点也是基础教育范畴，但是基础教育中特殊的方面，是流动人口子女在城市受教育的问题。第五点是基础教育均衡化问题，《建议书》中没有提义务教育阶段均衡化，主要是考虑到我国教育不仅在义务教育阶段不均衡，同时在非义务教育阶段也很突出。如果基础教育不均衡发展，那么我们现在所面临的择校热、乱收费等问题就制止不了。第六点是高中的文理分科问题，涉及课程、教学和高考制度改革几方面。第七、八、九、十点分别从师资队伍保障、投入（经费）保障、决策机制保障、法律保障等四个方面来谈教育改革、教育发展必须具备怎样的保障才能得到良性、健康的发展。

与会专家围绕《建议书》，展开了热烈的讨论。顾明远教授、曾天山教授、程方平教授、陈中原教授、姜大源研究员、刘复兴教授、谭细龙教授、佐斌教授、申国昌教授等专家学者结合中国教育发展，结合十点建议，展开了热烈讨论，对建议书给予了高度赞赏。

二、《国家中长期教育改革和发展规划纲要（2010—2020年）》征求意见稿十点建议的教育贡献

1. 长江教育研究院专家学者积极回应教育热点问题

2008年度长江教育研究院工作总结会议，由各位专家对研究院发展和2009年

研究规划进行讨论。时任湖北省教科所副所长叶平认为，这个会议非常重要且有意义，并建议课题研究规划中补充一项：《规划纲要》的推出，是一个改革创新的规划，要改变教育在全面建设小康社会中“一个不适应，三个亟待”（教育不适应全面实现小康社会要求，教育投入亟待增加、教育质量亟待提高、教育体制亟待改革）的情况，这个纲要会为今后若干年的中国教育发展指明方向，它的出台，将是一个巨大的契机，建议针对纲要组织一部分课题研究。比如多层次、多样化的教育问题，教育的投资多元化问题，民办教育发展问题，新机制下的教育家办学问题，培养复合型人才问题，教育体制、办学模式问题等。

江汉大学原校长李进才认为《规划纲要》的推出是一件大事，并对研究院的几个课题十分赞成。对独立学院评估提出了自己的见解：现在全国有 320 多所独立学院，如何评估显然比较重要。独立学院的评估原来叫作教育评估，现在在正式验收前，要先做一个教学评估。并且认为评估要纳入常态，研究院可以多做一些这方面的课题研究。除此之外，独立学院的管理中，法人不负责，负责的不是法人，这一问题也要仔细研究。

武汉生物工程学院邓琮琦院长提及 2008 年与研究院的合作，取得了较好的效果，目前课题已经完成，且出版了研究成果。武汉生物工程学院已经开设了综合实践活动课，且编写了综合实践活动教材，效果非常好。现在学校每年都有综合实践活动的专著出版，去年出版的《大学生“综合实践周”优秀报告文集》，收集了学生参与综合实践活动的 50 多篇报告，社会各界反应非常好，学生参加综合实践活动的积极性也非常高。学校的观点是，应用型本科在办校、在课程设置中应该有自己的一些特点，那么综合实践活动就是一个特点。学生参与综合实践活动，参与社会实践，接受社会的考试，既要认识社会，同时又将被社会认同，了解未来将要面临的什么环境。应用型本科要有一个综合性的、德智体美到社会实践都综合应用的课程。另外，民办教育国家已越来越重视，有很多方面很多问题需要研究，需要解决，如果在这方面进行研究，会取得较好的成果的。

教育部评估专家、华中师范大学评估中心主任凌云教授认为研究院的课题规划有四个方面：基础教育、高等教育、应用型本科以及职业教育。课题方向是否好，要参考几个原则，如需要性原则、前沿性原则、可行性原则等。研究院的体制很好，目前主要进行应用型研究，因此要紧紧抓住时代需要和理论前沿。同时，建议长江教育研究院可作为政府和教育部门之外的第三方，申请并通过政府部门的授权，利用专家资源优势，创办社会第三方教育评估机构，参与各个层次教育的评估。

武汉大学程斯辉教授讲述了自己的感受。温总理曾经说道，企业家身上应该流淌道德的血液，而长江出版集团身上正是如此。关于规划他指出，在讲求效益的同时，应该重视对根本问题的研究，要确立一些涉及教育发展的核心问题，潜下心来，研究出精品。在重大问题方面，有8个大的系列，涉及50个问题，可以进行立足于根本的长远研究，如教学和课程改革，学生的学习能力、实践能力、创新能力、社会责任感培养研究，校长负责制、教育家的成长与教育家办学等。

湖北大学解飞厚教授建议出版两种图书，一种是中高职实习指导书。学生实习时间长，问题多，比较乱，因此急需规范。内容可以讲实习规范、模式、权利、义务、自我保护、相关法规等，有指导意义。二是建议编写高中学生综合素质评价手册。包括评价内容、指标体系、模式、规范等。在课改实施以后，需要这方面的书。

武汉职业技术学院院长马必学阐述了两个问题：一是高职教育应该基于中国国情，目前关于高职教材的主流思想，是基于工作过程的教材，他认为应该不仅仅是基于工作过程。实际上现在是在讲工学结合。浙江、江苏等地现在在实行“双证”教学，要研制“双证”教材。而如果从工作过程导向来看，以后是没有教材的，或者说主要是活页教材。教师和企业技术人员一起，把工作过程分解成相关的任务、知识点、技能点，然后做成活页教材，根据技术变化，可以灵活应变。教材主要是一种教学的参考书，这种教学需要更加多的参考书。二是职教园区有没有必要办，以及怎么办，这个问题也值得探讨。如果做成功了，不是人才培养模式方面的成功，而是如何解决资源共享问题。

教育部基础教育课程教材发展中心常务副主任曹志祥指出，研究院的成立，打破了传统的横向与纵向的壁垒，进行跨区域、跨部门的研究，比较有意义。关于研究院的定位，他认为研究院要有自身的特点，明白自己做什么和不做什么。曹主任认为长江教育研究院也应该定位在中观层面，以现在的实力、地位，做不到高层理论研究，那种有重大影响、有高度的研究成果的推出，还需要一个积累过程。关于如何定位中观层面，他指出国家的政策已经确定，研究院没有必要再去研究政策推出是否有必要，具体到高中课改，湖北进入高中课改后，国家有课程方案和标准，研究院没必要研究它。而应该研究如何创造性地落实课程方案和标准。要结合自身的实际，将研究推进开来，落实好课改。接着要研究学校如何开课，如何教学，如何教好，如何评价，起承上启下的作用。要有所为，有所不为，有所取舍。关于2009年的规划，他有两个考虑：如进入高中课改，要研究怎么样把各个环节做好，如果科研力量强，则引导政府决策。如果湖北进入课改，研究院2009年的重心就应该放在高中这块。第一，研究把国家课程方案放在湖北教育发展现阶段进行地域性方面的适应性研究。根据地域特点来进行推进，创造性地实施国家课程方案。这里面有些需要考虑的问题，比如教材怎么选用，选修课怎么开，综合实践活动怎么开展，学生素质怎么进行评价等，全国并不能完全统一。要进行地域性的调整，但要讲清调整的依据。进入和退出，要有科学的说法，提供一个依据，推出与湖北经济、社会、文化发展相吻合的方案，适应湖北经济、社会发展的需求。第二，他认为方案是开放性的、弹性的，是保底不封顶的。现在的国家课程方案是根据北欧等发达国家学过来的，那里的师资力量、小班教学，全国只有少数高中可以做到，不同层次的高中，应该要做到不同的层次、选修课也要选到不同的层次。比如浙江的考试方案，如果考取北大、清华就要加不同模块的内容等。省里的选修模块可以做出弹性，并要讲出可能性和必要性。课改有它的理论性、区域性、阶段性，还有长期性和复杂性，这些都需要研究。但不要把太多的精力放在太大的或课程等太小的问题上。

2.《建议书》得到著名教育专家的认可与关注

顾明远教授认为长江教育研究院在周院长的领导下做了一件很有意义的事，《建议书》的10条建议都很好。就提建议本身，他认为：

从宏观上来看，首先，要“跳出教育看教育”才能看清中国教育领域所存在的问题。现阶段不能光从教育看教育，现在很多教育的矛盾不是教育本身引起的，而是内外因相互作用的结果，所以从教育本身来看，很难解决现在教育的问题。其次，应该从时代的高度、国家的任务来看教育问题。从时代的高度来讲，人类社会已经进入信息化的大时代。中国最根本任务是要进入小康社会、和谐社会，建立创新型国家；从国家教育的任务来讲是要建立教育资源强国，这都是我们制定中长期规划的指导思想。现在大家都考虑的热点问题集中到教育公平、教育效率、素质教育、减轻负担等问题。但根据温总理讲话，制定中长期规划中心的问题就是要思想解放、要制度创新、要改革。跳出教育看教育就是思想解放的问题，思想解放后制度上就要创新。所以长江教育研究院《建议书》所提到的立法和各种制度的建议就显得非常重要。

从教育的结构问题上看，教育的结构问题受外部因素特别是国家政治经济发展水平以及传统思想观念的影响，这些在短期内很难改变，但是我们可以从制度方面的改革进行内部引导，从而调整教育结构存在的问题。

就长江教育研究院所提的10条建议，他认为：（1）对于职业教育来讲，同意“农村职业教育免费”这个提法，并建议仿效德国设立一年“职业义务教育年”作为上岗前的职业培训。（2）在高校的自主权方面，应扩大教学自主权、学术自主权、专业自主权，减少行政自主权。（3）在教育制度设计方面，提出“义务教育九年一贯制”，初中和小学可以一个学校一贯制，也可以几个小学和一个中学一贯制，避免了学生择校的竞争。主张义务教育阶段实行“五四制”。(4) 在文理分科问题上，要跳出文理分科的思维来具体分析，不能简单地说分还是不分。但是，与长江教育研究院《建议书》观点不同的是，自然科学和社会科学联盟是时代的趋势，文理合并是必然，只是在取消文理分科问题中“取消”两字的提法可以再考虑。(5) 在教育的学制结构方面，现在是沿用1951年国家颁布的学制，陈旧，没有正式发布过新的学制体系，应该在《学校法》中加以补充。

他还谈到教师的问题、素质教育中政府的责任问题。他认为学校硬件可以是最低要求，但教师要最高要求。素质教育推行不了，关键在政府责任问题，是在政府的政绩观念上。解决这一问题的方法是政府要公示。就周末补课问题，推行山东省政府下文件禁止全省补课的办法，将素质教育落到实处。

曾天山认为《建议书》：一是官民结合的研究机构在国家教育政策上发出自己的声音，具有独创性；二是发布及时，所提的建议可以被《规划纲要》起草小组充分地吸纳；三是角度有创意、有针对性，内容详细；四是针对教育政策的研究采取国内外调研结合的模式，很新颖，极具借鉴意义。他同时也建议，《建议书》文本按照重要性、创新性进行排序，把《规划纲要》中没有提到的问题如教育改革实验区、建立国家教育政策咨询委员会等亮点着重阐述。另外，文字要精要，用条例式的方法排序，理由表述简练。

程方平认为长江教育研究院所提出的《建议书》很有特色，保持了一定的独立性，既关注到政府的意图，也涵盖了企业的思考、社会的思考，很具价值。

具体到10条建议：第一部分强调价值取向的提法非常好，解放思想、调整改革思路与价值取向之间都有密切的关系，建议的地位突出。第二部分区域发展是时代的需求，符合十七大精神和科学发展观实事求是的基本原则。区域实验是一个教育单项的实验，还是融入区域发展的问题可以做深入论述。第三部分将“农村中等职业教育免费”和“普及十二年义务教育”放在一起容易混淆注意力，建议重新布局。第四部分建议考虑流动人口流动性和适用流动性的特殊政策，也要考虑适用以后常态的法律制度。第六部分同意慎对文理分科，体制可以多元化但不建议一刀切。第七部分同意“统一教师资格考试”，防范考试中人为因素导致的不公平；对“师范教育免费”可考虑为“师范生免费”。第八部分对于国家财政对教育投入4%的教育经费应该在学生经费、学校经费、教师工资等多个基本元素的基础上提出来。同时并不能将教育经费明确地定为4%，而应动态考虑比例数值。把第九部分“建立国家教育政策咨询委员会”提前，以突出亮点。

姜大源就《建议书》针对职业教育所提到的内容提出了以下几点看法：

（1）从教育体制来看，要跳出教育看教育。在全球经济危机的冲击下，职业教育显得尤为重要，在扩大研究生招生等策略并不能缓解当前就业压力的情况下，应将职业教育作为解决就业问题的途径之一。（2）从学校标准体系来看，教师资格标准不能大一统而应做分类。现阶段高职教师参照高校老师资格标准，老师无实际操作经验，以致职业教育过度学科化，教学脱离实际操作。（3）投入问题。职业教育的投入应该刚柔并举。现阶段的职业教育均是柔性的项目专项拨款，并无刚性指标。职业教育有两个特点：一是职业教育投入必须高于普通高等教育；二是接受职业教育的群体本身生活较拮据，但学费却高于普通高等教育。基于此，国家应该适当加大对职业教育的投入。

刘复兴认为以《教育政策年度报告》的方式来做建议，形式非常好，体现了解放思想和自主创新的观念。建议研究院作为民间教育研究机构，在体制性、制度性障碍等关键性问题上，可以提得更加鲜明。具体对《建议书》有以下几个方面的思考：（1）关于基础教育均衡发展的提法，目前国家基础教育发展战略提的口号是"学前教育加快发展，义务教育均衡发展"，但是在高中阶段教育的提法并没有明确，高中阶段教育需要解决的是协调问题，如高中阶段教育与高等教育和职业教育之间的协调、高中重点中学和一般中学、普职之间的协调、区域中城乡和中东西部高中阶段教育的协调。简言之，高中阶段教育的发展是特色、多样、个性化。（2）关于教师问题，要明确政府责任，教师的待遇如医疗、保险、住房等，国家法律都做了规定，但是没有很好地落实。其问题根源在于政府的责任和教育外部的体制问题，如果财政体制就教师待遇问题不作创新，现行的基本工资制度、绩效工资制度等将带来更多的问题。（3）关于流动人口问题，流动人口的提法需要具体化，流动人口义务教育经费如何转移支付的具体操作办法要认真思考。

3. 推进区域教育实践改革探索

近年来，继上海浦东新区、天津滨海新区后，国家又陆续启动并设立了武汉城市圈、长株潭城市群综合改革试验区，以及重庆、成都综合配套改革试验区。根据区域经济学、城市圈理论设立的国家改革试验区，打造的是我国科学发展与和谐发展的"增长极"，是新一轮改革开放的"先行先试"的示范区和引领区。在地域分布上，有东部的上海浦东、天津滨海，有中部的武汉"1+8"、湖南长株潭，也有西部的重庆和四川成都。在改革试验内容上，有自主创新、对外开放的试验，有"两型"社会、可持续发展的试验，也有统筹城乡、实现城乡一体化发展目标的试验，集中地反映了国家在新时期解决改革开放中深层次问题和突出社会矛盾的战略意图。

面对这些新的改革试验区，我国教育发展必须在战略层面上进行谋划，以适应国家社会经济区域发展总体战略的要求。通过在这些改革试验区先行先试，重点解决教育改革进入“深水区”后，困惑今后发展的诸多矛盾，不失时机地推进教育体制改革和制度创新，冲破阻碍教育科学发展、和谐发展的制度障碍。教育不仅可以在国家战略的社会经济层面，为试验区提供人力资源和创新人才，而且对教育自身发展也蕴含着巨大的战略机遇——构建有中国特色的区域教育发展模式，促进区域教育的科学发展。

为了推动试验区教育改革与发展，教育部已分别与天津、湖北、重庆、四川等省市签署了建立国家级教育改革试验区的协议，启动了部分试验区教育改革试验的进程。但是，这些协议的战略思路仍不够明晰，缺乏整体的长远的战略谋划，建议在《规划纲要》中进一步阐明。

我国改革开放 30 年，经济改革主要是外生型的，依靠开放搞活，引进外资和投资拉动，促进经济快速增长；而新的经济社会改革试验强调科学发展，全面协调可持续发展，转变经济发展方式，是内生型的。主要不是依赖外部投入，而是通过体制机制创新，依靠人力资本和技术进步实现内生增长，同时促进社会和谐。教育改革和发展也应如此。如果改革目标的定位不准，区域教育改革试验往往会重蹈外延扩张的覆辙。例如，有的区域主要是向上要钱要政策，以“工程”方式来打造一两百个什么基地，继续以“铺摊子”的方式谋划教育的发展，而体制改革等不易用“工程”实施的软任务，只好大而化之，缺乏可行的举措。有的区域一方面缺乏龙头的高职学校，只好把大量的中专升格；另一方面又在与教育部签署的协议中写上“支持省属院校升办大学”，把大批具有职教特征的省属高校升格为综合性大学。如果能够打破中央和地方院校的行政壁垒，教育资源配置的效果将完全不同。

区域教育改革试验的基本指向应该定位在“对教育体制、办学模式以及小学、中学、大学的教学改革进行深入研究，整体谋划。教育的根本任务应该是培养人才，人才培养观念更新和培养模式创新要成为规划的亮点”“重点解决不同类型学校的领导体制和办学模式，以及尊重学校的办学自主权的问题”。无论是破解实施素质教育的“老大难”问题，还是解决区域高等教育行政化弊端，促进区域职教的校企结合等问题，都涉及人才培养模式的改革。但是，区域教育的人才培养体制不改革，就很难实现人才的质量和规格要求；人才培养体制又受制于学校制度，而学校制度又与政府的公共服务和治理相联系，因此，改革的中心问题是政府职能的转变和教育行政制度创新，逐步形成公共服务的治理结构，建立新型的政校关系，理顺政府和学校的关系，恢复学校包括大学和中小学的办学自主权，建立现代学校制度，创建一个教育家能够办学的环境，能够涌现教育家的环境。同时，改革垂直封闭的教育行政管理制度，明确宏观管理体制（中央、省和县），更多地赋予省级和区域教育的管理权限，调动区域地方政府、学校、教师、学生和社会等方面的积极性，更加有效地配置教育资源。

Chapter 05

第五章

再试身手：为加强教师队伍建设而呐喊

教师教育的发展水平直接关系到各类教育特别是基础教育的质量，关系到未来教师的培养与教育家的造就，关系到义务教育的均衡化与教育公平的实现，关系到中华民族的伟大复兴。2010 年长江教育研究院把目光投向我国教师队伍建设，为加强教师队伍建设而呐喊，提出了 10 条政策建议。

第一节　加强教师队伍建设建议书要点摘录

一、建立教育公务员制度，吸引优秀人才当教师

参照日、韩等国做法，建立独立的教育公务员制度，修改《教师法》或对《公务员法》做出补充规定，将取得教师资格证书并获得教师职位的公办普通中小学教师的身份确认为教育公务员，明确其“公务性”与“专业性”的双重身份，使其享有与公职身份相应的权利和义务，并执行相应的收入分配制度，依法对其实施规范管理，保护中小学教师的政治地位和经济利益。从法律上保证公办普通中小学教师的各种待遇与公务员一致，提高教师职业的吸引力及其社会地位，进而提高其专业地位与整体素质。

二、制定并实施教师教育专业标准，提高教师队伍整体素质

为了进一步深化教师教育改革，引导教师专业发展，提高教师队伍的整体素质，进而为培养和造就优秀教师和教育家创造条件，依据教育法律法规，制定并实施教师教育专业标准。具体包括：一是制定并实施教师专业标准；二是制定并实施教师教育课程标准；三是制定并实施教师教育机构认证标准；四是制定并实施教师教育质量评估标准。

三、实行国家统一教师资格考试制度，建立健全教师准入制度

国家要进一步完善教师资格证书制度，建立全国教师资格统一考试制度。要求所有申请进入教师职业的公民，在学历达标的前提下，必须参加全国教师资格统一考试，资格标准由国家制定并颁布实施，考试由省级教育行政部门按国家要求统一

组织，并且参加由县区教育行政部门组织的面试。当考试合格、面试过关之后，再经过一年的试用期，确实具备当教师的基本条件与素质，方可申请教师资格证书。

四、完善师范生国家公费制度，吸引优秀学生报考师范院校

为了能够吸引更多的优秀生源报考师范院校，加大师范院校的选拔余地，增强考生从事教育事业的光荣感，进而培养、造就一支素质精良、德才兼备的中小学教师队伍，全国所有师范包括省属师范院校都应普遍推行师范生国家公费制度。为了提高师范院校培训质量，提高师范院校优秀教师的产出率，鼓励和支持有条件的师范大学建立教师教育综合改革实验区，创新教师教育人才培养模式。

五、建立政府购买公共教育服务岗位制度，鼓励师范毕业生去中西部农村地区任教

建立更加符合市场经济原则和人才流动原则的政府购买公共教育服务岗位制度，实行“谁需要，谁购买，需要多少，购买多少”，是对教育资源均衡配置、提高农村教师整体素质的重要措施。应当完善现有“国家教师特岗计划”和“农村教师资助行动计划”，鼓励师范毕业生去中西部农村地区任教，真正建立以城带乡、城乡互动、相互促进、共同提高的教师使用与交流制度，从而缓解农村教师数量短缺和质量不高的问题，最终实现城乡教育的均衡发展。

六、实行教师定期轮换流动制度，促进基础教育均衡发展

为了促进中小学教师定期流动，解决农村薄弱学校的教师短缺问题，促进城乡义务教育均衡发展，应当实行教师定期轮换流动制度，实行教师全员合同聘任制，实行无校籍管理。由教育行政部门统一聘任，统一管理人事，统一配置师资。先实行县区内新聘教师“无校籍”、在县区范围内定期轮换流动，并积极探索实行市内教师“无校籍”、在全市范围内定期轮换流动。此外，还要建立校长定期轮换交流机制。

七、实施城乡教师统一编制制度，改变教师编制“倒挂”现象

为了改变义务教育学校教师编制城乡“倒挂”局面，解决农村中小学“超编缺人”、只好临时聘任代课人员等现象，应当根据形势的发展与教育的需要，重新核定中小学教师编制，实施全新的城乡统一教师编制制度。

八、完善教师权益保障制度，依法保障教师合法权益

为了调动广大义务教育学校教师的工作积极性，提高教师工作的吸引力，应当完善教师权益保障制度。全国普遍建立并完善义务教育学校教师绩效工资制度，实行农村中小学教师安居房和周转房制度，以妥善解决义务教育学校教师工资、住房、医疗等实际问题，进一步修改与完善《教师法》，通过法律来保障教师的合法权益。

九、完善教师继续教育制度，促进教师专业发展

为了促进教师专业发展，提高我国教师队伍的整体素质，促进教育质量的提升，根据现阶段教育改革与发展的重点工作，必须进一步完善教师继续教育制度，建议政府加大对教师继续教育的投入力度，建立在职教师培训的长效机制；省、市、县培训机构、学校协调配合，构建灵活开放的培训体系；实行定期分层培训制度，确保各级各类学校教师都能定期接受培训；采取多种渠道与形式进行教师继续教育；明确受训教师所在学校校长是教师继续教育的“第一责任人”；教师继续教育应向农村教师倾斜，以缩小城乡教师间的差距。

十、完善教师考核评价制度和建立教师退出制度，促使教师爱岗敬业

为了保障教师队伍整体素质不断提高，促进教师爱岗敬业，应当建立全面、客观、公正的教师考核评价制度，并实行定期的教师资格重新认证制度，对不合格教师进行清退，建立教师退出制度。具体建议：制定更加科学合理的评价体系，采用“发展性教师评价制度”和“绩效管理教师评价制度”并用的评价机制；合理制定评价标准，真正起到促进教师素质提高的作用；采用多种方法进行教师考核评价，力求公平公正；将教师考核评价的结果与绩效工资和退出制度挂钩。

第二节　群策群言，共谋教师队伍建设

一、长江教育论坛：专家共议教师队伍建设

2010年3月3日，由长江教育研究院主办、人民教育出版社协办的2010年“北京·长江教育论坛”在北京顺利召开。此次会议发布了《长江教育研究院2010

年度教育政策建议书》，即《关于加强教师队伍建设的10条建议》，就“进一步深化教师教育改革，大力推进教育公平”这一主题进行了研讨。人民教育出版社副总编辑魏运华及长江教育研究院常务副院长陈冬新主持了此次会议。

出席此次论坛的领导及专家有：全国人大常委、民进中央副主席兼秘书长、中国教育学会副会长朱永新先生，全国人大代表、长江教育研究院院长周洪宇教授，教育部师范教育司教师培养处处长于兴国先生，教育部全国教育科学规划办常务副主任、全国教育科研管理研究会常务副会长兼秘书长曾天山研究员，中央教育科学研究所程方平研究员，教育部职业技术教育中心研究所姜大源研究员，教育部教育硕士专业学位教育指导委员会秘书长、全国教育史研究会副会长、北京师范大学张斌贤教授，北京大学教育学院副院长李文利教授，北京大学中国教育财政研究所陈中原教授，人民教育出版社刘立德编审，华中师范大学申国昌教授，湖北第二师范学院谭细龙教授，湖北工业大学李梦卿教授。新华社、《人民日报》《人民政协报》《光明日报》《中国教育报》《中国青年报》《中国新闻周刊》、武汉电视台及搜狐网等媒体参会并对此次论坛进行了报道。

长江教育研究院所提的关于加强教师教育的10条建议中，涉及教师职业的准入制问题，提出对教师进行全国统一考试及实施办法，并提出制定教师教育教学标准等建议，教师“国考”的建议有望被国家教育行政部门采纳并在全国逐步推行。随着有关政策的实施，对教师队伍的质量和专业化发展将带来很大的促进，同时也将给教师的培训以及有关教师职业考试的教育产品的开发带来巨大的市场机遇。

二、办复追踪：呐喊之声得到国家积极回应

教育部对十一届全国人大三次会议上周洪宇提出的关于加强教师队伍建设的建议答复如下：

1. 关于建立教育公务员制度问题

对公立中小学教师实行“教育公务员”制度，符合教师职业的基本属性，有利于明确政府、学校、教师之间的权利义务关系，有利于强化教师贯彻党和国家教育方针政策的自觉性，有利于提高教师队伍素质。但调整公务员范围、建立教育公务员制度涉及干部人事制度的重大改革，涉及教师管理体制和国家公务员制度等各方

面因素，需要统筹考虑《教师法》《公务员法》等现行法律法规的规定，比较复杂，教育部将及时向国家有关部门反映代表的意见。

2. 关于制定并实施教师教育专业标准问题

《规划纲要》提出，“制定教育质量国家标准，建立教育质量保障体系”。目前，教育部正在研制《中小学教师专业标准》《教师教育课程标准》《教师教育机构资费标准》《教师教育质量评价标准》，构建教师教育标准体系，促进教师教育规范化专业化发展。您提出的关于教师教育标准及教师专业伦理规范的建议，我们在相关工作中将认真考虑。

3. 关于实行国家统一教师资格考试制度问题

《规划纲要》提出，“国家制定教师资格标准，提高教师任职学历标准和品行要求。建立教师资格证书定期登记制度。省级教育行政部门统一组织中小学教师资格考试和资格认定”。为落实《规划纲要》精神，严把教师职业入口关，按照教育体制改革试点的安排，教育部正在筹备教师资格考试改革和定期注册试点工作，研制“教师资格考试标准”，完善教师资格认定条件和程序，逐步建立“国标、省考、县聘”的教师职业准入和管理制度。教师资格考试分为综合笔试和教育教学实践能力测试两部分。综合笔试主要考核申请人的综合素质、教育知识与能力、学科知识与教学能力；教育教学实践能力测试主要考核申请人的职业道德、心理素质、仪表仪态、言语表达、思维品质和教育教学基本技能及进行教学设计、实施、评价反思等基本能力。

另外，教育部正在研究建立五年一周期的教师资格定期注册制度，定期对教师的师德、工作实绩、继续教育情况进行审核，促进教师终身学习和专业发展。

4. 关于完善师范生国家公费制度问题

2007 年，国家在部属师范大学率先实行师范生免费教育，是培养大批优秀教师和教育家的示范性举措。三年多来，六所部属师大紧紧围绕培养造就优秀教师的目标，积极推进教师教育人才培养模式创新和教育教学改革，探索建立教师教育创新实验区，取得显著成效。部属师大师范生免费教育政策示范作用初显。北京、湖南、上海、武汉等地采取免费或类似政策，加强中小学教师的培养。从 2010 年起，新疆在全区六所高师院校实施师范生免费教育，每年招收 6 000 名免费师范生。江苏出台免费教育政策，吸引男生报考学前教育专业。

《规划纲要》提出，“积极推进师范生免费教育”。按照教育体制改革试点的安排，教育部拟在江苏、湖南、上海、云南、新疆等地 6 所师范院校完善并扩大实行师范生免费教育、推进教师教育创新试点。同时，抓紧研究扩大实施师范生免费教育的意见，逐步在地方师范院校实行国家师范生公费教育制度，形成吸引优秀学生读师范，优秀人才当教师的良性机制。您提出的关于推动地方师范院校积极建立教师教育综合改革实验区的建议，我们将认真研究。

5. 关于建立政府购买公共教育服务岗位制度问题

2006 年，教育部、财政部、人事部、中央编办联合启动实施“农村义务教育阶段学校教师特设岗位计划”，公开招募高校毕业生到西部“两基”攻坚县农村学校任教。2009 年“特岗计划”实施范围扩大到中部地区国家级贫困县。五年来，共招聘特岗教师约 19 万人，覆盖 900 多个县、1.8 万多所学校。其中，2010 年招聘特岗教师 6 万多人，覆盖 871 个县、约 1.8 万所学校。“特岗计划”创新了教师补充机制，为中小学及时补充合格教师，对解决教师队伍结构性矛盾，提高农村教师队伍的整体素质，起到了积极的促进作用。《规划纲要》提出，“继续实施农村义务教育学校教师特设岗位计划，吸引高校毕业生到农村从教”。下一步，教育部将结合贯彻落实纲要，继续实施“特岗计划”，加强农村中小学薄弱学科教师队伍建设，鼓励各地因地制宜实施地方“特岗计划”，吸引更多优秀人才到农村任教。对于周洪宇代表提出的加强特岗教师培训等建议，教育部在今后的工作中会认真研究采纳。

6. 关于实行教师定期轮换流动制度问题

为吸引和鼓励城镇教师到农村任教，促进基础教育均衡发展，国家采取了一系列措施。如 2003 年，中组部、原人事部、教育部联合下发《关于深化中小学人事制度改革的实施意见》，要求各地结合实际采取有效措施鼓励教师到农村任教，切实落实对边远、贫困地区中小学教师的优惠政策，稳定和优化农村中小学教师队伍，吸引人才到农村学校任教。2009 年，人力资源和社会保障部会同教育部印发《深化中小学教师职称制度改革试点指导意见》要求，在开展各级中小学教师专业技术水平评价时，对农村教师予以适当倾斜。2006 年，教育部印发《关于大力推进城镇教师支援农村教育工作的意见》，提出做好大中城市中小学教师到农村支教等多项措施。建立城镇教师到农村或薄弱学校任教服务期制度。要求城镇中小学教师评聘高级教师原则上要有 1 年以上在薄弱学校或农村学校任教经历。义务教育学校实施绩效工资等政策中，提出要对农村学校特别是条件艰苦学校要给予适当倾斜。今后，教育部将会同有关部门，积极研究有关政策，通过提高教师待遇、加强教师培训、建设农村教师周转房、城乡对口支援等措施，加强农村教师队伍建设，探索建立有效的教师交流机制，促进教育均衡发展。

7. 关于实施城乡教师统一编制制度问题

2009 年 3 月，中央编办、教育部、财政部下发《关于进一步落实〈国务院办公厅转发中央编办、教育部、财政部关于制定中小学教职工编制标准意见的通知〉有关问题的通知》，要求各地切实加强中小学教职工编制的总量调控与统筹使用，进一步改进农村中小学教职工编制核定工作。文件明确规定，各地按照"总量控制、城乡统筹、结构调整、有增有减"的原则，调整和使用本地区中小学教职工编制；同一县域内中小学教职工编制可以互补余缺；同时，"各省（区、市）可根据实际需要，在县域范围内和总量控制的基础上，按照有增有减的原则，参照县镇标准核定中小学教职工编制"，并对寄宿制中小学，乡镇中心小学，山区、湖区、海岛、牧区和教学点较多地区的中小学，按照从严从紧的原则适当增加编制。严格规范中小学教职工编制管理，严禁挤占、挪用和截留中小学教职工编制，严禁在有合格教师来源的情况下"有编不补"。您所反映的"城乡编制倒挂"问题在政策层面已得到解决，关键在于各地的贯彻执行。教育部将会同中央编办、财政部进一步加强这项工作的监督检查。

8. 关于完善相关制度，依法保障教师权益问题

2008年底国务院办公厅转发人力资源和社会保障部、财政部、教育部《关于义务教育学校实施绩效工资的指导意见》，在各级党委、政府的高度重视下，2009年底，全国义务教育学校基础性绩效工资基本兑现到位，并已按月发放。截至目前，全国义务教育学校奖励性绩效工资基本兑现到位。在义务教育学校绩效工资实施过程中，各地按照文件要求，在深入调研、广泛听取意见、反复测算论证的基础上，制定了具体的实施意见和落实措施。学校坚持从实际出发，在广泛征求教职工意见的基础上，认真制定了具体的分配办法。从实施效果来看，工作总体比较平稳，社会反响良好。下一步，我们将密切关注各地的实施情况，并对实施中出现的新情况和可能遇到的问题及时进行研究，指导学校进一步完善分配激励机制。

教育部2010年工作要点将推动农村学校教师周转房建设作为加强教师队伍建设的一项重要内容。鼓励各地建设具有宿舍（公寓）性质的教师周转房。有条件的地区可以根据当地经济建设发展状况和农村中小学校的具体情况，在符合当地规划的前提下，采取适当方式建设一些周转住房，供教师租住。周转住房不能出售，不可采取集资合作建房方式。周转住房建设必须严格执行国家有关建设工程各项强制性标准，确保工程质量。此外，地方可根据实际适当放宽经济适用住房供应范围，在编制住房规划，建设公共租赁住房和限价商品住房过程中，统筹考虑农村教师住房需求。目前，国家已安排投资启动实施农村边远艰苦地区教师周转宿舍建设项目，支持8个省各5个县试点建设农村义务教育学校教师周转宿舍，探索和积累经验。今后在总结地方试点经验基础上，将就偏远地区教师周转宿舍建设问题提出政策建

议，同时优先安排和重点支持民族地区和贫困地区。

《规划纲要》提出要对《教师法》等法律法规进行修订。教育部将按照有关要求，适时启动《教师法》修订工作，争取尽早形成修订案，纳入全国人大立法计划，进入正式立法程序。此项工作正式启动后，将会广泛听取和征求各方意见。

9. 关于加强中小学教师培训问题

教育部高度重视中小学教师培训工作。在完善培训制度方面，1999 年，以部长令颁发《中小学教师继续教育规定》，对中小学教师培训学时、内容形式、运行机制、经费来源、组织管理和考核办法等作出了具体规定。根据教师工作的新形势，目前，教育部正在加紧修订该规定，同时研制中小学教师培训指导意见，完善教师培训的激励机制和约束机制，指导各地有计划、有步骤地对 1 000 多万中小学教师进行分类、分层、分岗、分科培训，帮助广大教师提高教育教学能力和专业化水平。

近年来，教育部组织实施了一系列以农村教师为重点的国家级培训，采取集中培训、远程培训、对口支援、送教上门等多种形式对近百万中小学教师进行了直接培训，其中农村教师占 80%以上。2010 年中央政府投入 5.5 亿元支持实施"国培计划"，该计划主要包括"中小学教师示范性培训"和"中西部农村骨干教师培训"，教育部精心组织实施工作，各省密切配合，将充分发挥其示范引领、雪中送炭和促进改革的作用，促进中小学尤其是农村教师整体素质的提高。

教育部鼓励和支持高师院校和高水平综合大学积极参与中小学教师继续教育工作。近年来，先后印发《关于加快推进全国教师教育网络联盟计划组织实施新一轮中小学教师全员培训的意见》《关于加强县级教师培训机构建设的指导意见》等文件，积极推进实施全国教师教育网络联盟计划，鼓励各地建立省级区域性教师教育网络联盟，推进县级教师培训机构按照"小实体、多功能、大服务"的原则改革与建设，建立校本研修制度。下一步，教育部将进一步加大改革力度，努力构建以高水平师范大学为骨干、高等师范院校为主体、县级教师学习与资源中心为支撑、中小学校本研修为基础，灵活开放、覆盖城乡的教师终身学习支持服务体系。

2006 年，财政部、教育部印发《关于农村中小学公用经费支出管理暂行办法的通知》，规定学校年度公用经费预算总额的 5%用于教师参加培训所需的差旅费、伙食补助费、资料费和住宿费等开支。若政策在各地得以落实，将为教师培训工作提供可靠的经费保障。下一步，教育部拟会同财政部研究制定管理办法，促进地方各级政府采取措施，确保规定的教师培训经费政策的落实。

10. 关于完善教师考核评价和教师退出机制问题

关于完善教师考评制度问题。教育部《关于做好义务教育学校教师绩效考核工作的指导意见》指出，在教师绩效考核方法上，可采取定性与定量相结合，教师自评与学科组评议、年级组评议、考核组评议相结合，形成性评价和阶段性评价相结合等方法，同时适当听取学生、家长及社区的意见。绩效考核结果要作为教师资格认定、岗位聘任、职务晋升、培养培训、表彰奖励等工作的重要依据。

2009年，教育部同人力资源和社会保障部印发的《关于深化中小学教师职称制度改革试点的指导意见》提出，要重点围绕拓展教师职业发展通道，完善评价标准，创新评价方法，形成以能力和业绩为导向，以社会和业内认可为核心，覆盖各类中小学教师的评价机制，建立与事业单位岗位聘用制度相衔接的中小学教师职称制度。目前，人力资源和社会保障部正在制定《事业单位工作人员考核规定》，全面考核工作人员的德、能、勤、绩、廉的表现，建立健全以聘用合同和岗位职责为依据，以工作绩效为重点内容，以服务对象满意度为基础的事业单位工作人员考核办法。对于教师的具体考核标准、考核程序等内容，由教育行政管理部门及学校在广泛听取教职工意见的基础上，综合考虑教学特点、岗位职责等因素，在实施细则中具体确定。

教育部鼓励各地在继承过去好的经验做法的基础上，进一步完善绩效考核办法，根据本地实际情况积极稳妥地推进改革，边试点、边探索、边总结、边校正，逐步探索建立符合教育发展规律和教师职业特点的考核评价制度。

关于建立教师退出制度问题。《国务院办公厅转发人事部〈关于在事业单位试行人员聘用制度的意见〉的通知》文件规定，对不符合岗位要求、年度或聘期考核不合格的教师，义务教育学校可解除聘用合同。教育部《关于义务教育学校岗位设置管理的指导意见》指出，“聘用合同期满前，义务教育学校应按国家有关规定对受聘人员的履职情况认真考核，及时做出续聘、岗位调整等决定”。下一步，我们将会同有关部门全面落实聘用制度，实行规范的岗位管理，加强考核，解决不合格人员占用教师岗位问题，做好解聘人员安置工作。

三、理论探索：加强教师教育政策专题研究

2010年正式启动实施的《规划纲要》中对教师教育的改革和发展予以高度重视，在《规划纲要》中专门单列一章（第十七章），围绕着新世纪如何推进教师教育的改革与发展问题，从“建设高素质教师队伍”“加强师德建设”“提高教师业务水平”“提高教师地位待遇”和“健全教师管理制度”五个方面做了充分论述，体现了国家对教师教育改革和发展的基本思路和重要措施。尤其是该纲要中指出，“教育大计，教师为本。有好的教师，才有好的教育。提高教师地位，维护教师权益，改善

教师待遇，使教师成为受人尊重的职业。严格教师资质，提升教师素质，努力造就一支师德高尚、业务精湛、结构合理、充满活力的高素质专业化教师队伍”“加强师德建设。加强教师职业理想和职业道德教育，增强广大教师教书育人的责任感和使命感。教师要关爱学生，严谨笃学，淡泊名利，自尊自律，以人格魅力和学识魅力教育感染学生，做学生健康成长的指导者和引路人。将师德表现作为教师考核、聘任（聘用）和评价的首要内容。采取综合措施，建立长效机制，形成良好学术道德和学术风气，克服学术浮躁，查处学术不端行为”“提高教师地位待遇。不断改善教师的工作、学习和生活条件，吸引优秀人才长期从教、终身从教。依法保证教师平均工资水平不低于或者高于国家公务员的平均工资水平，并逐步提高。落实教师绩效工资。对长期在农村基层和艰苦边远地区工作的教师，在工资、职务（职称）等方面实行倾斜政策，完善津贴补贴标准。建设农村艰苦边远地区学校教师周转宿舍。研究制定优惠政策，改善教师工作和生活条件。关心教师身心健康。落实和完善教师医疗养老等社会保障政策。国家对在农村地区长期从教、贡献突出的教师给予奖励”。这些意见对于加快新时期教师教育改革和发展，建设高素质的教师队伍，将产生积极的作用和深远的影响。

依据世界教师教育的发展历程与趋势，结合目前中国教师教育发展的实际，未来中国教师教育将会呈现出如下发展走向：

一是教师教育结构日渐高层次化。目前，中国的教师教育结构还基本稳定在高等师范专科教育和高等师范本科教育两个层次，但从未来中国社会、经济、教育发展的需要以及世界教师教育的发展趋势来看，中国教师教育结构将逐渐向高层次发展。逐步取消专科层次，加大本科层次比例，提高研究生层次，是中国教师教育层次结构变革的总体走势。

二是教师教育模式日益开放化。世界教师教育的发展规律业已表明，随着社会经济的发展，教师教育模式必然从一元封闭走向多元开放，这是不以人的主观意志为转移的。

由中国教师教育的发展历史观之，中国的教师教育模式先是“仿日”，继而“仪美”，其后“学苏”，始终是模仿甚于独创，而模仿的对象在当时都是以封闭走向型的教师教育体制为主体。在 20 世纪 40 年代末期，当美、日开始走向多元开放型的教师教育模式时，中国却转学苏联，进一步强化了一元封闭式的教师教育模式。随着改革开放的进一步深入，特别是传统的计划经济体制向市场经济体制的转轨，一元封闭型的教师教育模式所显露出的弊端日益突出，走多元开放的道路势在必行。

早在 1996 年召开的第三次全国教师教育工作会议上，教育部开始提出“要充分发挥非教师院校培养培训师资的协同作用”。1999 年 6 月，在中共中央、国务院颁布的《关于深化教育改革全面推进素质教育的决定》中又进一步提出，“鼓励综合性高等学校和非教师类高等学校参与培养、培训中小学教师的工作，探索在有条件的综合性高等学校中试办教师学院”。2010 年实施的《规划纲要》中更是明确指出了未来教师教育体系的发展方向，即“加强教师教育，构建以师范院校为主体、综合大学参与、开放灵活的教师教育体系”。这预示着中国的教师教育模式今后将向多元开放的方向继续演化。

三是教师教育体系日趋一体化。2010 年实施的《规划纲要》对此更是提出了十分明确具体的要求，“完善培养培训体系，做好培养培训规划，优化队伍结构，提高教师专业水平和教学能力。通过研修培训、学术交流、项目资助等方式，培养教育教学骨干、‘双师型’教师、学术带头人和校长，造就一批教学名师和学科领军人才。以农村教师为重点，提高中小学教师队伍整体素质。创新农村教师补充机制，完善制度政策，吸引更多优秀人才从教。积极推进师范生免费教育，实施农村义务教育学校教师特设岗位计划，完善代偿机制，鼓励高校毕业生到艰苦边远地区当教师。完善教师培训制度，将教师培训经费列入政府预算，对教师实行每五年一周期的全员培训。加大民族地区双语教师培养培训力度。加强校长培训，重视辅导员和班主任培训”。

由此来看，未来中国的教师教育体系必然会朝“一体化”方向演进，并逐步实现从职前培养到职后培训的重心转移，一个具有时代特征、符合中国国情的大教师教育体系终将形成。

四是教师教育职业日益专业化。教师职业是一种专门职业，它具有专门的理论和技能，具有独有的职业道德要求和在本行业的专业自主权。目前，我国教师职业的专业化还处于初级阶段。《教师法》已对教师就业的学历标准作了明确规定，但与西方发达国家相比，现有标准还不高，而且尚有一定数量的教师未达标。教师资格统一考试制度，教师资格证书制度，教师继续教育制度，教师培养、培训机构认定制度等的建立、实施与完善尚待时日。特别是还有相当一部分的行政官员并没有真正从思想上将教师作为专业人员来对待。当然，上述状况的改变并非遥遥无期。“科教兴国”战略的实施，素质教育的全面推进，尤其是《规划纲要》的正式启动，将有助于教师队伍素质的提高，使教师职业日趋专业化。

《规划纲要》明确提出，健全教师管理制度。完善并严格实施教师准入制度，严把教师入口关。国家制定教师资格标准，提高教师任职学历标准和品行要求。建立教师资格证书定期登记制度。省级教育行政部门统一组织中小学教师资格考试和资格认定，县级教育行政部门按规定履行中小学教师的招聘录用、职务（职称）评聘、培养培训和考核等管理职能。逐步实行城乡统一的中小学编制标准，对农村边远地区实行倾斜政策。制定幼儿园教师配备标准。建立统一的中小学教师职务（职称）系列，在中小学设置正高级教师职务（职称）。探索在职业学校设置正高级教师职务（职称）。制定高等学校编制标准。加强学校岗位管理，创新聘用方式，规范用人行为，完善激励机制，激发教师积极性和创造性。建立健全义务教育学校教师和校长流动机制。城镇中小学教师在评聘高级职务（职称）时，原则上要有一年以上在农村学校或薄弱学校任教经历。加强教师管理，完善教师退出机制。制定校长任职资格标准，促进校长专业化，提高校长管理水平。推行校长职级制。创造有利条件，鼓励教师和校长在实践中大胆探索，创新教育思想、教育模式和教育方法，形成教学特色和办学风格，造就一批教育家，倡导教育家办学。大力表彰和宣传模范教师的先进事迹。国家对作出突出贡献的教师和教育工作者设立荣誉称号。

这些对于教师队伍整体素质的提高，推动教师职业和校长职业的专业化，无疑都是极有助益的。

五是教师教育课程日益综合化。课程设置在教师教育教学中居于核心位置，直接影响着师资的培养质量。因此，教师教育的课程如何设置，向来为人们所重视。

以往中国教师教育的课程设置，一般分为三大块：公共基础课程、学科专业课程和教育专业课程。各课程之间的课时比例大致为，公共基础课程占15%左右，学科专业课占70%，教育专业课程占10%。与世界发达国家的教师教育课程相比，中国教师教育的基础教育课程比例太小，专业课程比例过大，且专业课程设置单一，内容太专，面太窄，难以适应国家社会经济和科技文化的发展。教育类课程比例偏低，课程少，选择余地小，且内容陈旧，教育实习和实践时数也不够，与中学教育教学改革极不适应。

针对这种情况，《规划纲要》明确提出，要“深化教师教育改革，创新培养模式，增强实习实践环节，强化师德修养和教学能力训练，提高教师培养质量”。因此，未来中国教师教育课程改革趋势是：强化教育课程，即加强“三性”：加强教育课程的综合性，加强教育课程的开放性，加强教育课程的实践性；优化基础课程，即注重“三个结合”：核心课程与扩展课程结合，小型化课程与模块化课程结合，显性课程与隐性课程结合；深化专业课程，即坚持三个原则：少而精原则，博而通原则，学而用原则。

此外，中国随着高考制度的改革，“3＋X”等模式的逐步推行，也需要教师教育的课程朝综合化的方向发展，以适应信息时代科学技术综合化、整体化以及人文及科技相互渗透、融合的趋势，培养更多具有综合素质、一专多能的复合型人才。

六是教师教育管理日趋法治化。从世界教师教育的发展历程来看，政府大都扮演着十分重要的角色，各国政府无不通过加强教育立法、行政执法与执法监督来规范教师教育的发展，促使教师教育朝着制度化、统一化、专业化的方向发展。

就中国教师教育的发展历程而言，虽然教师教育的产生比西方教师教育发展的历史要晚 100 余年，但各朝政府同样无不通过加强立法来规范师范的发展。1904 年 1 月，晚清政府颁布了《奏定学堂章程》，其中明确规定师范学堂分“初级”和“优级”两类，各级师范学堂与各级普通学堂分设，确立了独立的师范教育体系，为早期师范教育的发展提供了基本的法律依据。1912 年 9 月，中华民国北京临时政府又颁布《师范教育令》，明确了师范教育的设置原则，加强了师范教育的管理，推动了师范教育的发展。中华民国南京政府成立以后，又颁布了《师范学院规程》《中学及师范学校教员检定暂行规程》等一系列的教育法规，促进了师范教育的发展。中华人民共和国成立后，特别是改革开放 30 多年来，形成了一次教育立法的热潮。自 1980 年首部教育法律《学位条例》制定颁布以来，全国人大常委会又先后制定了《义务教育法》（1986 年）、《教师法》（1993 年）、《教育法》（1995 年）、《职业教育法》（1996 年）和《高等教育法》（1998 年）等。国务院还制定了《教学成果奖励条例》《教师资格条例》和《社会力量办学条例》等 10 余项教育行政法规。这些教育法律和法规辅之以原国家教委及教育部发布的 200 多件行政规章，在国家立法的框架内，已基本形成了较为完备的教育法律规范体系。另外，各级地方政府也制定了一系列地方性教育法规，成为国家立法的有益补充。目前已初步形成了以教育立法为前提，以守法为基础，以严格执法为核心，以法制监督为保障的运行机制，使中国教育包括教师教育初步走上了依法治教的轨道。当然，中国的教师教育管理要完全走上法治化轨道，还需时日和努力。笔者相信，随着今后《教育法》《教师法》《教师资格条例》等的修改完善乃至新的《教师教育法》（或《师资培育法》）的制定与实施，这一天必将到来。

教育发展有其自身的规律，中国教师教育虽然有其本土性的问题与经验，但从根本上说，它必然要适应现代社会的发展，必然要适应世界教师教育发展的趋势。从世界教师教育的发展历程与趋势和目前中国教师教育发展的实际来看，未来中国教师教育将出现教育结构日渐高层次化、教育模式开放化、教育体系一体化、教师职业专业化、教育课程综合化和教育管理法治化等趋势。教师教育工作者只有认清时代、社会和教育发展的趋势，把握教育发展的规律，才能真正推动教师教育的改革和发展，使教师教育在 21 世纪的第二个十年取得更加辉煌的成绩。

四、社会聚焦，全民关注教师队伍建设

访谈录一：教育改革进入关键期

酝酿一年半、数十次易稿的《规划纲要》公开征求意见稿昨日面世，按照中央问政于民、问需于民、问计于民的要求，《规划纲要》文本从昨天开始向全社会公开征求意见。自1985年实行教育改革以来，我国的教改已走过20多年的风雨历程。此次教育改革改什么、谁来改、怎么改，再度成为关注的焦点。近日，《长江商报》独家专访我国知名教育学家和教育史学家周洪宇教授。他认为，中国教育到了改革创新的关键期，教改的重点是推进基本公共教育服务均等化（如基础教育均衡化等）。

长江商报：过两天您将参加全国“两会”，你会在教育方面提出哪些建议？

周洪宇：今年主要是就教育改革当中的一个关键因素——教师队伍建设，系统提出十条制度创新的建议，有四五万字，算是今年教育方面的重点建议。其中一条是提出建立教育公务员制度，建议将公立中小学教师定为教育公务员，强调教师具有“专业性”与“公务性”两种属性，这对于教师今后的专业发展、教师的正常流动轮换、教师工资收入的保障和社会地位的提高等，都有益处。此外，我还会就大家关心的进城务工人员子女高中与高考问题、高考制度改革问题等，提出具体的改革建议。仍本着自己一向的原则“民众立场、建设态度、专业视野”与“议政研究化、研究对策化、对策应用化”，突出重点，关注热点，注重可操作性，推动教育改革与发展。

访谈录二：解读《乡村教师支持计划（2015—2020年）》

2015年6月18日，教育部教师工作司司长许涛做客新华网访谈间，为大家解读《乡村教师支持计划（2015—2020年）》。

新华教育：长期以来，我国的乡村教师队伍备受“下不去、留不住、教不好”的困惑，请问《乡村教师支持计划（2015—2020年）》的出台，对于乡村教师的这些“困惑”是否给出了答案？

教育部教师工作司司长许涛：大家知道，现在我们国家有330万乡村教师，他们坚守在乡村教育的第一线，应该说长期以来，他们在现有的岗位上默默奉献，为支撑起我们中国乡村教育的一片蓝天作出了贡献。应该说，多年以来，党和政府对这一支队伍是高度关注的，也出台了很多相关政策，我们力求实现“下得去”“留得住”“教得好”的局面，但是从现状来说，差距还是比较大。所以这次乡村教师的文件非常鲜明的一点，就是围绕着怎么“下得去”“留得住”和“教得好”的目标提出

了八项举措，全面加强乡村教师队伍的建设。概括起来主要有以下几方面：

一是把握住乡村教师建设重点，在他们的准入、能力素质提高、待遇等方面，我们提出了许多全新的举措，把相关政策都向乡村教师倾斜。

二是围绕这些重点，我们资金的投入也要针对乡村教师队伍建设最薄弱的环节，我们要把所有的经费都聚焦到这些领域来，多做雪中送炭的事情，不做锦上添花的事情。

三是加强队伍的教育和管理，加强乡村教师的师德建设，现在全国教师管理信息系统已经建立起来，将对全国 330 万乡村教师的情况有更加全面的了解，针对他们的现状来开展我们的管理工作。

四是一定要形成工作合力，乡村教师队伍建设涉及方方面面，我们怎么整合相关部门和相关资源，怎么样把组织工作做好，怎么落地，怎么制定好路线图、时间表和确定责任人，在文件里都作出了全面部署。

五是对乡村教师来说，他们这一份坚守是得到社会广泛认同的，很重要一点，我们要大力弘扬在乡村教师身上体现出的默默耕耘、无私奉献的高尚师德，通过这样一种对教师的大力表彰、奖励和宣传，我们要撬动全社会都来关注这个群体、爱护这个群体，为这个群体作出我们共同的努力。所以总的来说，乡村教师计划是这样一个立足点。

Chapter 06

第六章

改革强音：呼唤以区域突破带动教育体制改革

第一节 建立“教育特区”，以区域突破带动教改全局的议案提要

一、关于“教育特区”的选择与确定的建议

进入“教育特区”的区域，可以选择为三种不同的类型。其一为省级行政区域（含直辖市），其二为较低层级（市州或县区）的地方政府辖区，其三为省级政府统筹下的高校联盟（或大学园区），亦可考虑地理相邻的跨行政区划的高等学校。首要的条件是这些区域必须具有“思想解放、有强烈的改革创新意识、敢为天下先”的领导团队。按照《规划纲要》确定的改革试点重大项目，分别设立不同类型的“教育特区”，在体制机制创新的重要领域和关键环节实现区域突破。

二、将一部分国家综合配套改革试验区上升为“教育特区”的建议

截至2010年12月，国务院共批准设立了九大国家综合配套改革试验区。为了推动试验区教育改革与发展，早在2009年教育部已分别与天津、湖北、重庆、四川等省市签署了建立国家级教育改革试验区的协议，启动了部分试验区教育改革试验的进程。建议对这些试验区的改革目标进行调整，分别就教育行政管理体制改革、人才培养模式创新、建立现代大学制度、中小学办学体制改革和机制创新、城乡一体化教育管理体制改革等方面，把各试验区的改革内容更准确定位到通过教育体制机制创新、配合国家综合配套改革试验上，并且依据各试验区制度创新的进展和效果，选择其中的一部分上升为国家“教育特区”。

三、赋予“教育特区”“先行先试”的特殊政策，最大限度焕发教育活力的建议

“解放思想、改革创新”是我国经济特区的生命线和灵魂。新时期建立的“教育

特区”，应该在科学发展观的指导下，继续把“解放思想、改革创新”写在自己的旗帜上。

“教育特区”之“特”，最终要体现在教育体制创新的带动作用上，要像经济领域制度创新涌现出的诸如“温州模式”“苏南模式”那样，培育出一批区域教育突破的典型，承担起历史使命和责任，成为全国教育领域实现科学发展的示范区和排头兵。

四、使“教育特区”成为我国公共教育服务体系重构的样板的建议

“教育特区”最重要的表率作用，在于按照《规划纲要》提出的“构建政府、学校、社会之间新型关系”的要求，率先对我国公共教育服务体系进行重构，建立起政府主导，依法行政，实施公共管理服务；学校面向社会，依法自主办学；社会广泛参与监督和评价的公共教育服务体系。

五、支持“教育特区”在重要领域和关键环节率先实现区域突破的建议

“教育特区”的主要使命，是以综合配套改革创新的方式，以体制机制改革为指向，在重要领域和关键环节率先实现区域突破，从而带动整体建设和发展。

《规划纲要》提出的重大改革试点的内容领域包括：推进素质教育改革、义务教育均衡发展改革、职业教育办学模式改革、终身教育体制机制建设、拔尖创新人才培养改革、考试招生制度改革、现代大学制度改革、深化办学体制改革、地方教育投入保障机制改革等。各“教育特区”的区域突破方向，可以分别从这些领域选择若干有关联的内容，实施综合配套改革试验，并形成不同“教育特区”的不同特色。

第二节　以区域突破带动教育体制改革的社会反响

一、长江教育论坛：专家学者共议教育体制改革

由长江教育研究院主办、人民教育出版社协办的第四届“北京·长江教育论坛”，于2011年3月2日上午，全国“两会”前，在北京成功举办。论坛发布了长江教育研究院2011年度教育政策研究的两项成果：长江教育研究院2011年度教育政策建议书（《建立“教育特区”，以区域突破带动教改全局》）、《中国教育黄皮书》

(2011 年)①。

参加论坛的嘉宾有：教育部政策法规司司长孙霄兵，教育部教育发展研究中心主任、首届国家教育咨询委员会委员张力研究员，中国教育学会常务副会长郭永福先生，教育部基础教育课程教材发展中心曹志祥副主任，教育部基础教育质量监测中心胡平平副主任（原安徽省教育厅副厅长），中央教科所学术委员会主任程方平研究员，全国教育科学规划办公室常务副主任曾天山研究员，中国教育政策研究院副院长刘复兴教授，21 世纪教育研究院院长、首届国家教育咨询委员会委员杨东平教授，时任北京大学教育学院院长文东茅教授，清华大学教育研究所副所长史静寰教授，北京师范大学教育学部部长周作宇教授，中国教育报副总编翟博研究员，中国青年报原副社长谢湘女士。新华社、《人民日报》《人民政协报》《光明日报》《中国教育报》《21 世纪经济报道》《新京报》、搜狐网以及中国教育电视台、湖北电视台、武汉电视台等媒体参会报道。

长江教育研究院院长周洪宇教授以及研究院特聘专家——华中师范大学教育学院院长涂艳国教授、湖北省教科所叶平研究员、人民教育出版社教育编辑室主任刘立德编审以及研究院常务副院长陈冬新编审，代表长江教育研究院专家团队与会。

论坛由人民教育出版社副总编、长江教育研究院特聘专家魏运华主持。

论坛围绕长江教育研究院发布的《建立“教育特区”，以区域突破带动教改全局》建议书、《中国教育黄皮书》(2011 年）的主题展开。其中《建立“教育特区”，以区域突破带动教改全局》的年度教育政策建议书将作为人大提案，提交即将召开的第十一届全国人民代表大会第四次会议。

与会的教育部各相关领导、各专家充分肯定了凝聚长江教育研究院集体智慧的教育政策研究的成果，对长江出版集团多年来致力于通过对教育政策研究，服务于教育改革与发展的社会责任感表示敬佩。

---

①《2011 年“北京·长江教育论坛”成功举办》，长江传媒网站，http：//www. 600757. com. cn/show-89-6463-1. html.

二、办复追踪：教育部对建议书的答复

教育部对十一届全国人大四次会议第7052号建议的答复

周洪宇代表：

您提出的《建立“教育特区”，以区域突破带动教改全局》的建议收悉，现答复如下：

（一）国家教育体制改革试点项目的遴选过程

《规划纲要》明确要求，“根据统筹规划、分步实施、试点先行、动态调整的原则，选择部分地区和学校开展重大改革试点”。为做好《规划纲要》关于开展重大改革试点的贯彻落实工作，从2010年年初，《规划纲要》工作小组办公室就结合《规划纲要》提出的重大改革，开始对教育改革问题进行系统设计，研究改革的总体思路，于2010年5月确定近期启动实施的重点任务，并将这些重点任务公开发布，请愿意先行先试的地区和学校，选择一项或几项申报国家改革试点，按照“自愿申报、专家协商论证、综合平衡、统一部署”的原则，制定国家教育体制改革试点总体方案。在第一轮申报的时候，共有500多个改革项目，各地各校改革的积极性很高。《规划纲要》工作小组办公室组织相关领域的专家，主要从科学性、合理性、操作性等方面，对所有项目提出修改完善建议，并将意见反馈给申报单位，进一步完善试点方案。试点方案再次上报后，《规划纲要》工作小组办公室组织由教育部门、相关管理部门和专家组成的综合评审组，重点就试点方案的改革措施、配套政策、保障条件等进行研究论证，提出修改完善建议，反馈给申报单位。经过“三上三下”的制定过程，总体方案不断完善，2010年8月27日，国务院召开电视电话会议，对教育体制改革试点进行了统一部署。10月24日，国务院办公厅印发了《关于开展国家教育体制改革试点的通知》，明确了试点的重点任务和试点地区、试点单位。之后组织试点单位制定了试点项目实施方案，明确了改革目标、改革思路、配套政策和工作进度。经过国家教育咨询委员会评审，完成了试点项目启动实施前的所有工作程序，从以上过程看出，所有的试点项目，都是各地各校根据《规划纲要》提出的改革要求，紧密结合自身实际研究设计的。试点项目的确定在最大程度上尊重了地方的创新精神和已有经验，选择确定了目标明确、思路清晰、措施配套的改革项目。

（二）国家教育体制改革试点项目的整体考虑

为了加强改革工作的系统性、科学性，做到既大胆改革，又积极稳妥，改革试点工作一直强调统筹谋划，系统设计，循序渐进。一是重视顶层设计，对各项改革

都有一个前瞻性的通盘考虑和设计，明确目标任务和操作步骤。二是突出重点，抓住那些长期困扰教育科学发展的难点问题和社会充满期待的热点问题，集中力量争取突破，而不是全面铺开、平均用力。三是处理好改革、发展、稳定的关系，将改革的力度、发展的速度和社会的可承受程度有机统一起来。按照这些要求，从三个层面系统设计了改革试点工作：一是重大标准、重要制度的改革，以及复杂、敏感、系统性强的改革，由国家层面进行统筹谋划，在做好整体设计的基础上统一组织实施；二是对一些重点领域和关键环节的改革，由省级人民政府和中央有关部门在国家指导下开展试点，取得经验后，再总结推广；三是各地各校结合自身实际，根据《规划纲要》的要求，自行组织改革试验。

按照这一设计原则，根据各地上报的试点项目，最后确定的国家教育体制改革试点主要包括专项改革试点、重点领域综合改革试点和省级政府教育统筹综合改革试点。除十大专项改革试点任务外，还包括基础教育、职业教育、高等教育和民办教育重点领域综合改革试点。为加强省级政府对教育改革的统筹，专门设计了省级政府教育统筹综合改革试点，这是推进教育体制改革和创新的重要策略之一，有利于以省为单位解决一些制约教育发展的综合性体制机制方面的问题，旨在深化教育管理体制改革，探索政校分开、管办分离的实现形式，统筹推进各级各类教育协调发展，统筹城乡、区域教育协调发展，统筹编制符合国家要求和本地实际的办学条件、教师编制、招生规模等基本标准，统筹建立健全以政府投入为主、多渠道筹集教育经费、保障教育投入稳定增长的体制机制。

总的来看，试点任务涵盖了各级各类教育的重点领域和关键环节，每项任务在确定试点地区时统筹考虑了东、中、西部的布局，实施单位也考虑了省、地市、县和学校不同行政区域的单位，既有单项改革，也有综合改革。虽有的单位仅将某一领域或环节的改革列为国家教育体制改革试点项目，但按照改革的整体设计，鼓励各试点单位根据实际情况进行其他领域或环节的改革，改革任务并未被肢解。国家教育体制改革试点的目的在于把自上而下的试点改革与自下而上的地方创新结合起来，进行重点突破，以重点突破带动教育改革全局发展。

您的建议总体上与国家推进教育体制改革的思路是一致的，我们将在今后的工作中予以参考。

感谢您对教育事业改革和发展的关心与支持！

教育部
2011 年 9 月 8 日

三、媒体聚焦：建立“教育特区”的可行性与必要性

长江教育研究院《建立“教育特区”，以区域突破带动教改全局》的教育政策建议书甫一发布，就受到了新闻媒体的广泛关注。在2011年第四届“北京·长江教育论坛”中，新华社、《人民日报》《人民政协报》《光明日报》《中国教育报》《21世纪经济报道》《新京报》、搜狐网以及中国教育电视台、湖北电视台、武汉电视台等多家媒体对会议进行了实时跟踪与报道，并就建立“教育特区”的可行性与必要性进行了多方采访，向社会各界系统、详尽地介绍了“教育特区”的丰富内涵与发展前景。

2011年3月2日，《21世纪经济报道》就“教育特区”对教育部、长江教育研究院、湖北省教育科学研究所等机构进行了多方采访与报道。其中，湖北省人大常委会副主任，华中师范大学教授、博士生导师，长江教育研究院院长周洪宇先生对“教育特区”的政策议案进行了深度诠释。[①] 周洪宇教授在采访中表示，“教育特区”就是要仿照“经济特区”的做法，在全国选择若干个不同类型、不同特点的区域，由中央确定为国家“教育特区”。周洪宇同时建议，可以选择三种不同类型的区域进入“教育特区”：其一为省级行政区域（含直辖市），其二为较低层级（市州或县区）的地方政府辖区，其三为省级政府统筹下的高校联盟（或大学园区），亦可考虑地理相邻的跨行政区划的高等学校。此外，他更进一步建议，可将一部分国家综合配套改革试验区上升为“教育特区”。

教育部曾于2009年分别与天津、湖北、重庆、四川等省市签署了建立国家级教育改革试验区的协议，启动了部分试验区教育改革试验的进程。截至2010年12月，国务院共批准设立了九大国家综合配套改革试验区，包括上海浦东、天津滨海新区、武汉、重庆、成都等。但周洪宇教授认为，在《规划纲要》颁布前签署的这些协议，仍存在有诸多弊端，其战略思路不够明晰，目标定位不够明确，特别是在体制机制改革方面尚有较大的缺失。因此，在议案中，周洪宇建议对这些试验区的改革目标进行调整，从教育行政管理体制改革、人才培养模式创新、建立现代大学制度等方面，把各试验区的改革内容更准确地定位到教育体制机制创新、配合国家综合配套改革试验上，并且以各试验区制度创新的进展和效果为依据，选取典型并将其上升为国家“教育特区”。

①《一份“教育特区”议案的理想与争议》，搜狐财经网站，http：//business. sohu. com/20110303/n279633919. shtml.

目前，中国教育改革的最核心举措应是放权，扩大地方和学校的管理权限。周洪宇教授指出："现在南方科技大学已经开始自主招生了，我们知道依照目前的法律规定，很难批准其成立。如果主管部门能够把审批权赋予广东，相信情况就大不相同。"因此，他建议要向"教育特区"充分放权，具体包括：国家把管理高等学校的各类审批权下放给省级特区或高校特区，落实相关法律规定的高等学校各项办学自主权，国家和省级教育行政部门要向地方"教育特区"放权。形成凡属于"教育特区"权限范围内的、可以自行决定的事情，原则上都下放给"教育特区"，并享受优惠政策，准予"特事特办"；凡"教育特区"需要报送国家审批的事项，上级有关职能部门不再审批，按程序报送，形成"教育特区"的事在"教育特区"办的运行机制。

对于这些政策建议，与会的多位教育界人士表示了认可。国家教育咨询委员会委员、北京理工大学杨东平教授指出，此前一些地方教育改革所产生的活力，已经有目共睹，比如上海、重庆、山东等地，彰显了地方改革推动整体改革这样一条"自下而上"改革路径的价值。"我比较赞同设立'教育特区'"，杨东平教授接受采访时说道。

教育部核心智囊机构——国家教育发展研究中心主任张力也表示："针对'教育特区'的设想，初衷我是赞同的。"他还给出了进一步的建议：若想这份议案能够得到决策层的高度重视，应在要点上有所调整，更多涉及诸如特区设立之后运作方式等方面的具体内容，要更具可操作性。此外，"权责平衡"的问题也是他所关注的一个焦点。比如，如果中央批准了"教育特区"的设立，那么谁来对特区的运作负全责，因为特区之所以特，不是负有限责任，而是要负无限责任。同时，这也可能会出现另一种情况，一个改革试验一旦把问责机制加入，很可能会吓退一批想要尝试但是又不想担太多风险的试验者或试验地区。张力表示，"如何在这两者间找平衡，是考量政策设计者的关键所在"。

除了在政策设计层面之外，国家督学、教育部基础教育监测中心副主任胡平平则认为，"教育特区"能否推行，也要充分考虑到中国的特殊国情。她以职业教育发展为例，近年来，中国职业教育发展滞后，很多人都归咎于政府投入的不足，胡平平对此并不认同。其实，不同部门都有对职业教育领域进行专项经费的投入，教育部门、劳动部门、扶贫办等从中央不同部门将职业教育经费下拨，这就变成"九龙治水"抓职业教育。"可是到了下面，各个部门有各个部门的意见，最后这笔很大的财力就给分散掉了。"胡平平指出，随着改革的进一步深入，实际上就是部门利益的博弈，这些部门博弈如果不能够解决，教育改革则没有办法深入进行。因此，她建议建立“教育特区”，必须考虑中国特殊的体制，尤其是行政体制和干部管理体制，地方党政领导人员要形成教育改革的共识，否则“单就教育谈教育是不可能成功的”。

由此可见，教育改革已成上下共识，分歧较小，这是当年经济改革不具备的优势，应该抓住这个后发优势，大胆尝试，力求有所突破，建立“教育特区”在政策方面不仅是相当可行的，而且也是十分必要的。

第三节　以区域突破带动教育体制改革的探索成绩

从中国教育的发展历程来看，当前的中国教育发展是不平衡的，也是中国教育最需要改革创新的时期。如今，中国已用世界 2%的投入支撑了世界 20%人口的教育，正在由人力资源大国向人力资源强国转变，当下教育要发展，根本靠改革，改革创新是教育发展的强大动力。《规划纲要》绘制的蓝图，提出的各项举措，都需要以改革创新来进一步落实。贯彻《规划纲要》的过程，就是革故鼎新的过程。改革开放 30 多年来，我国教育领域的改革虽然步履蹒跚，进展缓慢，但依然与当前经济社会领域的改革相似，业已进入到了改革的“深水区”，遇到的是深层次矛盾，既有老大难问题，同时也面临着很多前所未有的新情况和新问题。这些问题之下盘根错节的是亟待改革的教育体制机制，为进一步促进教育体制改革，长江教育研究院对此进行了深入的理论探究。

2010 年 12 月，国务院办公厅印发《关于开展国家教育体制改革试点的通知》，这次的试点改革是国家战略主导下的区域选择，是中国推进渐进式体制转型的主要方式之一。与全国各地教育行政和教育研究部门一样，长江教育研究院以“民间立场、建设态度、专业视野”，广泛组织和动员专家学者开展相应的对策研究。在 2009 年 3 月，研究院在北京召开了“专家献计《规划纲要》座谈会”，座谈会中提出 10 条建议，其中包括“推动区域创新，建立教育改革试验区”的设想，为 2011 年发展为“建立教育特区”的政策建议奠定了基础。2010 年年底，研究院针对我国教育体制改革创新等重大问题，多次组织专家学者研讨和座谈，并于 2011 年 3 月 2 日在北京举办“长江教育论坛”，正式发布了《建立“教育特区”，以区域突破带动教改全局》的 2011 年教育政策建议书。在《关于建立“教育特区”的政策建议书》[①] 中，长江教育研究院课题组对自下而上的地方创新与自上而下的国家试点等典型案例进行了评述，分析了推进教育体制改革创新中的策略与路径选择，对建立“教育特区”、以区域突破带动教育改革全局提出了详细建议。

在《深化试点方案，建立“教育特区”》[②] 一文中，周洪宇教授提出，目前国家教育行政部门的做法基本上仍是以“计划”方式自上而下地部署和分配试点，然后根据《规划纲要》构建的框架，对体制机制以“工程”模式按部就班地予以“施工”。周洪宇教授指出，自上而下的试点改革在整体上是可控的，在方式上是逐步推展的，在具体操作上是先试点、后推广。把这种模式引入教育领域后，国家教育行政部门实际上成了制度创新的主导力量——从国家教育全局考虑进行区域选择，对制度安排实行严格的管制，决定了让“谁试”或试验的内容和范围，决定着制度供给的方向、速度、形式和政策。周洪宇教授同时指出，国家教育行政部门可以选择地方进行试点，但被选择的区域或单位并非都能够实现预期的突破。若要在强大的传统教育体制钳制下培育出适应社会主义市场经济和全面建设小康社会目标的教育新体制，如果仅仅依靠自上而下的试点安排，虽然能够维持改革的稳定性和渐进性，但在推动体制机制的实质性突破方面尚有所欠缺。我国的国情是各地发展不平衡，不同区域教育发展情况也是千差万别，只有切实从不同区域实际出发，才能推动教育与经济社会协调发展，进而才能落实好国家教育改革的要求。因此，建立“教育特区”，是对国家试点改革方案的深化，从而使各类重大项目和改革试点的目标指向更加清晰和深化，并呈现出鲜明的区域特点；使地方教育创新能够在综合配套改革的框架下，统筹区域内各类改革内容，更好地发挥各方面的积极性、主动性和创造性，为整体推进全国教育改革积累经验、提供样板、创造条件。

周洪宇教授、湖北省教科所副所长叶平在《〈国家中长期教育改革和发展规划纲要（2010—2020 年）〉实施进展的回顾与反思：教育体制改革呼唤区域突破》[③] 一文中，对我国寻找教育体制改革突破口的实践历程进行了梳理。文中周教授指出，教育改革的突破口是有规律可循的，要破解我国教育发展深层次矛盾，关键在于深化体制机制改革，是最有可能突破的需要地方政府主导的综合配套改革。根据各地实践情况，周教授分析了区域教育创新突破的生长点、预期点、突破点，并与我国经济体制改革的历史做了比较与反思。

---

①周洪宇主编：《中国教育黄皮书》（2012 年），湖北教育出版社 2012 年版，第 13 页。

②周洪宇：《深化试点方案，建立“教育特区”》，载《教育与职业》2011 年第 3 期。

③周洪宇主编：《中国教育黄皮书》（2012 年），湖北教育出版社 2012 年版，第 2 页。

申国昌、邓一在《教师教育改革与发展的区域突破》[①] 一文中，对我国各地教师教育制度的变革之路进行了深入分析。该文不仅对教师体制改革从时间上做了纵向的历史梳理，更从空间地域上做了横向比较，总结出了教师教育改革与发展区域突破的特质，即幼儿教师培养“自成体系”、各省地方院校免费师范生教育“相继崛起”、农村地区教师发展“深受重视”，并依此给出四大建议：第一，高水平院校承担幼师培训重任；第二，在更多地方师范院校实行免费师范生制度；第三，试行教师定向培养机制；第四，在更多师范院校实行教育试验区。

董泽芳、岳奎在《完善大学治理结构的思考与建议》[②] 一文中指出，完善治理结构是高等教育改革的强烈呼唤。该文从重视系统制度设计、重视组织机构优化、加强自身制度与运行机制建设等三个维度分析了完善大学治理结构的路径，并依此提出了“整体设计与局部试验结合、立足国情与合理借鉴结合、适度突破与稳步推进结合”等三条原则，以及“党委领导、校长负责、教授治学、共同参与、全委决策、民主管理”等六大要素。为进一步促进大学治理结构的完善，该文针对我国高等教育的发展实际，提出了“加强高校党委的制度建设，建立和健全坚强有力的领导机制”“加强全委会制度的建设，建立和健全民主科学的决策机制”“加强学术委员会制度建设，建立和健全行政权力与学术权力和谐共舞的发展机制”“加强教职工代表大会制度建设，建立和健全深度对话与平等协商的共同参与机制”“加快大学章程的制定和各项具体管理制度修订，建立和健全公开透明的权力调控机制”等五条建议。

在《推进区域义务教育均衡发展的理论和策略选择》[③] 中，叶平、张传萍探讨了促进区域义务教育均衡发展的理论依据，并依照理论框架提出了“妥善处理好增量改革与存量改革的关系”“省级统筹，以县为主，实施学校标准化建设的‘隆起’策略”“以渐进改革方式，逐步建立和完善区域教师交流制度”等推进策略，进而在推进区域义务教育均衡发展监控体系的选择上提出了具体建议。

马必学、向丽在《高职院校构建区域“产教合作、校企一体、工学结合”机制的研究》[④] 一文中，对高职院校“校企一体、工学结合”办学模式的内涵进行了解读，分析了其创新的机制。从我国中部地区高职院校在产教合作办学模式的实践中总结出“校企深度融合，共建产学合作平台”“准确定位办学方向，探索特色鲜明的

①周洪宇主编：《中国教育黄皮书》（2012年），湖北教育出版社2012年版，第37页。

②周洪宇主编：《中国教育黄皮书》（2012年），湖北教育出版社2012年版，第49页。

③周洪宇主编：《中国教育黄皮书》（2012年），湖北教育出版社2012年版，第63页。

④周洪宇主编：《中国教育黄皮书》（2012年），湖北教育出版社2012年版，第75页。

办学模式”“与区域产业相匹配，以提高质量为中心，产教结合办学”等办学经验，并对该模式存在的问题进行了反思。

李梦卿、张君第在《从八大职业教育试验区建设透视职教改革发展趋势》[①] 中对我国八大职教试验区的职业教育改革试验进行了解析，从试验区建设探究了我国职业教育改革发展趋势，总结出了“发挥政府的引导和调控功能，不断完善政策法规”“产教相融，继续推进工学结合、校企合作办学模式”“更新观念，重视职教师资队伍建设”“加大职业技术师范类院校建设，为职教师资注入新的活力”“以人为本，加强职业院校学生的职业道德建设”“增强品牌意识，促进职业教育集团化发展”“以就业为导向，实现与企业零距离对接”“加强内涵建设，提高职业教育质量，增强职业教育吸引力”等八条规律。

姜瑛俐在《学前教育办园体制改革区域突破的案例研究》[②] 中分析了我国各地学前教育改革的案例，总结出大量经验。

《特殊教育体制改革的区域突破》[③] 中雷江华、亢飞飞对中国特殊教育体制的现状从机构体系、规范体系等维度作了描述，指出了特殊学校教育体制、行政体制、管理体制中存在的问题，并提出了相应的改革思路建议。

---

①周洪宇主编：《中国教育黄皮书》（2012 年），湖北教育出版社 2012 年版，第 83 页。
②周洪宇主编：《中国教育黄皮书》（2012 年），湖北教育出版社 2012 年版，第 95 页。
③周洪宇主编：《中国教育黄皮书》（2012 年），湖北教育出版社 2012 年版，第 105 页。

Chapter 07

第七章

响鼓重槌：呼吁切实保障 4％并建立教育投入长效保障机制

第一节　建立教育投入长效保障机制，进一步加大教育投入的议案提要

一、确立 2020 年实现财政性教育投入至少占 GDP 4.5%，争取达到 5%的新目标

在 2012 年实现占 GDP 的 4%之后，为在 2020 年基本实现教育现代化，进入人力资源强国的行列，需要继续大幅度增加财政性教育投入，到 2020 年至少应达到 GDP 的 4.5%，争取达到 GDP 的 5%的目标。这是我国教育改革发展的现实需要，是我国社会、经济发展的迫切要求，是保持我国国际竞争力的重要保障。它参照了国际教育平均投入水平，也在我国未来不断增长的财力可以承担的范围之内，并非过高期待。从某种意义上说，是一个比较可行并具有可持续发展性的目标。

二、进一步推进义务教育财政管理体制改革，以“生均教育经费指数”指标，强化地方政府投资责任，确保地方财政的投入到位

建立保障加大教育投入可持续增长的长效机制，其关键是强化政府责任，以事权财力对等原则建立责权明晰的教育投资分担机制。以“财政性教育经费支出占国民生产总值的比例”为考核指标，能够反映政府的总体投入水平，但无法监测各级地方政府的教育投资行为。

按照国际惯例，启用“生均教育经费指数”（生均教育经费与人均 GDP 之比）考核地方政府的投资行为，以此约束某些地区人均 GDP 大幅增长、排位靠前，但各级教育生均经费长期摆尾的现象。经我们以 2009 年各省（市、区）数据的实测发现，有 14 个省人均 GDP 指标排位与生均财政性教育经费投入的位次严重错位，其中相差 5 位以上的有 12 个省。若能在财政性教育经费投入中剥离教育转移支付与本级教育投入，用来考核本级财政性生均教育经费与人均 GDP 的差距，其激励效果必定更为显著。

把“三个增长”进一步明确要求为“县级以上人民政府用于实施义务教育财政拨款的增长比例应当高于本级财政经常性收入的增长比例，保证按照在校学生人数平均的义务教育费用逐步增长，保证教职工工资和学生人均公用经费逐步增长”。

进一步强化地方教育投资约束机制，盯着“三个比例”，按等比例投入教育，即：预算内和预算外、存量与增量、预算和决算，所有环节都按等比例投入教育，建立起前后衔接、内外一体、相对完整的有约束力的政府教育投入机制。

三、依法落实“教育经费单列”，减少专项教育转移支付

“教育经费单列”的财政管理制度究竟是什么，至今没有一个明确的说法。建议在明确“单列”体制的基础上，进行财政制度的执法检查，追讨被挪用、挤占的教育专项转移支付资金，将可能“倒逼”出大量的教育经费。温家宝总理说：“大的方向是中央政府要逐步减少各类专项性教育转移支付，增加一般性教育转移支付，给地方政府特别是基层政府支配教育经费更大的自主权。”并强调“教育投入仍然放在教育的大盘子里，而不能挪作他用”。若不明晰和强化“教育经费单列”的财政管理体制，某些地方政府可能会滥用“自主权”，导致教育经费的被挪用、被平调。

加强组织领导，明确责任。各省（区、市）人民政府负责统筹落实本地区加大财政教育投入的相关工作。加大各省（区、市）对下转移支付力度。要按照事权与财力相匹配的原则，进一步完善省以下财政体制，强化省级财政教育支出的统筹责任，防止支出责任过度下移。省级人民政府要根据财力分布状况和支出责任划分，加大对本行政区域内经济欠发达地区的教育转移支付力度。

四、建立多渠道筹集教育经费的长效保障机制

统一内外资企业和个人教育费附加制度。严格执行国务院的有关决定，从2010年12月1日起统一内外资企业和个人城市维护建设税和教育费附加制度，教育费附加统一按增值税、消费税、营业税实际缴纳税额的3%征收。

全面开征地方教育附加。各省（区、市）人民政府应根据《教育法》的相关规定和《财政部关于统一地方教育附加政策有关问题的通知》（财综〔2010〕98号）的要求，全面开征地方教育附加。地方教育附加统一按增值税、消费税、营业税实际缴纳税额的2%征收。

从土地出让收益中按比例计提教育资金。进一步调整土地出让收益的使用方向。从2011年1月1日起，各地区要从当年以招标、拍卖、挂牌或者协议方式出让国家土地使用权取得的土地出让收入中，按照扣除征地和拆迁补偿、土地开发等支出后

余额10%的比例，计提教育资金。具体办法由财政部会同有关部门制定。各地区要加强收入征管，依法足额征收，不得随意减免。落实上述政策增加的收入，要按规定全部用于支持地方教育事业发展，同时，不得因此而减少其他应由公共财政预算安排的教育经费。

进一步破除体制障碍，加快民办教育发展，推进校企合作，拓宽民间捐资助学和社会融资渠道，发行教育福利彩票等。

五、完善投入监督机制，提高教育投入绩效和使用效率

实行教育经费执行情况监测制度，以及经费投入公开、公证制度。各级政府的教育投入的主要指标每年要进行公告，接受社会监督。建立县级教育的“财政中立”制度，并依此进行测评和“督政”。各地区要加强对落实教育投入法定增长、提高财政教育支出比重、拓宽财政性教育经费来源渠道各项政策的监测分析和监督检查，及时发现和解决政策执行中的相关问题。应明确义务教育在教育经费投入中的优先地位，将教育经费的增量优先推行全免费义务教育。

此外，建立农民工子女进城就读的“学券制”（或“支票制”）。在“两为主”“全覆盖”的随迁子女义务教育公共财政保障机制上，有两个方面的问题没有得到很好解决。其一是农民工子女进城后，其享受的国家义务教育免费的经费拨款并没有做到“钱随人走”，虽然有不少学者提出“学券制”管理方式，但并没有引起高层的回应。建议在全国范围内统筹解决，由中央制定相关政策，建立起随迁子女义务教育经费“学券制”管理的财政新机制。尽管中央已规定“随迁子女义务教育公共财政保障由输入地政府负责”，但我们多次调查的情况表明，由于上级专项转移支付经费的测算有较大的随意性，未能准确反映不同区域农民工随迁子女规模和结构。建议在建立全国性电子学籍系统的基础上，加大中央与省级政府教育转移支付力度。中央政府与省级政府在农民工随迁子女教育发展中承担不同的责任：中央政府负责跨省农民工随迁子女教育转移支付，省级政府负责本省农民工随迁子女教育转移支付。

六、建立合理的学前教育成本分担机制，积极引导社会资源向学前教育事业配置

建立合理的学前教育成本分担机制，明确各级政府在发展学前教育中的投入责任，充分发挥政府投入主渠道的作用，财政性学前教育经费在同级财政性教育经费中要占合理比例，未来三年要有明显提高，各地根据实际研究制定公办幼儿园生均

经费标准和生均财政拨款标准；制定优惠政策，鼓励社会力量办园和捐资助园，应制定鼓励社会力量以多种形式参与发展学前教育的措施和办法，调动更多的社会资金投向学前教育事业；家庭合理分担学前教育成本。目前，学前教育还不是义务教育，学生家庭必须承担一定比例的学前教育成本，但分担的比例要合理，要与家庭的收入相联系，不能一刀切。特别是对于贫困地区、社会低保人群则应重点予以扶持。只有这样才能保障贫困家庭的孩子也能享受学前教育，才能真正体现社会的公平与正义。同时，幼儿园收费行为要规范，坚决制止乱收费。

七、继续增加公共教育特别是基本公共教育的财政投入，以义务教育为先导，确保义务教育财政公平和充足

第一，各级政府在义务教育中的财政责任，加快“以省为主”的农村义务教育财政体制改革，增加一般性教育转移支付，给地方政府特别是基层政府支配教育经费更大的自主权。第二，教育投入倾斜力度，使农村生均教育经费高于城市（一些发达国家农村与郊区的生均教育经费反而比城市要高。加大对农村、边远贫困地区、民族地区等欠发达地区的教育投入；进一步加强对城乡薄弱学校的改造、对弱势人群的教育的投资水平。尽快解决农村中小学教师编制问题，进一步提高农村教师实际待遇。第三，在实现4%目标后，应不失时机地把义务教育“财政充足”纳入战略谋划，实现从“财政短缺”到“教育财政充足和财政公平”的战略转换，并作为国家下一阶段义务教育财政投入的基本思路：①按照新颁布的“义务教育课程标准”，建立义务教育的合格标准和学生应掌握的基本教育内容和技能；测量达到义务教育合格标准所需的充足经费水平，根据学生数确定基本教育经费需求（最低标准），逐步形成基于教育质量标准的教育投入充足情况的评价指标体系。②规范的政府间教育财政转移支付的制度和模式。由省级政府统筹，在逐县核定财力的基础上，确定对辖区各县的转移支付基数，并规范为“一般性转移支付”，切实保障各县做到“财政中立”。第四，逐年加大对义务教育的投入力度，直至实现“教育财政充足”的目标。在义务教育实施并取得成效后，逐步在学前教育、普通高中教育等领域，启动“教育财政充足”战略。

八、优化职业教育投资结构，增加多元化、市场化筹资渠道

根据世界发达国家教育发展经验，一个国家在实现工业化时期，都会把大力发展职业教育作为重要战略措施。我国的职业教育面临着资金短缺、城乡投入差距较大、意识不到位等问题。加大政府对职业教育的投入，建立职业学生贫困生资助体

系，让职业教育健康和谐发展；依靠行业和企业注入资金发展职业教育；鼓励东部对西部，城市对农村的对口联合招生办职业教育；利用税收、金融以及社会捐赠等手段吸引社会资金；鼓励国外、境外组织和个人依照我国法律合作举办职业学校或职业培训机构，引进国外优质职业教育资源。

九、优化高等教育投资结构，增加多元化、市场化筹资渠道，建立与高等教育分类管理相适应的高等教育资源分配方式

加大政府对高等教育的投入，这是解决高等经费短缺的关键所在。同时，高等教育可以通过市场获得教育资源；按照谁受益谁付费的原则，学生也要承担部分教育成本；鼓励社会力量捐赠办学；探索多种融资渠道，如发行教育彩票；吸引国际资金；发行高等教育债券等。政府为了增加筹资渠道，必须完善贫困大学生资助政策；制定优惠措施，建立专门机构，吸引社会捐赠。推进以分类为基础的高等教育拨款机制，实行“基础经费＋发展性经费＋竞争性经费”的拨款方式。

十、制定《教育投入保障法》

教育经费是教育事业发展的物质保证。我国财政性教育经费投入的主渠道薄弱、结构不合理，财政性教育经费事权、财权不统一，对多元化筹措教育资金的政策扶持力度不够，严重制约了我国教育事业的健康发展，因此，亟待制定《教育投入保障法》来规范。同时，用法律监督和社会监督来保障教育经费的有效使用，防止滥用和挪用。各级人大要加强教育经费预算的执行和经费使用的监督。逐步建立财政国库集中支付制度，细化预算编制，硬化预算执行，强化预算监督，合理调度资金，在保障教师工资发放的基础上，保障各项事业发展资金和专项资金及时足额到位，提高教育经费的使用效率。要建立严格的监督机制，杜绝贪污、挪用。对违反相关规定的要予以从重处罚，并追究相关责任人的责任。

第二节　建立教育投入长效保障机制，进一步加大教育投入的社会反响

一、长江教育论坛：专家学者热议教育投入

2012 年 3 月 2 日，由长江教育研究院主办、人民教育出版社协办的第五届“北京·长江教育论坛”，于全国“两会”召开前夕，在人民教育出版社成功举办。论坛由长江教育研究院周洪宇院长和副院长陈冬新编审分别发布了长江教育研究院 2012 年度教育政策研究的两项成果，即长江教育研究院 2012 年度“关于建立教育投入长效保障机制，进一步加大教育投入”的政策建议书、《中国教育黄皮书》(2012 年)。

全国人大常委、民进中央副主席、中国教育学会副会长、中国教育政策研究院副院长朱永新先生，中国教育学会会长、国家教育咨询委员会委员、北京师范大学教授顾明远先生，中国教育学会常务副会长、国家教育咨询委员会委员谈松华先生，教育部教育发展研究中心主任、国家教育咨询委员会委员张力先生，中国教育报总编辑翟博研究员，中国教育科学研究院副院长曾天山先生，教育部基础教育质量监测中心胡平平副主任，中国人民大学程方平教授，北京师范大学袁桂林、杜育红教授等知名教育学者与会。论坛由人民教育出版社副总编辑、长江教育研究院特聘专家魏运华主持。人民教育出版社党委书记郭戈出席论坛并致辞。与会专家围绕长江教育研究院发布的《关于建立教育投入长效保障机制，进一步加大教育投入的建议》展开热烈讨论，并提出了很多完善建议。同时对《中国教育黄皮书》(2012 年）一书也给予了高度评价。新华社、《人民日报》《人民政协报》《光明日报》《中国教育报》《21 世纪经济报道》《湖北日报》《长江商报》《长江日报》《武汉晚报》《武汉晨

报》以及中央电视台、中国教育电视台、武汉电视台等媒体参会报道。[①]

二、办复追踪：财政部关于议案的答复

财政部对《关于制定〈教育投入保障法〉的议案》的意见

全国人民代表大会财政经济委员会：

你委批交我部办理的十一届全国人大五次会议第343号议案《关于制定〈教育投入保障法〉的议案》收悉。周洪宇等代表在议案中全面深入地分析了当前我国教育投入问题，包括总量、结构、体制责任、民办教育等，从立法角度提出了一系列政策建议。我们感到，该议案着眼全局、关注长远、全面深入、内容翔实。所提意见建议中肯具体、很有价值，对现实工作有重要的指导意义，经认真研究并与周洪宇等代表沟通，现提出如下意见，供参考。

（一）当前我国教育投入的相关情况

教育投入是支撑国家长远发展的基础性、战略性投资，是发展教育事业的重要物质基础，是公共财政保障的重点。党中央、国务院始终高度重视教育投入问题，正如周洪宇等代表所说，近年来各级政府坚持教育优先发展，按照《教育法》等法律法规的规定，先后出台了一系列加大教育投入的政策措施，我国教育投入持续大幅增长。据统计，2001—2010年，全国教育经费从4 638亿元增加到19 526亿元，年均增幅为17.3%；国家财政性教育经费从3 057亿元增加到14 670亿元，年均增幅为19%；国家财政性教育经费占GDP的比例从2.79%提高到3.65%，提高0.86个百分点，财政教育支出占公共财政支出的比例从14.3%提高到15.8%，提高1.5个百分点，特别是2011年，为实现《规划纲要》提出的2012年国家财政性教育经费占GDP比例达到4%的目标，国务院专门印发《国务院关于进一步加大财政教育投入的意见》，提出了进一步加大财政教育投入的政策措施。2011年全国教育经费数据正在统计中，预计国家财政性教育经费占GDP的比例将比2010年有明显提高。根据财政预算安排以及其他财政性教育经费测算情况，2012年国家财政性教育经费预计约21 984亿元，比2010年增加约7 300亿元，占GDP的比例将达到4%以上。

国际上衡量一个国家财政教育投入水平和努力程度一般有两个参考指标：一是财政性教育经费（公共教育支出）占GDP的比例；二是财政教育支出占财政支出的比例。从财政性教育经费占GDP比例来看，根据国际经验数据，这一比例与财政收

---

①《第五届“北京·长江教育论坛”在京成功举办》，长江传媒网站，http://www.600757.com.cn/show-89-6559-1.html.

入占 GDP 比例存在一定的对应关系：当财政收入占 GDP 比例在 15%以下时，财政性教育经费占 GDP 的比重一般在 2%左右；当财政收入占 GDP 比例为 20%左右时，教育支出占 GDP 比重一般为 3%左右；当财政收入占 GDP 比例为 30%—40%时，教育支出占 GDP 的比重才会达到 4%左右。从这个对应关系上可以看出，我国在公共财政收入占 GDP 的比例只有 20%左右（2010 年这一比例为 20.7%）的情况下，国家财政性教育经费占 GDP 的比例能够达到 3.65%，已经高于国际平均水平。从财政教育支出占财政支出的比例来看，2010 年我国这一比例为 15.8%，略低于美国（17.5%，2007 年），高于法国（11.4%，2007 年）、意大利（9.4%，2006 年）、德国（9.9%，2007 年）、意大利（9.4%，2006 年）、俄罗斯（11.1%，2006 年）等国家（各国财政支出口径略有差异，但总体上具有可比性）。教育已成为我国公共财政的第一大支出，因此，从这两个参考指标的情况来看，我国财政教育投入的努力程度是比较高的。

在加大财政教育投入的同时，各级政府及财政、教育等部门以教育基本公共服务为重点，通过实施农村义务教育经费保障机制改革、建立健全家庭经济困难学生资助政策体系等措施。突出体制机制创新，建立健全长效机制；通过大力支持《规划纲要》提出的重大项目和改革试点，突出重点，优化结构，着力解决教育发展关键领域和薄弱环节的问题；通过着力向中西部地区、农村地区、民族地区等倾斜，统筹城乡、区域协调发展，促进教育基本公共服务均等化；通过社会捐赠财政配比、对民办教育发展给予财政支持、落实税收优惠政策等措施，扩大社会资源进入教育途径，多渠道增加教育投入。

虽然近年来财政教育投入保持了快速增长，支持教育改革发展取得了明显成效，但周洪宇等代表提出的教育经费总量不足、教育经费投入不均、教育投入渠道不畅等问题确实不同程度地存在。具体表现在：教育投入总量仍然不够充裕，还不能满足人民群众日益增长的教育需求；教育经费来源渠道仍以政府投入为主，多渠道筹集经费的体制机制尚不健全；教育结构和布局不尽合理，城乡、区域教育发展不平衡；教育经费管理较为粗放、基础不扎实、效益不高等。同时，我国正处在社会主义初级阶段和“穷国办大教育”的基本国情没有变，财政实力相比于其他国家尤其是发达国家而言仍然较弱。从财政收入占 GDP 的比例来看，世界主要发达国家都比较高，比如 2009 年法国高达 48.1%、意大利为 46.6%、德国为 44.3%、英国为 40.3%、日本为 33.0%、美国为 30.5%。而 2010 年我国财政收入占 GDP 比例，按公共财政收入的口径计算仅为 20.7%，加上政府性基金收入、国有资本经营预算收入、社会保险基金收入后为 25.4%，即使再加上国有土地使用权出让收入后也仅为

29.6%，既远低于上述发达国家，也明显低于国际货币基金组织（IMF）公布的发展中国家平均水平（2007年为35.5%）。而且，我国的非公共财政收入部分的使用，大多是列收列支、专款专用的，财政很难统筹安排使用。

（二）议案提出的意见建议具有重要价值

《关于制定〈教育投入保障〉的议案》是周洪宇等代表经过广泛调查、深入研究形成的，其中提出的意见建议，如合理划分教育投入责任、完善各级教育财政预算决策程序、优化教育投入结构、拓宽教育经费来源渠道、对教育投入实行严格考核和问责等，对进一步做好财政教育工作，特别是健全教育投入长效机制、合理安排使用教育经费、切实加强教育经费管理等，都具有重要的指导意义和参考价值。其中很多具体的意见建议，也是我们一直以来并将继续努力推进和实施的。对此，我们逐项进行了深入分析和认真研究。

1. 关于教育投入责任

(1) 关于加大财政教育投入，议案提出的“规定各级政府年度教育投入总量、在本级财政支出比例及年增长率，保证教育经费有实质性的增长”，在实际工作中已有相关政策措施，并正在执行之中。相关文件提出的政策措施，就包括严格落实教育经费法定增长要求、明显提高财政教育支出占财政支出比例、提高预算内基建投资用于教育的比重、拓宽财政性教育经费来源渠道等各个方面。财政部按照国务院要求印发的《财政部关于加强各地2011—2012年财政教育投入状况分析评价的通知》，从财政教育支出增幅、财政教育支出比例、教育附加征收税率、土地出让收益教育资金计提率等方面，提出了对各地财政教育投入状况进行分析评价的具体方案和参考指标。上述增加财政教育投入的规定，既有增长率的具体要求，又有比例的具体要求，近两年的落实情况总体也是比较好的，保障了全国财政教育投入的大幅增长。每年各级人大审议通过的政府收支预算，即已包含了当年同级政府财政教育投入的总量、增长率等情况，各级人大也通过多种形式加强监督，确保执行到位。

需要说明的是，4%是一个全国性指标，在现行财政体制下，由于各地获得转移支付和返还性收入的水平不同，财政性教育经费占地区生产总值的比例，在各地之间、各级之间不具有可比性，不能客观反映各地财政教育投入的实际水平和努力程度。因此，不宜层层要求各级政府的教育投入都占当年地区生产总值的4%。《财政部关于加强各地2011—2012年财政教育投入状况分析评价的通知》确定的分析评价办法，充分考虑了这一情况，实事求是地设计了分析评价的具体方案和考核指标。

(2) 关于中央与地方教育投入的比例。从国际上看，由于各国教育管理体制、中央和地方政府的财力划分等存在较大差异，在中央与地方财政教育投入比例上，也不完全具有可比性。从我国的情况看，中央与地方教育投入的责任，应当按照事权与财力相匹配的原则来把握。按照我国现行体制和政策规定，教育的事权和支出责任主要在地方。中央财政通过转移支付，支持中西部等欠发达地区教育事业发展，经过近几年的努力，中央财政教育支出占全国财政教育支出的比重不断提高。

据我们测算，中央财政直接安排用于教育的经费，加上中央财政对下安排的均衡性转移支付、财力性转移支付中包含的教育经费，已占地方财政教育支出的40%左右，其中中西部地区达到55%左右，从各级政府责任划分来看，中央与地方政府以及地方各级政府的支出责任划分还需要进一步明晰，以确保基层特别是县级财政有充足的财力发展教育。今后，我们将结合议案提出的“根据财权事权对等原则，形成中央、省、市、县对教育财政投入的合理分担机制”等建议，进一步明晰中央与地方的教育事权和支出责任。

(3) 关于政府对各级各类教育的投入责任。由于各类教育的公益性程度不同，各级政府提供各类教育公共服务的职责也不尽相同。比如作为基本公共服务的义务教育，已全面纳入财政保障范围，所需经费实行了国务院和地方各级人民政府根据职责共同承担、省级人民政府负责统筹落实的机制。而学前教育、普通高中教育、职业教育、高等教育等非基本公共服务，则实行以政府投入为主、受教育者合理分担、其他多种渠道筹措经费的投入机制。在政府投入方面，由于非义务教育的办学主体和管理责任主要在地方，经费投入主要由地方承担，中央财政通过适当补助或以奖代补等方式对地方给予支持，议案提出的政府在义务教育、职业教育、高等教育等阶段应承担的责任，与现行教育管理体制、财政体制以及《规划纲要》“保障经费投入”一章的有关规定是一致的。我们也将按照上述要求和方向，不断予以完善。

2. 关于教育经费预算管理

议案提出：“必须加强各级人民代表大会对同级政府教育预算的审查和监督……加强教育预算的法制性、透明性和完整性。”我们非常赞同。现行《预算法》对财政预算管理职权、预算收支范围、预算编制、预算审查和批准、预算执行、预算调整、决算、监督、法律责任等作出了全面规定。近年来，各级财政按照《预算法》以及公共财政管理的规定，进一步规范和加强了教育经费的预算管理。2007年起实行的政府收支分类改革，设立了专门的“教育”支出科目，将原教育事业费、基建经费等全部纳入，综合反映教育经费预算安排和执行的有关情况。因此，目前的教育经费预算已经实现了单独立项。各级政府在年初安排公共财政支出预算时，按照《教育法》等法律法规的规定，保证财政教育支出增幅明显高于财政经常性收入增幅。对预算执行中的超收部分，也按照上述原则优先安排教育拨款，确保全年预算执行结果达到法定增长要求。近年来，教育投入法定增长要求总体落实情况是较好的。各级政府按照《预算法》规定向同级人民代表大会及其常务委员会报告财政预算时，都将教育预算作为重点内容之一。全国人大常委会及有关专门委员会还通过专题质询、联组询问等方式，加强了对教育预算的审核和监督力度。此外，各级政府按照《政府信息公开条例》的规定，大力推进了教育预算公开进程，主动接受社会各界的监督。因此，总体来看，目前教育经费预算管理是符合《预算法》《教育法》等规定的，近年来改革完善的力度是比较大的。今后，我们还将进一步加强预算管理。

3. 关于优化教育投入结构

合理安排使用教育经费，进一步突出重点、优化结构，着力解决教育改革发展薄弱环节和关键领域的问题，是当前和今后一个时期的重要任务。议案提出的优化各教育阶段结构、区域结构、支出内容结构等建议，我们完全赞同，并且认为十分必要和紧迫。

从教育阶段上来看，今年来各教育阶段经费投入所占的比重基本稳定。财政性教育经费中，学前教育约占1.5%，义务教育约占53%，中职约占6%，普通高中约占9%，高等教育约占20%，其他约占10%。下一步，我们将根据《规划纲要》提出的战略目标和发展任务，进一步优化各教育阶段的投入结构，总体上要向农村义务教育、农村学前教育和有关助学政策倾斜。

从区域结构上看，近年来对中西部地区、民族地区等倾斜力度不断加大。中西部地区财政教育支出占全国的比重从2005年的54%提高到2011年的59%，其中西部地区增长更为明显。五个少数民族自治区财政教育支出占全国的比重从2005年的7.9%提高到2011年的9.4%。但是这两年在实现4%目标过程中，由于投入基础、财力状况、努力程度的差异，各省份特别是一些东部省份与中西部省份教育投入差距，也出现了一定程度的拉大趋势。下一步还是要继续加大对中西部地区、农村地区、民族地区的倾斜力度，努力缩小区域差距，统筹区域、城乡协调发展。

从支出内容来看，财政教育支出中人员经费的比重从2005年的77%下降到2010年的70%，公用经费的比重相应地从23%提高到30%。农村义务教育学校公用经费标准逐年不断提高，各级各类学校办学条件也有了明显改善。下一步，还要处理好人员经费和公用经费的结构关系，处理好“硬件”投入和“软件”投入的关系，处理好基本支出和项目支出的关系，切实优化支出方向和支出内容。

4. 关于多渠道筹集教育经费

社会投入是教育投入的重要组成部分。《教育法》等大量法规和《规划纲要》都明确了“以政府投入为主、多渠道筹集教育经费”的投入体制。正如议案所说，“拓展和引导社会资本以多种方式进入教育领域，是各级政府的长期选择，不是一时之计”。各级政府和有关部门在这方面开展了大量工作，进行了许多探索。

（1）关于税收优惠政策。为支持教育事业发展，我国制定出台了一系列税收优惠政策，主要包括：《企业所得税法》及其实施条例对企业所得税优惠、公益性捐赠税前扣除等作出了规定；《个人所得税法》及其实施条例对个人捐赠税前扣除作出了规定；营业税暂行条例对教育劳务免征营业税作出了规定；《耕地占用税暂行条例》及其实施细则对有关职业学校免征耕地占用税作出了规定；《财政部国家税务总局关于教育税收政策的通知》对契税、房产税、城镇土地使用税、印花税、关税、增值税、消费税等方面的优惠政策作出了规定。这些税收政策涉及面广、优惠力度大，无论是民办教育还是公办教育，只要符合相关条件的，都可以享受相应的税收优惠政策。

（2）关于拓宽教育经费来源渠道。近年来，各级政府积极采取措施，调动全社会办教育的积极性，扩大社会资源进入教育的途径。比如：2010 年，国务院决定统一内外资企业和个人教育费附加制度，统一按实际缴纳增值税、营业税和消费税（以下简称“三税”）总额的 3%征收；2011 年起，全面开征地方教育附加，统一按实际缴纳“三税“的 2%征收；2009 年起，中央财政对中央高校接受的社会捐赠实施财政配比政策，三年来中央高校接受的社会捐赠金额增长了 88%。同时，各级政府按照《民办教育促进法》等相关规定，积极落实信贷支持、资产管理、购买服务等方面的支持政策，鼓励和支持社会力量办学。

（3）关于公共财政资助民办教育。各级政府按照《教育法》《民办教育促进法》相关规定，在公共财政资助民办教育方面进行了有益探索。目前各级政府对民办教育的经费支持方式，主要包括购买服务型（助学、购买免费义务教育服务等）、奖励型（对普惠性、低收费民办幼儿园给予扶持奖励，）、教师培训支持型（将民办教师纳入" 国培计划”、职业教育素质提升计划）等。浙江温州等地还推行了民办教育综合改革试点，从体制、政策等方面通盘研究支持民办教育发展问题。

5．关于教育投入考核问责

周洪宇等代表在议案中提出，“对教育投入实行严格考核和问责”“用法律监督和社会监督来保障教育经费的有效使用，防止滥用和挪用”。对此，我们完全赞同。教育部、国家统计局、财政部建立了教育经费统计制度，每年定期发布《全国教育经费执行情况统计公告》，向全社会公开教育经费总量、各级政府落实《教育法》规定的“三个增长”情况、国家财政性教育经费占 GDP 比例等情况，主动接受社会监督。一些地方政府将教育投入情况纳入了经济社会发展综合评价体系，作为政府领导干部综合考核评价的重要内容，实行严格的问责制。应当说，各级政府通过各种形式，正在健全完善教育投入的考核和问责机制，努力保障教育投入的持续大幅增长。

在加大财政教育投入的同时，各级政府和有关部门高度重视教育经费的使用管理问题。通过制定和修订《事业单位财务规则》《中小学校财务制度》《高等学校财务制度》等，建立健全教育经费管理制度体系；通过制定《财政部门监督办法》、推进财务巡视等措施，加强了教育经费的财政监督；通过实施绩效评价制度，加强了教育经费使用管理的追踪问责，提高了资金使用效益。今年4月，财政部、教育部还召开了2012年教育改革发展重大问题会商会，围绕实现4%目标，用好管好财政教育经费等问题进行了专题会商。

（三）《教育投入保障法》立法问题还需深入研究论证

我们对代表们提出的加强立法，实现教育经费投入规范化、制度化的工作思路非常赞同。但是，是否需要另行制定一部单独的《教育投入保障法》，我们建议还需进一步深入研究和论证，特别是要充分考虑以下几方面因素：

1. 立法模式和立法技术

在社会事业和公共服务立法中，经费保障问题都是其中非常重要的组成部分。公共服务的提供责任、管理责任和经费责任是相互联系、相互配合、不可分割的。因此，从立法模式和立法技术层面考虑，将相关内容规定在一部法律之内，能够更好地处理相互之间的逻辑关系，更具有合理性和可行性。如果将公共服务的提供责任、管理责任和经费责任分别立法，则容易造成相关内容之间脱节、交叉、重复、冲突等问题。同时，一项教育改革措施往往同时涉及教育服务提供、管理体制和经费投入等各方面的问题，如果将经费投入问题单独立法，那么在修订相关法律时，势必需要同时修订两部以上的法律，将会增加立法（法律的制定和修订）成本。从我国其他社会事业立法和国外相关立法情况看，将经费投入问题单独立法的做法也极为少见。

2. 与现行法律法规的关系

目前我国已有《教育法》《义务教育法》《职业教育法》《高等教育法》《民办教育促进法》等多部教育法律，初步形成了较为完善的教育法律体系，这些教育法律法规都采取了教育服务提供、管理和经费等内容一并立法的模式，经费投入问题都是其中非常重要的组成部分，比如：《教育法》第七章为“教育投入与条件保障”，《义务教育法》第九章为“经费保障”，《职业教育法》第四章为“职业教育的保障条件”，《高等教育法》第七章为“高等教育投入和条件保障”，《民办教育促进法》第七章为“扶持与奖励”，《校车安全管理条例》第三条规定了校车经费筹集机制。同时，《预算法》《政府信息公开条例》对包括教育经费在内的各类经费的预算管理和预算公开问题作出了规定；《企业所得税法》《个人所得税法》《营业税暂行条例》等相关税收法律法规对教育税收优惠政策作出了具体规定。现行教育法律法规对教育税收优惠政策作出了具体规定。现行教育法律法规对教育经费投入问题，已经作出了较为全面、明确、具体、完备的规定。议案提出的《教育投入保障法》的主要内容，基本可以在现行教育法律体系中找到相应规定或替代措施，可以通过落实现有法律制度予以实现，存在的问题也正在现有法律框架内逐步得到解决。根据我国《立法法》，立法应当遵循宪法原则、法治原则、民主原则和科学原则，其中科学原则的一项具体要求，就是立法应当注意各种法之间的纵向、横向关系的协调，以及法的内部结构的协调。如果另行制定单独的《教育投入保障法》，其内容将不可避免地与现行教育法律法规的有关内容交叉重复，可能会对我国现行教育法律体系造成冲击。

3. 与教育、财政等领域改革进程的关系

在现实生活中、很多法律法规的制定都不是一蹴而就的，大都有一个探索和实践的过程。在具体操作上，往往是采取“政策先行”的办法，通过实践证明确实行之有效后，再制定或修订相关法律法规予以承认。比如，农村义务教育经费保障机制改革就是先有国务院的相关“决定”，然后在改革推行一段时间后，通过修订《义务教育法》，再将相关内容纳入其中。《规划纲要》明确提出，教育要发展，根本靠改革。当前和今后一个时期，我国各级各类教育的各项制度，包括经费投入在内，都将处在改革进程中。在教育改革尚在全面推进的情况下，即使不考虑立法技术层面的问题，要单独制定《教育投入保障法》，也只能是采取大量的（授予公民、公职人员、社会团体和国家机关可以自行抉择做或不做某种行为的法律规范）以“可以”“有权”“享有”“具有”等词汇来表述，将造成立法资源的浪费。同时，教育投入作为社会事业投入的一个方面，其立法需要与整个财税领域的立法相互协调、有机统一。当前我国财税体制改革也在深入推进，尤其是《预算法》正面临较大规模的修订。在这种情况下，要从“法律”的层面系统全面地规定教育领域的“投入”问题，也存在困难。

综合考虑上述因素，我们建议，当前和今后一个时期，有关教育投入和经费保障方面的主要任务，是进一步做好现行法律法规的贯彻落实工作，保证各项法律法规及政策规定得到切实执行。完善教育投入体制机制的相关内容，可以在改革试点的基础上，通过修订《教育法》《义务教育法》《高等教育法》等相关的教育法律法规，遵循循序渐进的原则逐步予以解决。

下一步，我们将会同有关部门，继续认真贯彻落实有关法律法规规定和党中央、国务院各项政策精神，进一步健全教育投入体制机制，始终把教育作为财政支出重点领域予以优先保障，并不断完善教育投入方式，促进教育投入持续稳定增长：坚持以人为本、遵循教育规律，突出重点，优化结构，着力解决教育发展关键领域和薄弱环节的问题，积极回应人民群众关切的教育问题；全面加强财政教育经费科学化精细化管理，切实提高资金使用效益。对周洪宇等代表提出的意见建议，我们将高度重视，进一步认真研究、深入分析，并在工作中加以采纳、吸收，推动财政教育工作更好地开展。

三、社会视点：社会各界聚焦教育投入

“关于建立教育投入长效保障机制，进一步加大教育投入”的政策建议书一经发布，得到社会各界的普遍关注，各大媒体网络对之进行了相关报道与采访。在中央电视台记者对周洪宇教授的采访中，周教授首先指出，我国在1993年提出国家财政性教育经费支出到2000年要实现占整个GDP的4%目标，而到了2012年，教育财政投入占GDP的4%的目标要达到，更要考虑目标实现之后的努力方向。作为人大代表，提出议案不仅要立足于当前，更要着眼于长远，因此，周教授提交了“关于建立教育投入长效机制，进一步加大教育投入”的教育议案。周教授认为，到2020年时，教育财政投入应不低于GDP的4.5%，并争取达到5%，如果我们把这个目标确立下来，再采取多元筹资，如此才能适应我国未来8年的教育发展。其次，周教授指出国家要对师资队伍建设提供保障，去年周教授提出要设立国家级教师最高荣誉奖“陶行知教育奖”。陶行知是近现代著名的人民教育家，也是我们现代教师的楷模，温总理多次提到教师应学习陶行知“捧着一颗心来，不带一根草去”的大爱精神。而要吸引更多优秀人才从教，确保他们安心从事教育工作，就必须要有激励机制。周教授指出我国有1 400万教师，却没有一个国家级教师奖项，因此，完善国家教师荣誉制度，设立国家级教师奖是十分必要的。[①]

经济观察网记者对第五届“北京·长江教育论坛”进行了报道，报道中周洪宇教授提到“对4%目标的实现要采取谨慎的态度，确保货真价实地实现，而不是简单地做数字游戏”。据其介绍，目前很多地方出现了一些苗头，把不应该算作财政投

---

①《财政保障多元化，师资保证激励化——专访湖北省人大常委会副主任周洪宇》，央视网，http：//news. cntv. cn/2012lianghui/20120301/121418. shtml? iel.

入的部分调剂过来，并不是实实在在的投入。周洪宇认为："建立教育经费长效保障机制比考虑目标更重要。"在其向全国人大提交的《关于建立教育投入长效保障机制，进一步加大教育投入》的十条建议中，即有制定中国《教育投入保障法》，强化教育财政投入法制建设，从法律层次上保证教育投入的内容。实现4%的目标之后，周洪宇教授建议进一步提高财政性教育投入占GDP的比重，即确立2020年实现财政性教育投入至少占GDP4.5%，争取达到5%的新目标。周洪宇教授表示，4.5%的目标并不是一个过高的期待，是一个比较可行并且具有可持续发展性的目标。"不仅要提出一个新目标，还要建立一个新的长效保障机制，这比简单提出一个新目标更为关键，更为基础，更为重要。"对于此次提交的十条建议，周洪宇教授指出，就是要通过以"生均教育经费指数"指标强化地方政府投资责任，确保地方财政投资到位；落实"教育经费单列"，减少专项教育转移支付；建立多渠道筹集机制；完善投入监督机制，提高教育投入绩效和使用效率；建立合理的学前教育成本分担机制；确保义务教育财政公平充足；优化职业教育和高等教育投资结构；制定中国《教育投入保障法》等措施，确保经费合理使用，并建立长效保障机制。①

第三节　建立教育投入长效保障机制，进一步加大教育投入议案的作用

一、为建立健全教育投入长效保障机制提供了现实指导

教育公共支出占总公共支出的比例，以及教育公共支出占GDP的比例代表了教育相对其他公共投入部门的优先地位。财政性教育投入不足，将会对我国教育事业的健康、可持续发展带来严重隐患。建立教育投入长效保障机制，进一步加大教育投入的议案根据我国教育改革发展的现实需要，确立了2020年实现财政性教育投入至少占GDP4.5%，并争取达到5%的短期目标，对加大教育投入设立了标杆。议案着眼于长远，为解决教育投入的长效机制问题，提出以生均教育经费指数"指标强化地方政府投资责任，依法落实"，进一步确保地方财政的投入到位。从投入来源着手，议案建议建立多渠道筹集经费机制，完善监督机制以提高投入使用效率。在义

①《人大代表周洪宇：教育4%的投入目标要"货真价实"》，经济观察网，http://www.eeo.com.cn/2012/0305/221952.shtml.

务教育、学前教育、职业教育、高等教育四大领域，议案针对现实情况均提出了相应的合理建议。同时，我国财政性教育经费投入的主渠道薄弱、结构不合理，财政性教育经费事权、财权不统一，对多元化筹措教育资金的政策扶持力度不够，严重制约了我国教育事业的健康发展。对于以上这些弊端，议案提出制定《教育投入保障法》来规范，议案从我国教育投入现实情况出发，提出了诸多有益建议，为确立健全教育投入长效保障机制提供了现实指导。

二、对4%目标实现后教育财政优化路径进行了有益探索

2012年，国家财政性教育经费支出达到2.7万亿元，占国内生产总值4%的目标如期实现，2012年成为中国教育财政史上划时代的一年，从此中国教育财政投入将进入后4%时代。在新的后4%时代，教育面临着新的形势与任务，教育投入也面临着新的压力与挑战。在促进教育投入继续稳步增长的同时，教育投入使用的合理优化问题也越来越成为世人关注的焦点所在。4%的目标虽已实现，但对于教育事业的发展而言，这仅仅是达到了“及格线”而非“锦标线”，投入虽然增加了，但除以一个13亿的分母，就仍是一个很小的数字。而即便是4%目标本身，也还需要一个长效的机制来确保其落实和稳固。“建立教育投入长效保障机制，进一步加大教育投入”之议案从政府应担负的责任方面，提出以更充足的教育投入提高教育质量、以更公平的教育投入推动教育的均衡发展、以更高效的教育投入发挥教育资源的最大效益，并从教育投入使用效率、后4%教育投入长效保障机制等诸多角度，对后4%时代教育财政优化路径进行了诸多有益探索。

三、促进了教育财政投入政策的专题研究

“建立教育投入长效保障机制，进一步加大教育投入”议案发表后，长江教育研究院各位学者紧随其后，针对我国现阶段教育财政投入政策进行了全方位多层次的研究，成果颇丰。

针对农村学前教育发展的财政困境，雷万鹏、张婧梅、文璠在《论农村学前教育投入的底线标准》① 中，以湖北省中部一个山区贫困县为个案进行了调查。调查发现，幼儿园存在“收不抵支与结构性偏差”“经费使用未能专款专用”“代课教师勉力支撑”“园舍建设滞后”等问题。针对幼儿园的现实情况，文中提出“确保财政投入达到‘底线标准’”“建立责任明晰的财政分担机制”“规范农村幼儿园财务管

---

①周洪宇主编：《中国教育黄皮书》（2013年），湖北教育出版社2013年版，第47页。

理”三条建议，并相应地具体化为“确保园舍稳固安全”“确保幼儿园日常运转”“确保教师编制”等实施举措。

王强在《我国义务教育财政转移支付问题及对策》[①] 中，分析了我国近几年义务教育财政情况。文中指出了现阶段存在“义务教育投入不能满足教育发展需要”“义务教育财政分配不均衡”“经费支出结构不合理”“支出效率不高——生均公用经费统计数字远高于学校实际使用数”等问题，并进一步对我国义务教育财政转移支付中存在的问题进行了分析，指出其存在“义务教育财政责任主体不明确”“转移支付按东中西部确定划分比例不合理”“经费测算公式不合理”“重视事业型转移支付，忽视基建性转移支付”等问题。同时，针对这些问题给出了政策建议，如“明确中央财政为主，省级财政、县级财政为补充义务教育投资体制”“建立以行政区划为单位测算转移支付比例制度”“事业型支出采取公式法”“加大基建支出，经费分配采取项目法”。

张传萍的《省域内义务教育财政资源配置的三种公平测算》[②] 以W省为例，根据公立义务教育学校的经费支出情况，以“省域内义务教育财政资源配置的横向公平”“省域内义务教育财政资源配置的纵向公平”“省域内义务教育财政资源配置的机会公平”三个维度作了数据分析。通过具体的数据分析，得出了“无论是从横向公平还是从机会公平分析，普通初中的财政资源配置比普通小学更为公平”的结论，并针对现实情况，给出“完善财政转移制度”“重视对普通小学的财政投入”“加大对城镇和农村义务教育学校的财政投入”等四条政策建议。

马丹在《合理配置高等教育资源，优化高等教育财政投入》[③] 中指出，高等教育财政投入理念应变革，做好高等教育资源配置目标定位。该文指出，高等教育改革的根本目标应是“办好人民满意的大学”，关键目标是“实现社会总体效益最大化”，核心目标是“促进教育质量持续提高”，保障目标是“确保教育公平”；在高等教育财政投入模式转型中，要“坚持政府主导，切实保证高等教育财政投入”“鼓励全社会参与，多渠道配置高等教育资源”。在高等教育财政投入路径创新方面，文中给出三条建议，“继续加大高等教育财政投入，理顺高等教育资源配置结构”“厘清中央与地方高等教育财政投资职责，努力构筑高等教育财政投入体制”和“改革财政性高等教育经费管理办法，根据绩效评估结果拨款”。

①周洪宇主编：《中国教育黄皮书》（2013年），湖北教育出版社2013年版，第58页。
②周洪宇主编：《中国教育黄皮书》（2013年），湖北教育出版社2013年版，第72页。
③周洪宇主编：《中国教育黄皮书》（2013年），湖北教育出版社2013年版，第85页。

李祥云《地方高校生均支出地区差异及其原因的实证分析》[1] 运用 1996—2006 年全国 31 各省（自治区、直辖市）的地方普通高等教育的支出数据，估算了各年份省际间地方高校生均投入差异的基尼系数和泰尔指数。从动态角度考察差异的变化，对全国高校生均投入省际差异及其变化趋势进行了分析，指出“扩招后全国地方高校生均投入省际分布的差距逐年扩大，主要是由生均预算内和预算外投入分布更加不均等引起的”，并给出了相应的政策建议。

马必学、陶济东的《高等职业教育财政投入政策研究》[2] 分析了我国高等职业教育财政投入的现状，指出其存在“财政投入总量不足”“财政投入不均衡”“财政拨款模式存在缺陷”“财政资金使用评价制度未建立”等问题。针对这些现实情况，文中从完善我国高等职业教育财政投入政策方面，给出了相应建议，如“制定《职业教育投入法》及配套法规政策，建立、完善国家和地方高等职业教育财政投入法规体系”“加大中央财政转移支付力度，促进地区间高等职业教育的均衡发展”“加强对实训基地等财政资金支出重点领域的监控，实行财政拨款与办学绩效评价挂钩”“建立监督制约机制，落实高等职业教育财政投入要求”。

①周洪宇主编：《中国教育黄皮书》（2013 年），湖北教育出版社 2013 年版，第 91 页。
②周洪宇主编：《中国教育黄皮书》（2013 年），湖北教育出版社 2013 年版，第 100 页。

Chapter 08

第八章

居高望远：呼吁政府、企业和教育界高度重视第三次工业革命的来临

第三次工业革命在全球已初露端倪，它是以数字化制造为核心，建立在互联网和新能源相结合基础上的新型经济形态。随着第三次工业革命的兴起，欧美各国均制定了相关发展计划，受到政、企、学界的高度重视。在新一轮工业革命的冲击下，在挑战与机遇的并存局面中，中国若要抓住机遇，应对挑战，须对此进行系列改革，以适应不断变化的世情和国情的发展，使之助力于中华民族的伟大复兴。因此，长江教育研究院立足教育发展实情，在全球视野下的指导下，对第三次工业革命及中国教育的应对之策，积极建言，奔走呼吁，引起强烈的社会反响，对中国教育改革与发展发挥了广泛、积极的影响。

第一节　关于第三次工业革命及中国教育应对之策的建议提要

教育要面向第三次工业革命，积极迎接第三次工业革命的挑战。在第三次工业革命面前，政府应该怎样去应对？著名经济学杂志《经济学人》编辑保罗·麦基里认为，“迎接第三次工业革命，政府应该注重教育而非规划未来”。历史的教训，现实的处境，未来的发展，“新能源、新材料、新技术和互联网”的高度融合，提醒和警示我们：应对第三次工业革命的关键是人才培养模式的革命，面对新形势，我们必须抢抓机遇，加快人才培养模式变革，培养出大量的高素质的劳动者和创新型人才。这里特提出如下十条政策建议，供国家教育、科技、工信、财政和立法等有关部门参考：

一、迎接第三次工业革命要从转变思想观念做起

要加快育人观的转变：从“育分数”到“育人”。即，养出具有鲜明个性、德性高尚、善于合作、创新力强、社会情绪能力好的高素质劳动者和创新型人才。要加快学校观的转变：从“学校”到“社会”。即，有的学校观迫切需要回归到“人”这一教育原点，让教育回归教育本真，回到大社会和大自然，培养人的亲自然情节，唤醒人的同理心。要加快教师观的转变：从“传授者”到“学习者”。即，教师的角色要转化为：教师首先是学习者；教师是学生学习的促进者和帮助者，教师是教育教学的研究者，教师是课程的开发者和建设者。教师是学生学习的合作者、引领者、参与者和促进者。要加快学习观的转变：从“书本学”到“网络学”。即，人们要树立网络学习、远程学习、终身学习的观念，要充分运用云计算、云教育、大数据、大资源等互联网的交互平台，采用书本学与网络学相结合的学习模式，实现在线学习、网络课堂学习、远程学习。

二、要尽快调整教学内容，使教学内容与时俱进

要加快更新知识速度：需要建立综合化的、整体的、整合的或统整的教材内容体系，及时把最新的新能源、新材料、新技术和互联网的高度融合创新的成果编进教学内容，加快知识更新速度，真正使教学内容与时俱进。要加快数字化的整合与开发：目前我国数字化还处于孤立的、浅层次阶段，急需我们加快对数字化资源的整合与开发，树立数字化资源的整体观，注重内容的综合和资源间的整合。要加强学生创新能力的培养：第三次工业革命的形势，要求必须改变现有教师的教和学生的学，注重学生创新精神和创新能力培养，培养学生收集和处理信息的能力、获取新知识的能力、分析和解决问题的能力以及交流与合作的能力。要积极整合教材内容，加强教学内容与学生生活以及现代社会和科技发展的联系。

三、要尽快变革培养方式，适应第三次工业革命的要求

第一，要变革教育组织形式：现有的教育组织形式将向个性化、分散化、远程化的教育组织形式转变。第二，要变革教育方法与手段：需从“以学科为中心”向“以学习者为中心”转变，大力推行如互动式教学、混合式教学、探讨式教学、小组合作学习等以学生为主体的课堂教学，充分运用现代的多媒体技术、网络技术、云教育、大数据、大资源包等，让教学方法与手段适应第三次工业革命的需要。第三，要变革教育评价体系：必须要改变单一的考试评价方式，转向网络学习评价、鼓励性评价、过程性评价等多元化评价，注重人的能力发展，注重人与自然的和谐相处，注重人的社会情绪能力的引领，让每个人都带着个性成长，让每个学习者都拥有幸福一生的能力。

四、将教育信息化上升为国家战略

第一，要从战略高度加快落实《教育信息化十年发展规划（2011—2020 年）》。要把《教育信息化十年发展规划（2011—2020 年）》落到实处，真正提高数字教育资源对教育教学模式改革创新的支持能力和水平，支持偏远地区、少数民族地区、经济欠发达地区和薄弱学校享用优质的教育资源服务。第二，要加大教育信息化经费投入。对于基层学校来说，信息化要作为学校人才培养改革的重要方向，列入教师年度考核和职称晋升考核的内容之一，并且新增的教学经费部分应主要投入信息技术对教育教学的改革创新。第三，要充分运用各种云平台、云计算、资源包、大

数据等现代网络技术。因此，政府要充分运用各种资源包、大数据等，全力推动“宽带网络校校通”“优质资源班班通”和“网络学习空间人人通”建设，为师生建立个人网络学习空间，促进教学方式与学习方式的变革。

五、积极完善终身教育体系

首先，要完善终身教育体制。要制定终身教育发展战略、设置终身教育管理机构、开展终身教育的立法、整合终身教育资源、建立终身教育的学习评价和认可制度。第二，要构建学校、企业和社区一体化体系。探索企业、社区、家庭一体化的服务体系，改变单一的培养目标、培养模式、评价和选拔标准，逐步实现各类学历教育之间、学历教育与非学历教育之间的纵向衔接和横向沟通，拓宽学习成才之路。第三，要充分运用现代信息技术创造有利条件。鼓励民间爱心人士、民间资本和民间教育机构在构建终身教育体系上发挥作用。政府要出台激励性政策，正确规范和引导民间终身教育组织的发展，充分挖掘其潜在的功能。

六、加速推进教育国际化

对此，需要加速办学理念的国际化、课程体系的国际化、办学模式的国际化；要加速人员交流、学术交流的国际化，采取多元化措施，进一步鼓励学术交流的国际化，进一步扩大学术交流的广度和深度，提升学术交流的水平；加快中国教育国际化的均衡化，因此，国家要采取积极措施，实行特殊的政策红利，给予西部地区、贫困地区的教育国际化一定力度的扶持。同时，要加快融入国际标准的步伐。培养具有创新能力、国际交往能力、终身学习能力的高素质人才。改革传统的教育教学模式，创新培养机制。融入国际教育质量体系。促进“学位国际互认”，尽早建立中国的教育质量标准、保证体系和质量认证机制，提高高等教育质量，提升中国高等教育系统的国际地位。此外，要妥善处理好国际化与本土化的关系。国家要正确处理好“本土化”与“国际化”的关系，引导和鼓励学者在坚持本土化的前提下，开放性地吸纳国际化元素，做具有国际视野的原创知识的生产者。

七、大力加强师资队伍建设

第一，要打造数字化教师。加强教师的信息化资源的整合能力和运用能力，积极探索建立信息化教育教学及学校管理机制，建立数字化教室和数字化课堂。在教师职称评聘中，把信息化环境下的教学与资源建设作为必要条件。第二，要完善教师资格证制度。要提高教师素质，提高教师的专业化水平，从一开始就通过严格、规范的国家统一资格考试，提高教师的入职门槛，以提高教师专业地位，争取社会对教师职业在专业上的广泛认可。第三，要加强教师培训。整合网络资源与现代知识，采取在线培训、网上学习、远程培训、网络课堂等多种有效途径进行教师培训。积极运用云平台、云计算、视频课堂等新媒体技术，改进教师培训的教学组织方式，倡导网络学习，开发网上课程资源、小班教学，采取案例式、探究式、参与式、情景式、讨论式、互动式、直播式等多种方式开展培训。最后，要完善教师队伍专业标准体系。国家要颁布实施各级各类教育学校教师专业标准和中小学校长专业标准。制定和颁布城乡统一的中小学、幼儿园教师编制配备标准。

八、加快教育体制改革与制度创新

首先，要加快建设现代学校制度。构建政府与学校间的法律关系；完善和加强学校法人治理结构；建立和完善学校、家庭与社会三方参与的互动机制，积极吸纳家长、社会以及企事业单位和个人参与学校管理，构建起“政府引领、学校自主、社会参与”的新型学校管理模式。

其次，要加快改革考试招生体制。要改变一年一考的模式。赋予高校一定的自主招生权和办学自由权，建立网络学习的评价机制，探讨承认网络学习的学分机制。建立与国外大学的学分互换和相互承认机制。

再次，要深化办学体制改革。探索公办学校多种形式办学；依法落实鼓励支持民办教育发展的政策，鼓励出资办学，完善公共财政对民办教育的资助政策，形成多元化的办学模式，改变政府“一元化”办学模式，给予民办教育“平等主体”地位以及民办学校教师的权利保障。

最后，要积极转变政府职能。建立和完善政府宏观管理体制是教育行政体制改革的主要任务，其核心是政府职能转变和治理模式的变革。进一步简政放权；建立政府办学为主、社会参与办学多元化办学体制；建立新的学校评价方式，政府积极利用第三方的评价机制，发展多种中介机构，改变过去习惯于行政命令的方式，多用间接办法，把某些职能转移给社会。

九、完善健全教育经费投入体系

教育经费投入应继续巩固，确定新的教育经费投入比例。要构建多元化教育经费保障体系，积极探索利用资本市场、教育捐赠、校产保值增值、鼓励民间资本办学等方式，增加教育经费的投入。同时，要建立教育经费审查和监督机制。国家应加大对教育经费使用的监督力度，建立起独立的教育经费审查机构，行使独立的教育经费审查权，切实保障教育经费的专款专用。此外，教育经费要向贫困地区和弱势群体倾斜。要以促进教育公平、提高质量为重点，将教育经费重点向农村、边远、贫困和民族地区倾斜，向农村义务教育、职业教育和学前教育倾斜，向家庭经济困难学生倾斜，提高这些地区和群体的适应第三次工业革命的需求。

十、大力推进教育立法

要尽快完善相关教育立法。尽快制定《学校法》《考试法》《学前教育法》《终身教育法》（或《终身学习法》）、《学位法》，修改《职业教育法》《高等教育法》《义务教育法》《教师法》等；进一步落实和完善创新人才培养的经费投入法律法规；推进大学及科研院所的创新成果转化的相关法律法规的出台；制定国际教育文凭认可方面的法规，促进人才国际化；出台新型网络教育模式（远程教育、在线学习、网络空间等）的学分认可政策法规；尽快完善教育信息化相关法规；尽快制定云教育、网络课堂等网络相关法规。同时要加强教育立法宣传，完善教育立法机制。

第二节　关于第三次工业革命及中国教育应对之策的社会影响

在第三次工业革命来临之际，为使中国社会及教育更好地应对挑战、抓住机遇，长江教育研究院适时提出“关于第三次工业革命及中国教育应对之策”的议案，在“两会”前夕举办“北京·长江教育论坛”，邀集专家学者共议，并得到国家有关部门的积极回复，引起社会媒体舆论的关注，产生了广泛的社会影响。

一、长江教育论坛：专家学者研讨第三次工业革命及中国教育应对之策

2013年3月3日，由长江教育研究院主办，人民教育出版社协办的2013年“北京·长江教育论坛”在京举行。论坛发布了长江教育研究院2013年度教育政策建议书《新挑战与新机遇：第三次工业革命及中国教育应对之策》和《中国教育黄皮书》（2013年）。与会专家学者就中国教育如何应对第三次工业革命进行了深入研讨。

顾明远教授指出，迎接第三次工业革命关键还是培养人才，培养人才里面有财政的投入、教师队伍问题等。《学校法》或者《投入法》专门搞一个重点，通过一两项，对我们的教育肯定会起到一个很好的作用。

谈松华先生指出，不管第三次工业革命到底是什么样的一场革命，我们还有待于进一步观察、思考和研究，所以研究这个问题是很有前瞻性，很有价值的。谈松华进一步指出，第三次工业革命要研究到中国教育，应有两个方面。一方面，第三次工业革命本身它的科技革命和产业革命会引起哪一种新的教育形态的出现？因为每次科技革命和产业革命均会引起教育方式、形态的变化，比较明显的是信息技术在教育领域的运用，所以第三次工业革命对教育的影响就是要综合考虑互联网技术、信息技术对教育的影响。另一方面，则需注重个性化的教育，或者是重视对个性发展的教育，因此，需要真正从我们的理念、体系、教学模式等方面进行重大改革。同时，结合中国经济的发展，谈先生指出，为应对第三次工业革命的挑战，中国应注重产业结构、劳动力结构的调整以及劳动力素质的提高，如此才能更好地应对挑战。马敏教授指出，我们要加快培养适应第三次工业革命的创新型人才以及高素质的劳动者，这个观点我觉得也是非常重要的。信息化，我们率先成立了国家数字化学习工程技术中心，我们开展了大量的数字化学习的研究，现在我们推出一个“双白板”技术，现在有专利权，在国际上也很受欢迎。现在发展趋势，他们谈了很多第三次工业革命对我们的影响，谈了很多转变，从“育分数”到“育人”，从学校到社会，从传授者到学习者，从书本学到网络学。但是到底什么是最主要的趋势？我们感受到的一个转变就是以教师为中心转变为以学生为中心，由大课堂式的转变为个性化小班式的数字化学习。

曾天山指出，第三次工业革命的核心，三个方面是要特别要关注的：一是育人为本的问题，一是以学习者为中心的问题，一是成才的问题。

庞丽娟教授指出，中国教育应主动迎接第三次工业革命，在对中国教育问题分析的基础上，进一步指出，中国主动迎接第三次工业革命主要有两大问题，即：一方面是如何应对第三次工业革命，如何回避一些风险、规避一些问题，如何更加积极主动地应对；另一方面就是如何充分有效地利用第三次工业革命所带来的有利条件。

曹志祥主任指出，第三次工业革命给我们的教育观念也带来了很大的冲击，并指出需要注意的两个问题。第一，第三次工业革命的概念和趋势其实发端于欧美，我们也谈到了我们是中国教育应对之策，那就是这个东西不是我们为主的，是欧美发起来的，那么我们现在是跟上去还是不跟上去，这是我们需要思考的问题。第二，以网络时代为标志的互联网，最强调的是个“自”，“自组织”时代，强调的自学习能不能成立？自学习时代需要些什么？

杨东平教授指出，第三次工业革命是一场自下而上的革命，他提出两个主要观点。第一，他认为当今教育面临一系列的问题，大致可分为三类，即基础性的、突发性的和前瞻性的，第三次工业革命属于前瞻性的。第二，在如何应对方面，他指出我们应该认清主体是什么，需要鼓励更多的学习型组织、学习型个人，更多的企业、家长、学生、老师来合作参与变革，政府要做的就是进一步放宽管制和提供服务。文东茅院长认为，第三次工业革命可能导致第三次教育革命，那么我们需要研究的恰恰就是第三次教育革命本身。第三次教育革命本身可能会发生很多的变化，包括从学生的学习行为、主体地位、教师的教育方式，包括教材本身、考试评价等。

杨景教授认为，教育应把握好第三次工业革命的三个特点。第一个特点是第三次工业革命的生产原料与以往任何产业革命都不一样。第二个特点是信息通讯产业出现以后，可以解决过去就是第二次工业革命时代遗留下的很多互相冲突和矛盾的问题。第三个特点是这次工业革命以后工业本身形态发生一个重大变化。在此基础上，教育要考虑的问题，首先是怎么解决教育目前面对的问题，进而更好地研究如何把信息技术、教育技术与整个社会的发展放在一起，如何完成我们自己进入第三次工业革命的一个转变。

叶平教授向与会专家学者介绍了长江教育研究院所开展或拟进行的教育实验，以期变革现有的教育模式。叶平教授首先介绍了长江出版传媒集团和湖北省教育厅信息中心合作成立的博盛公司，博盛公司做教育网络社区，将教育延伸到“班班通”，不仅是学生，还有教师、家长，建立这样一个社区，这样一个基础让第三次工业革命在网络技术下去试验。第一，现在第三次工业革命一系列的新技术新观念，像3D打印、新能源等一系列技术，我现在没有办法进入我们的课程，所以我们想通过网络让他们进入网络性的基础课程，可以在新的活动实践课程中间建立，大家一起来试验，把这些新的内容、新的观点尽快地让我们的学生、我们的孩子通过自主合作参与式学习在网上得以实现。第二，关于反转课堂的实验，叶教授指出，所设想的是提供广泛开放的工具放在网上，让老师们都来做，这样老师做的结果可以研制出一些个性化的学习、选择性学习，这样一些新的课程和我们课堂教学进行补充，让孩子们去自由选择、自习。这样就形成了一种课堂教学、网络教学混合式结果。第三，我们想把现在提问分不同学科研制工具，让老师坐在网络社区里进行现场提问，学生的所有问题都可以在现场回答。就像斯坦福大学一样，但是我们是社区里做这个。

二、办复追踪：教育部关于第三次工业革命及中国教育应对之策的答复

周洪宇代表：

您提出“关于第三次工业革命及中国教育应对之策的建议”收悉。现答复如下：

近年来，第三次工业革命初露端倪，人类生产方式、生活方式可能面临革命性的变革。人类的工业革命发展史充分证明，工业革命的引擎是科学技术创新，教育作为人才培养的主阵地，作为科学技术的创新源泉，承担着重要的历史使命，必须主动适应工业革命的需求，在教育观念、教育结构、人才培养模式、课程教学等方面进行系统变革。对于第三次工业革命的诸多迹象，我国已有关注。国务院有关领导同志专门作出批示，要求密切关注第三次工业革命的进展，研究我国教育改革发展如何应对。我们认为，教育主动适应工业革命的浪潮，当务之急，必须加快自身改革发展步伐，系统推进各级各类教育人才培养模式，进一步促进教育公平，进一步优化教育结构，更好地促进学生全面发展，更好地服务经济社会发展需求。当前和今后一个时期，拟重点抓好以下几个方面工作：

第一，以课程教育改革和考试评价制度改革为重点，推进中小学人才培养模式改革，促进学生全面发展、个性发展。通过合理确定各学段培养目标，完善课程标准，健全国家、省、校三级课程体系，推动教学方式、学习方式变革，提高教师专业水平等举措，解决教材“繁难偏旧”问题，提高课堂教学效率，切实减轻学生过重课业负担。通过完善科学的评价体系，实施高中学业水平考试，建立灵活多样的职业学校招生录取制度，规范和扩大高校自主招生，发挥好考试评价的“指挥棒”

作用，扭转应试教育倾向，着力培养学生的创新意识、创新精神和实践动手能力。

第二，加快发展现代职业教育，培养更多经济社会发展所需的实用型人才。这是我国实现“人口红利”向“人才红利”转变的重要举措，也是很多国家跨越“中等收入陷阱”、保持国家竞争力的成功经验。坚持以就业为导向，走校企合作、工学结合、产教融合的路子，培养更多高素质一线技能人才。推动职业教育与普通教育相互融通、中职教育和高职教育相互衔接，畅通学生上升发展空间。采取税收优惠、财政奖补等政策，调动企业深度参与举办职业教育积极性。推动地方制定职业教育生均教育经费标准和生均拨款标准，完善经费稳定增长机制。逐步实现中职教育全部免费。营造职业学校学生公平就业环境，提高技能型人才地位待遇。

第三，加快一流大学和一流学科建设。创新“985 工程”“211 工程”实施方式，建设一批国际知名、有特色、高水平的高等学校，集中力量建设一批适应国家需要、体现世界水平的一流学科。深入实施高等学校创新能力提升计划（“2011 计划”），大力推进校校协同、校所协同、校企（行业）协同、校地（区域）协同和国际合作，集成各种创新元素，加快推进创新型国家建设。

第四，优化教育资源配置，大力促进教育公平。一是加快推进义务教育学校标准化建设，使农村贫困地区义务教育学校教学设施和生活设施基本达标，教室、桌椅、图书、实验仪器、运动场等教学设施满足教学需要。食堂、宿舍、床位、厕所等生活设施满足基本生活需求。二是促进教师合理流动，建立县域内公办学校校长、教师交流制度，积极鼓励、引导城镇学校校长、教师到农村学校或城市薄弱学校任职任教，在工资待遇、职称评定、培养培训、周转房安置等方面给予倾斜。三是加快推进贫困地区普及高中阶段教育，使未能升入高中的初中毕业生免费接受中职教育。四是进一步解决好进城务工农民工子女教育问题，建立健全农村留守儿童关爱服务体系。五是加快发展特殊教育，将特殊教育纳入教育事业发展规划，加大经费投入和政策支持力度，在生均经费、办学条件和教师编制、待遇、职称等方面，实行特教特办、重点扶持。六是着力缩小高等教育入学机会差距，重点提高农村学生上大学特别是重点大学的比例，缩小高等教育入学机会区域差距。

第五，加快推进教育信息化。将教育信息化作为实现教育现代化的重要支撑，作为促进教育公平、提升教育质量、缩小教育差距的重要手段。坚持信息技术和教育教学深度融合，建设具有中国特色的教育信息化体系。一是加快“三通”建设，实现“宽带网络校校通”“优质资源班班通”“网络学习空间人人通”。二是加快建设“教育资源公共服务平台”。加强优质资源开发应用，推动优质教育资源全国范围内共建共享。三是全面提高教师运用信息化手段进行教学、科研、服务能力。启动教师信息技术应用能力提升工程，重点对中小学校和职业学校教师进行信息技术应用能力培训，培养信息化教学和管理的习惯和素养。

下一步，我们将密切关注第三次工业革命的进展，在研究制定相关教育政策和推动教育法制建设工作时，将充分考虑第三次工业革命对技术创新、人才素质结构等提出的新要求，超前谋划，不失时机地调整教育结构，改革人才培养模式，加大资源投入力度，争取在可能到来的第三次工业革命浪潮中获得主动。

三、热点聚焦：舆论媒体对第三次工业革命及中国教育应对之策的关注

长江教育研究院“关于第三次工业革命及中国教育应对之策”的建议书，得到全国媒体界的热切关注，在2013年“北京·长江教育论坛”的发布会中，中央电视台、中国教育电视台、新华社、《人民日报》《人民政协报》《光明日报》《中国教育报》《21世纪经济报道》《南方都市报》《楚天都市报》、湖北电视台、武汉电视台以及新华网、人民网、新浪网、千龙网、腾讯网、中国平安网、中国广播网、荆楚网、央视网等媒体进行了实时跟踪与报道，并就第三次工业革命及中国教育的应对策略进行了诸多采访与报道，向社会各界详细、系统地介绍了第三次工业革命的发展以及中国教育的改革方向。

2013年3月7日，《中国教育报》第3版整版报道了记者对全国人大代表，湖北省人大常委会副主任，华中师范大学教授、博士生导师，长江教育研究院院长周洪宇的专访。① 该文中，周洪宇教授对第三次工业革命进行了深刻的内涵解读，详细地介绍了其所需人才的素质，并就中国教育所存在的问题及如何应对第三次工业革命发表了重要意见。

在所需人才素质方面，周洪宇教授指出，第三次工业需要的人才主要分为两类：第一类是大量的高素质的技能型人才，即在互联网信息技术平台上能够灵活运用各种技术的劳动者；第二类是相当多的高素质的高端创新型人才。创新型人才不同于普通劳动者，他们不仅要具有普通劳动者的高素质，而且必须拥有创造性思维和个性化思维，具有开拓性、创造性，能开创新局面，能对社会发展作出创造性贡献。

在教育如何应对第三次工业革命方面，周洪宇教授指出，首先应转变思想观念，即加快育人观、学校观、教师观和学习观的转变。同时，在教学内容方面，应从“加快知识更新的速度、加快数字化的整合和开发、加快学生创新能力的培养”三个

①汪瑞林：《周洪宇代表访谈：教育如何应对第三次工业革命》，载《中国教育报》2013年3月7日。

方面，使教学内容与时俱进。此外，在人才培养体制改革方面，则应加大教育组织形式、教育方法与手段、教育评价体系等三大方面的变革，同时还须依靠教育信息化、教育国际化和教育终身化的“三轮驱动”。正如周洪宇教授所说，“在第三次工业革命扑面而来之际，我们必须高瞻远瞩，进一步把教育信息化上升为国家战略。同时，要加速教育国际化进程，积极完善终身教育体系，为我国迎接第三次工业革命的冲击赢得先机”①。

2013年的“两会”期间，在人民网强国论坛中，周洪宇教授就《关于第三次工业革命及中国教育应对之策的建议》与广大网友进行交流②，对网友所提出的疑问进行解答。在互动中，通过对网友各种困惑、疑问的细致解答，使广大网友进一步了解了第三次工业革命及其对中国教育的影响。

为进一步说明第三次工业革命对中国教育的影响，周洪宇教授和鲍成中博士在《中国教育报》上发表了《扑面而来的第三次教育革命》。文中详细阐述了人类发展史上教育的三次根本性变革，即第一次工业革命、第二次工业革命和第三次工业革命。该文指出，第三次工业革命使人类教育从规模化教育走向生态化、分散化、网络化、生命化的个性化教育，具体表现如下：

教育目的：培养适应第三次工业革命需要的各种人才，特别是大量基础性的数字化的劳动者、创造性的研发者、生物圈的管理者和优秀的服务者。

教育组织：从班级授课制为核心的规模化的学校教育，走向分散式、数字化、网络化、远程化、家庭化、个性化的学校教育、家庭教育与社会教育三者相结合的组织形式，打破学校教育组织的单一形式。

教育内容：教育内容已不再是简单的知识传授，特别是面对3D数字制造技术、能源互联网等新能源、新材料、新技术及各种交互式网络平台，人才培养内容将把前沿信息、纳米技术、生物科技、地球科学、生态学、系统理论以及各种职业技能纳入到课程体系，注重从学历转向学力、能力的培养。

教育方式：网络教育、游戏化学习、虚拟社区与现实课堂有机结合的新型教育模式不断涌现，消解了传统培养时间和空间的概念，实现了超时空的学习和超时空的互动。未来，数字化学校、数字化教师、网络课堂、远程学习、在线教育、云教育、云计算、大数据等虚拟化、扁平化的交互式学习平台，游戏化学习、因材施教、

---

①汪瑞林：《周洪宇代表访谈：教育如何应对第三次工业革命》，载《中国教育报》2013年3月7日。

②《强国论坛：关于第三次工业革命及中国教育应对之策的建议》，洪宇在线，http://www.hongyu-online.com/showinfo.asp?id=10676.

翻转式课堂、远程视频教学等将成为学习的新途径。

教学规模：在第二次教育革命带来大规模教学的基础上，第三次教育革命又将使教学规模适度缩小，走向分散式、翻转式的个性化教育。班级授课制将被打破，教师与学生将是平等的互助者、学习伙伴。①

由此可见，第三次工业革命为中国教育的改革与发展带来了革命性影响，对教育目的提出了更高要求，使教育组织形式和教育内容更加广泛，教育方式亦是趋于多样化，这些都对中国教育的改革与发展注入新的时代因素和发展内涵，对中国教育既是挑战，更是机遇。

第三节 关于第三次工业革命及中国教育应对之策的探索实践

为更好地迎接第三次工业革命的到来，培养新形势下所需要的人才，长江教育研究院就中国教育如何应对第三次工业革命进行了积极的理论探索和改革实验，为中国教育改革与发展提供了良好的理论基础和实践经验。

一、理论探索

在周洪宇院长和申国昌教授的协调下，以长江教育研究院“2013 年教育政策建议书”为基础，组织了武汉大学程斯辉、华中师范大学申国昌、湖北大学靖国平、湖北工业大学李梦卿、湖北省教育科学研究所叶平、武汉市教育科学研究院王池富、湖北第二师范学院谭细龙等单位学者，组成了长江教育研究院 2014 年度教育报告课题组。课题组一年来围绕“第三次工业革命与教育变革”这一主题撰写了数十篇论文并公开发表在各类教育期刊上，内容涉及教育领域的方方面面，如教学改革、课程改革、教育管理改革、教育理念改革，以及各级各类教育的应对研究，如基础教育、高等教育、高职教育、成人教育、社会教育、科学教育等，为教育应对第三次工业革命进行了系统、科学的理论探索，为中国教育的未来改革与发展提供了理论参考和应对举措。

此外，为更加系统地研究第三次工业革命给人类社会及中国带来的机遇与挑战，在周洪宇院长的组织下，编写、出版了多部著作，如湖北教育出版社出版了周洪宇

①周洪宇、鲍成中：《扑面而来的第三次教育革命》，载《中国教育报》2014 年 5 月 2 日。

院长任总主编的《第三次工业革命与中国走向丛书》（主要有：周洪宇和徐莉合著的《第三次工业革命与当代中国》以及《周洪宇论第三次工业革命》《第三次工业革命与中国教育改革》《第三次工业革命与中国经济转型》等论著）及《中国教育黄皮书》（2014 年），人民出版社还出版了周洪宇和鲍成中合著的《大时代：震撼世界的第三次工业革命》。至此，逐步形成了对第三次工业革命的系统、科学研究，对社会发展产生了广泛、深刻影响。尤其是《第三次工业革命与当代中国》，新华网的"新华悦读"栏目分别以"第三次工业革命或将是最后一次工业革命?"[①] "中国会沦为第三次工业革命的'局外人'吗?"[②] "第三次工业革命需要什么样的人才?"[③] 等为主题，摘录、介绍了书中的主要观点，对第三次工业革命的宣传、研究发挥了良好的促进作用。

二、改革实践

理论指导实践，实践深化理论。长江教育研究院在进行系统理论探索的同时，积极进行改革实践，在湖北省建立了长江教育公共网络社区，在武汉市开展了国家数字教育资源公共服务平台规模化应用试点工作。现介绍如下：

长江教育公共网络社区[④]是由长江出版传媒股份公司和省教育厅教育信息化发展中心联合组建、打造的实名制网络学习空间，旨在促进学生自主学习、学校教育教学改革和教师研修，重点推动网络化的学校管理、班级活动、课外学习和家校互动等方面的教育应用。长江教育公共网络社区已经于 2013 年 1 月 1 日上线试运行，11 月 4 日第一期工程项目正式上线对外发布。长江教育公共网络社区的基础应用包括教师工作室、班级主页、学校主页、小站、第三方应用中心等。围绕基础性应用，长江教育公共网络社区提供了四种核心教育产品与服务：教育活动类，有心理测评中心和多多读书汇；教育行政管理类，有区公共教育服务管理平台、多多即时通讯（学讯通）、义教学籍管理系统和教辅材料选用辅助管理平台；教育教学类，有方正学习中心、多多学堂和多多文库；教育产品类，有多多翼学通和移动客户端应用（下图）。

---

①《第三次工业革命或将是最后一次工业革命?》新华网，http://news.xinhuanet.com/book/2013—11/16/c_125709943.htm.

②《中国会沦为第三次工业革命的"局外人"吗?》，新华网，http://news.xinhuanet.com/book/2013—11/20/c_125730520.htm.

③《第三次工业革命需要什么样的人才?》，新华网，http://news.xinhuanet.com/book/2013—12/05/c_125811889.htm.

④周洪宇主编：《中国教育黄皮书》（2014 年），湖北教育出版社 2014 年版，第 171—180 页。

整体功能

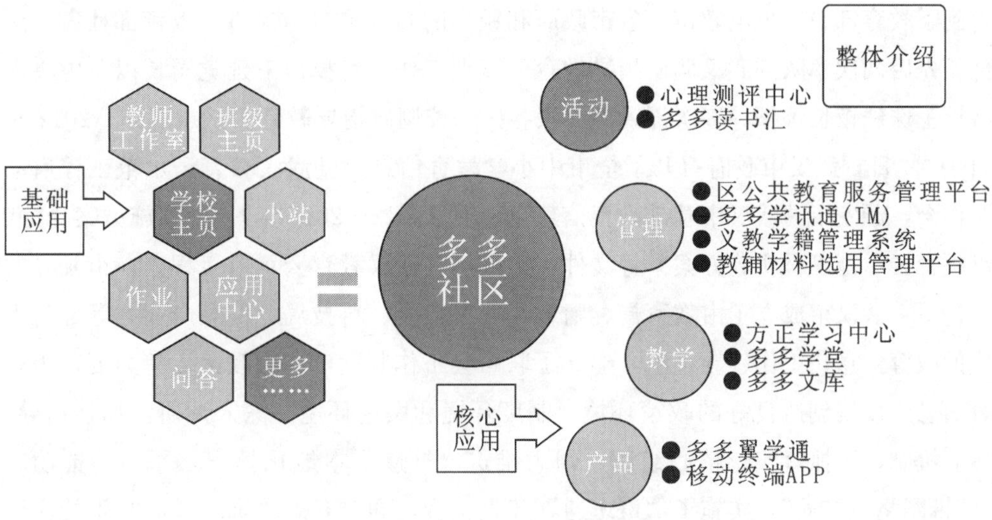

图 8-1 长江教育公共网络社区图

长江教育公共网络社区坚持的理念是以用户为核心，以学校管理、班级活动和教学活动为基础，使用网络社区技术服务于传统教育教学活动，将用户现实教育、研究和管理的各种关系与活动映射到网站上，将教育关系和教育活动向互联网延伸，以虚实结合方式实现传统教育和网络教育的深度融合。依托长江教育公共网络社区，以“长江数字教育公共服务平台”数字化学习为研究方向，申报省教科所“十二五”规划重点课题，发展课题协作学校，开展了研究工程。一期工程是以湖北省教育信息化发展中心现有覆盖全省基础教育管理部门和学校的原始信息数据（学生、教师和学校）为基础，结合长江出版传媒品牌、资源和渠道优势，充分发挥教育管理和教科研部门领导、指导和推动作用，建立一个覆盖全省学生、家长、教师、学校及教育研究和管理人员等各类教育用户，以实名制为基础的教育网络社区化平台。

国家数字教育资源公共服务平台①（以下简称“教育云”）规模化应用试点，是教育部落实《教育信息化十年发展规划（2011—2020 年）》，充分发挥教育信息化对教育改革和发展的支撑与引领作用，推进“三通两平台”建设与应用而组织实施的重点工作。武汉市政府对教育信息化高度重视，为推进市基础教育信息化快速发展，率先实现教育现代化战略目标，服务武汉市建设国家中心城市发展战略，决定以“敢为人先，追求卓越”的武汉精神，率先在武汉地区推进国家数字教育资源公共服务平台规模化应用试点工作。2012 年 11 月，武汉市正式被教育部批准为“国家数

①周洪宇主编：《中国教育黄皮书》（2014 年），湖北教育出版社 2014 年版，第 181—190 页。

字教育资源公共服务平台规模化应用专项试点”地区。武汉市教育云的试点工作，得到了教育部、中央电教馆、省市政府和领导的高度重视与支持。教育部杜占元副部长先后两次率队到武汉调研指导教育云试点工作，科技司王延觉司长以及中央电教馆王珠珠馆长等领导多次深入到武汉各区、校调研指导教育云试点工作。2012 年 11 月 24 日，武汉市政府召开了全市中小学教育信息化暨武汉教育云示范工程启动工作会，颁发了《武汉市基础教育信息化规划（2012—2015 年）》及实施方案、《武汉教育云示范工程实施方案》等文件，正式启动武汉教育云示范工程。在市领导的主持下，武汉市成立了由教育局、财政局、发改委、科技局、信息产业办等部门组成的教育信息化工作领导小组，建立了联席会工作制度，加大政策支持力度，为教育信息化发展创造良好的政策环境、制度环境和舆论环境。深入调研，加强指导；建立机制，狠抓落实；精心组织，强力推进，打造了本地化教育云平台，推动了“宽带网络校校通”，实施了“班班通”建设工程，同时开展培训，提高师生的应用能力，极大推进了武汉市教育信息化的发展。

Chapter 09

第九章

顺势而上：力促信息技术与教育的深度融合

十八届三中全会通过的《中共中央关于全面深化改革若干重大问题的决定》，对全面深化改革的重要领域和关键环节作出重大部署，并指出“构建利用信息化手段扩大优质教育资源覆盖面的有效机制，逐步缩小区域、城乡、校际差距，从而促进教育公平”。《国家中长期教育改革和发展规划纲要（2010—2020年）》也概括提出“信息技术对教育发展具有革命性的影响”。因此，促进信息技术与教育深度融合，充分发挥信息技术对教育发展革命性影响作用，是促进教育公平、提高教育质量的有效手段，也是深化教育领域综合改革的重要途径。

第一节　大力促进信息技术与教育深度融合，深化教育综合改革的建议提要

信息化是时代发展的趋势，进入新世纪以来，信息技术对社会发展产生了重要影响。信息技术对教育发展带来了深刻的变革，是深化教育改革的必由之路。虽然我国教育信息化建设取得了显著进步，但是面对教育改革发展的迫切需要，面对经济社会领域信息化进程的加快推进，面对日趋激烈的国际竞争，我国教育信息化与教育教学深度融合还存在明显差距。在此背景下，特此提出如下十条建议，提要如下：

一、加强组织领导和统筹协调，大力整合各种资源，推动信息技术促进教育改革

为落实十八大、十八届三中全会“深化教育领域综合改革”的要求，进一步凸显“信息技术对教育发展具有的革命性影响”作用，政府有关部门应积极推动信息技术以促进教育改革的发展。尽管目前已从国家层面确立了教育信息化的指导思想、理论基础、主要原则、预期目标，但我国现有管理体制中，教育信息化分散、贯穿于各业务部门之中，部门与部门之间各自为政，分散管理，既不利于社会对教育发展的支持，又不利于教育内部之间相互支持和配合，以致难以协调各方关系，难以建立起现代化、整体化的教育信息系统。这也是推动信息技术与教育深度融合的难点和瓶颈之一。要解决上述问题，最重要的是要加强组织领导，统筹协调各方资源，建立改革试点，加大整合力度，以推动信息技术促进教育改革。

二、实施“农村教学点网络联校”工程，利用信息技术扩大优质教育资源覆盖面

我国通过农村义务教育薄弱学校改造计划、农村远程教育工程等一系列教育重大工程项目，促进了教育均衡发展。但是，由于教学点地处偏远、交通不便，经济

发展相对滞后，长期以来，教育教学等方面一直是基础教育的薄弱环节，有的一个教学点只有1名教师，如何解决“全科教师”的上课难题是基层教育均衡发展的最后短板，这直接关涉到广大农村边远地区孩子的教育公平问题。因此，应实施“农村教学点网络联校”工程，实现农村小学教学点均衡发展；加强政府对资金的统筹分配，分步逐校实施工程；加强教学点网络联校课程与教学的研究，提升农村教学点的教学质量。

三、利用信息技术来促进学习革命，冲刺信息技术促进教育改革与教育发展的“最后一公里”，推进教育公平

学习是教育的基础，也是影响教育公平、提高教育质量的决定性因素。只有通过信息技术提高教育质量和学习效能才是信息技术促进教育改革与教育发展的“最后一公里”。教育信息化和运用信息技术促进教育改革的最后目的都是为了促进学习，促进教育公平，提高教育质量，促进学生的全面发展。也就是说，只有运用教育信息化推动学习变革，才能真正实现推动信息技术与教育的全面深度融合，教育信息化才会真正对教育产生“革命性的影响”。因此，应培养学生信息化环境下的学习能力；通过学习分析，提供个性化的学习支持服务；促进正式学习与非正式学习的全面发展。

四、促进优质教育资源共建共享，为实现教育公平，提供丰厚的优质教育资源

十八届三中全会《决定》指出：“构建利用信息化手段扩大优质教育资源覆盖面的有效机制，逐步缩小区域、城乡、校际差距，从而促进教育公平。”促进优质教育资源共建共享，为实现教育公平，提供丰厚的优质教育资源。因此，应建立标准化、规范化的优质数字教育资源，促进共建优质教育资源；促进优质资源共享，缩小数字化差距。

五、深入推进信息技术在教学中的应用，探索信息技术与教学深度融合的规律，提高教育质量

首先，深入推进信息技术在教学中的应用。聚焦课堂教学主阵地，以信息化为支撑创新课堂教学环境，促进信息技术与学科教学深度有效融合，形成和推广新型教学模式，推动教与学方式的深层次变革。推动移动学习的发展。鼓励教师利用信

息技术开展启发式、探究式、讨论式、参与式教学，探索建立以学习者为中心的教学模式，提高教育质量。

其次，开展信息化环境下的教与学创新实践。积极开展信息化教学实践，探索信息化环境下以学生为中心的教学方法和学习支持服务方式，普及网络学习空间，在教育教学中设计学习环境新时空、学习资源配送服务新模式，帮助学习者与他人协作、在研究性学习中自主建构知识、发展创造性思维和想象力等，促进学生成为信息加工的主体、知识意义的主动建构者和情感体验与培育的主体。引导学生利用信息技术开展自主学习、合作学习与混合学习，提高信息化环境下的学习能力，培养学生信息时代的学习能力、实践能力和创新能力。在有条件的地区和学校，依托基础教育云服务平台开展高效互动课堂教学实践。形成一批具有鲜明地域特色、与学科紧密结合、具有推广价值的信息化教与学新模式。

最后，建立提高教师信息技术应用能力的机制。建立和完善各级各类教师教育技术能力标准，探索建立教师应用信息技术激励机制，将教师信息技术应用能力作为教师资格认定、职称评聘和考核奖励的重要条件，列入办学水平评估的指标体系。建立多样化的教师评价体系；通过建立信息技术应用创新实验区、示范性网络研修社区和示范校等举措，推动信息技术应用综合创新；示范引领教师在教育教学中主动应用信息技术，推动信息技术教学应用常态化。

六、以信息技术与教育的深度融合为契机，创新人才培养模式，迎接新一轮科技革命与产业变革

2013 年 9 月 30 日，习近平总书记在中关村主持中央政治局第九次集体学习时指出，新一轮科技革命和产业变革正在孕育兴起。机会稍纵即逝，抓住了就是机遇，抓不住就是挑战。我们必须增强忧患意识，紧紧抓住和用好新一轮科技革命和产业变革的机遇，不能等待、不能观望、不能懈怠。新一轮科技革命和产业革命（又称“第三次工业革命”）呼唤教育培养出创新型人才和高素质劳动者。因此，应促进人才培养模式创新，推动教育信息化和国际化的融合，建设教育虚拟仿真实训平台和远程实验室，建立终身学习的公共服务体系。

七、推进信息技术在德育改革中的作用，构建内蕴网络道德的信息技术文化

中共中央十八大报告明确提出“把立德树人作为教育的根本任务”，十八届三中

全会《决定》再次提出“坚持立德树人”，说明党中央“以立德树人为导向”，指引教育教学全面改革。德育改革是教育改革的重要内容。尤其是在信息环境下，青少年道德教育的主渠道、主阵地、主课堂都发生了变化，在新的历史形势下，推进信息技术在德育改革中的作用，构建内蕴网络道德的信息技术文化显得尤为重要。因此，应利用信息技术深化课程内容改革，利用信息技术创新“三爱”教育活动形式，加强内蕴网络道德的信息技术文化建设。

八、构建网络化的学生综合素质评价体系和平台，利用信息技术促进考试招生制度改革

十八届三中全会《决定》对考试招生制度改革的要求，在教育部分占了很大的篇幅，可见党和国家的重视程度。评价是教育实践和改革的重要驱动力。学生综合素质评价的实施是推进考试招生制度改革和综合评价多元录取机制建立的关键所在。因此，应构建以学校为单位，学生综合素质评价网络化社区平台和学生成长档案袋，深化素质教育；探索建立“学分银行”，加强对学生综合素质评价体系的构建和研究；在评价中引导创新精神与实践能力的培养。

九、利用信息技术推动教育管理体制变革，推进教育治理体系和治理能力现代化

十八届三中全会《决定》专门就深化行政体制改革，创新行政管理方式作了部署。教育部部长袁贵仁在2014年全国教育工作会议上的讲话时强调，深化教育领域综合改革要加快推进教育治理体系和治理能力现代化。加强信息技术对教育改革的促进和支撑必须加强管理，教育管理信息化是推动政府转变教育管理职能、提高管理效率和建设现代学校制度的有力手段，也是推进教育治理体系和治理能力现代化的方法之一。大力推进教育管理信息化，支撑教育管理改革，促进教育决策科学化、公共服务系统化、学校管理规范化。因此，应建立教育管理公共服务平台，提升教育信息化管理水平和公共服务能力，利用信息技术健全教育绩效评估与监测机制。

十、健全信息技术与教育深度融合的保障机制，促进教育综合改革的深入开展

对此，应改革教师管理制度，加强信息化人员队伍建设；构建信息技术应用支持服务体系；加大投入，加强政府的宏观引导和政策支持作用，提高经费使用效率

效益。同时，推动各级政府充分整合现有经费渠道，优化经费支出结构，制定教育信息化建设和运行维护保障经费标准等政策措施，在教育投入中加大对信息技术促进教育改革发展的资金倾斜，并且新增的教学经费部分主要投入信息技术对教育教学的改革创新。此外，还要完善投入监督机制，提高教育投入绩效，提高经费使用效率效益。

第二节 力促信息技术与教育深度融合的价值功用

信息技术的发展为人类社会带来了革命性变革，《中共中央关于全面深化改革若干重大问题的决定》对教育领域提出了“深化教育领域综合改革”总体要求，明确提出了“大力促进教育公平”“构建利用信息化手段扩大优质教育资源覆盖面的有效机制，逐步缩小区域、城乡、校际差距”的具体要求，为信息技术与教育改革发展的融合作出了宏观指导与规划。为促进信息技术与教育的深度融合，长江教育研究院顺应社会发展趋势，针对教育现实发展需求而提出议案，举办“北京·长江教育论坛”，力促信息技术与教育的深度融合。

一、长江教育论坛：名家研讨信息技术与教育的深度融合

2014 年 3 月 3 日，由长江教育研究院主办、人民教育出版社协办的第七届“北京·长江教育论坛”在人民教育出版社成功举办。论坛发布了长江教育研究院关于“促进信息技术与教育深度融合，发挥信息技术革命性影响作用，深化教育领域综合改革”的教育政策建议书，并举行了《中国教育黄皮书》(2014 年）的首发仪式。

为促进信息技术与教育深度融合，发挥信息技术对教育发展革命性影响作用，深化教育综合改革，“建议书”从教育改革组织领导、促进教育公平、提高教育质量、创新人才培养和德育模式、推动考试招生改革和管理体制改革、建立改革保障体系的脉络等方面提出了

十点建议。与会专家围绕“建议书”展开热烈讨论，并提出了很多完善建议，同时对《中国教育黄皮书》（2014 年）一书也给予了高度评价。

论坛中，长江教育研究院院长周洪宇教授指出，信息技术与教育的“深度融合”绝不是一般的技术应用，而是信息技术与教育教学的相互促进，要将信息技术融入到教育教学的全过程，运用信息技术逐步改变原有的教育教学过程与模式，实现以知识传授为主的教学方式向以能力素质培养为主的教学方式的转变，最终达到提升教育教学效率和质量的目的，这也是信息技术与教育教学深度融合的根本任务。周洪宇介绍说，最近 30 年，信息技术给教育发展带来了三次重大变革：第一次是 20 世纪 80 年代计算机的微型化和快速普及，以及多媒体技术的发展和应用于教学过程，对改进教育教学方法，提高教学质量和学习效果起了积极的助推作用。第二次是 20 世纪 90 年代中期互联网的发展和应用，使网上在线教育得到发展，不仅出现了网络学院、开放大学等依靠互联网进行教学的组织形式，还使广大学习者在终身学习的过程中，通过互联网实现了对优质教育资源的共享。第三次是近几年云计算技术的发展和应用以及各种移动终端的创新和发展，大大增强了信息的存储、传输和对学习者的服务能力，并进一步突破时间和空间的限制，为人们提供更加灵活便捷的学习途径和接受高质量教育的机会。面对中国教育改革发展的迫切需要，中国教育信息化应有的效能发挥不足，信息化对教育改革发展的拉动效应释放得还不完全。周洪宇说，信息技术与教育的深度融合要着眼于国际信息技术与教育融合的最新发展趋势，建议以设立信息技术促进教育深度融合改革实验区和改革试点校的方式，分级分类推动不同地区、发展水平各异的学校实现信息技术与教育的深度融合。①

北京师范大学教授刘复兴指出，信息技术对教育带来的最核心变化是人才培养模式的改变，其中课程体系的变化是关键环节，同时还涉及教师的素质问题。目前很多学校的硬件投入已经很好了，但是设备却没有很好地用起来。一些学生信息技术能力高于教师的“倒置”现象值得关注。

此外，论坛还发布了长江教育研究院关于“促进信息技术与教育深度融合，发挥信息技术革命性影响作用，深化教育领域综合改革”的教育政策建议书。作为长江教育研究院 2013 年的重要研究成果，《中国教育黄皮书》（2014 年）共分为上编和下编两个部分。上编主要进行了“年度回顾”。它以“回顾与反思：第三次工业革

①《全面深化教育综合改革，信息技术与教育深度融合势在必行》，新华网，http：//www. hb. xinhuanet. com/2014－03/04/c_119605813. htm.

命与教育革命”为题，围绕我国教育如何应对第三次工业革命这一主题，总结了欧美发达国家对第三次工业革命的关注与重视，介绍了中国政、企、学界对第三次工业革命的关注与研究，并对第三次工业革命与教育变革作了反思。此外，上编还收录了长江教育研究院“2013年教育政策建议书”全文，2013年“北京·长江教育论坛”部分名家的发言稿和部分对第三次工业革命有专门研究的名家之作，以及长江教育研究院团队近期关于第三次工业革命与教育变革方面的研究论文；同时也选录了武汉市、上海市、深圳特区等地在推进教育信息化方面进行了的实践探索与操作思路。下编主要提出了“发展综述”。它从学前教育、义务教育、高中教育、高等教育、职业教育、特殊教育、民办教育等方面，对在过去一年里所取得的成绩、存在的问题及对策作了综述。书中还收录了2013年对教育如何应对第三次工业革命、高考改革等热点问题的讨论与思考的相关论文。

长江教育研究院向全国人大提交的“关于以信息技术与教育深度融合促进教育改革”的十条教育政策建议，引起了分管教育工作的中共中央政治局委员、国务院副总理刘延东和教育部部长袁贵仁等同志的高度重视。2014年3月“两会”期间，中央领导特邀七位有代表性的“两会”代表委员到中南海参加教育改革座谈会，听取大家的意见建议，还特别安排全国人大代表、长江教育研究院院长周洪宇同志第一个发言，听取他对以信息技术与教育深度融合促进教育改革、加快考试招生制度改革的意见，后来全国人大常委会副委员长严隽琪也在这份教育政策建议书上作了重要批示，这都说明“关于以信息技术与教育深度融合促进教育改革”的这份教育政策建议书，是适时的，其现实性和针对性都很强，也富有可操作性。

二、办复追踪：教育部对建议书的答复

周洪宇代表：

您提出的关于“促进信息技术与教育深度融合，发挥信息技术革命性影响作用，深化教育领域综合改革”的建议收悉，现答复如下：

党的十八届三中全会提出“构建利用信息化手段扩大优质教育资源覆盖面的有效机制，逐步缩小区域、城乡、校际差距”，教育部会同财政部研究起草落实方案，结合前期工作进展，细化部署教育信息化推进工作。

（一）探索形成具有中国特色的教育信息化发展路子

在推进教育信息化的探索与实践中，我们逐步形成了“一个核心理念、两个基本思路和三个层次的部署战略”具有中国特色的教育信息化发展路子。

信息技术与教育教学深度融合是推进教育信息化的核心理念。信息技术与教育深度融合就是要围绕解决教育改革发展中的重大问题提供支撑，在促进公平、统筹均衡、提升质量等方面发挥重要作用。信息技术与教学的深度融合就是要对信息时代的教学改革提供支撑，将信息技术映入教学的全方位和全过程，推动教育理念、教学方法和教学模式的深刻变革。

应用驱动、机制创新是推进教育信息化的两个基本思路。应用驱动是推进信息技术与教育教学深度融合的关键环节，关键要强调在教育教学过程中的应用，重点就是推进“三个用”，即“课堂用、经常用、普遍用”，使广大的教师和学生都发自内心地想用、爱用、习惯用。机制创新是推动教育信息化持续健康发展的根本保障，党的十八届三中全会特别强调要构建教育信息化的有效机制，通过机制创新推动教育信息化的快速发展。

完成顶层设计，基本形成了新时期推进教育信息化的战略部署和总体安排。中长期层面，《教育信息化十年发展规划（2011—2020年）》对到2020年的教育信息化工作进行了统筹部署，明确了指导思想、发展目标与任务和行动路线图。中期层面，提出了“十二五”期间以“三通两平台”为核心目标和标志工程的教育信息化重点工作部署。近期层面，教育部等九部门联合印发了《关于加快推进教育信息化当前几项重点工作的通知》，教育部从2012开始印发年度教育信息化工作要点。

（二）教育信息化各项重点工作取得明显进展

1.“教学点数字教育资源全覆盖”项目全面实施。中央财政累计补助资金3.5亿元，各地落实项目配套资金超过2亿元。至2014年6月底，全部5.87万个项目教学点已基本完成设备招标，项目配套的1—3年级8个学科的数字教育资源已通过网络和卫星两种方式同步播发，全国共培训教学点教师17.6万人次，5.46万个教学点已应用项目配备的设备和资源开出过去不能开出的音乐、美术、英语等国家规定课程，超过项目教学点总数的93%。项目应用成效明显，社会反响良好。

2.“宽带网络校校通”进展明显。按照“政府政策支持、企业投资建设、学校持续使用”的机制快速推进，目前全国中小学实现网络接入的比例超过60%。其中实现10M宽带接入学校的比例已达37%，北京、上海、江苏等发达地区学校已基本实现“校校通”。全国义务教育阶段学校已建设多媒体教室172.8万间，占教室总数的42.6%，51.7%的学校已实现至少拥有一间多媒体教室。省会等中心城市已基本实现校内网络教学环境齐备。

3.“优质资源班班通”取得明显成效。探索“企业竞争提供、政府评估准入、学校自主选择”的机制，组织和鼓励教材出版企业建设和提供教师备课和学生学习的基础性资源，开展“一师一优课，一课一名师”的活动，形成系统开发基础性资源、有计划开发个性化资源的新格局。各地积极探索“专递课堂、名师课堂、名校网络课堂”等形式，实现优质数字教育资源在教育教学过程中的普遍深入应用，为农村、边远、贫困、民族地区共享优质教育资源、提升课堂教学质量发挥了重要作用。

4. “网络学习空间人人通”取得新突破。探索“政府规范引导、企业建设运营、学校购买服务”的机制，网络学习空间建设初具规模，师生实名网络学习空间开通数量已从2012年的60万个增加到600多万个，增加了10倍，应用范围已从职业教育扩展到基础和高等教育领域。一些地区正在整体推进，初步积累了在教育教学中深入普遍应用的经验。

5. 教育资源公共服务平台建设与应用稳步推进。国家教育资源公共服务平台2012年底上线试运行，已具备为1万所学校，100万名教师和1 000万名学生提供服务的能力，约2/3的省份初步建成了省级教育资源平台，正逐步实现与国家平台的互联互通。由国家平台、区域平台和企业平台共同组成的教育资源云服务体系正逐步形成，数字教育资源公共服务能力大幅提升。

6. 教育管理公共服务平台建设取得重大进展。教育部、财政部、人力资源和社会保障部建立联合推进机制，国家及数据中心已初步建成，省级数据中心建设正在稳步实施，初步构建两级建设、五级应用体系，教育管理信息系统和基础数据库建设应用取得阶段性成果，在全国推行学生和教师“一人一号”、学校“一校一码”，学前教育、中小学学籍、教师管理、学生资助、学生体质健康等十几个业务信息系统稳步推进。

7. 教师信息技术应用能力培训取得重要突破。启动实施“全国中小学教师信息技术应用能力提升工程“，计划到2017年实现中小学教师全员培训，并要求各地将教师信息技术应用能力作为教师资格认定、资格定期注册、职务（职称）评聘和考核奖励等的必备条件，列入中小学办学水平评估和校长考评的指标体系。2013年，通过“国培计划”教师远程培训和企业支持项目，培训中小学及幼儿园教师共154.7万人，并通过“国培计划”示范性项目和中西部项目分别培训了全国1 000名“教学点数字教育资源全覆盖”项目骨干培训者和1.7万名中西部省份项目校教师。

（三）教育信息化下一步工作考虑

当前，教育信息化工作虽已取得了初步成效和阶段性进展，但仍存在一些问题和困难。一是部分地区对教育信息化重要性、紧迫性和发展规律的认识有待进一步深化；二是中西部农村地区学校信息化基础设施建设亟须加强；三是教育信息化深入普遍应用需要大力推进。

下一步，我们将认真贯彻落实党的十八届三中全会精神，坚持围绕解决教育改革发展的重大问题，加大改革创新力度，根据教育信息化总体部署和工作目标，按照加快转变观念、狠抓工作落实、坚持应用驱动、推进机制创新、坚持试点先行、探索典型引路的思路，有效促进信息技术与教育教学深度融合，进一步狠抓各项重点工作的落实，总结推广典型经验，力争取得更大、更明显的实际效果，促进教育公平，提高教育质量。

感谢您对教育信息化工作的关心和支持。

中华人民共和国教育部

2014 年 9 月

三、热点聚焦：信息技术助力教育改革

20 世纪 90 年代以来，国家实施的一系列重大工程和政策措施，促进了我国教育信息化的发展，为中国教育信息化发展奠定了坚实基础。但同时我们也应看到，目前我国教育信息化建设仍存在着诸多问题，正如周洪宇教授所指出："我国有近 7 万个地处边远山区的教学点，教育信息化能以较低成本将优质教育资源数字化。教育信息化目前存在共享机制不健全、评价体系不完善、农村信息力量薄弱等问题。"[①] 因此，周洪宇建议实施"农村教学点网络联校"工程，利用信息技术促进招考改革。

2014 年长江教育研究院的议案《促进信息技术与教育深度融合，发挥信息技术革命性影响作用，深化教育领域综合改革》的建议得到社会各界的普遍认同，并被"光明网"全文转载。[②] 在"两会"期间，周洪宇教授受到多家媒体的访谈报道，针对如何促进信息技术与教育的深度融合进行了深入分析。2014 年 3 月 4 日，在《中国教育报》、"求是理论网"的访谈中，周洪宇教授就信息技术对中国教育的影响、如何应对与推动等问题进行了详细分析。周洪宇教授从微观的教育内部改革中分析了信息技术对教育改革所带来的影响，他指出，信息技术不仅为教育提供新的技术

①邓晖：《周洪宇代表：用信息技术促教育均衡》，载《光明日报》2014 年 3 月 4 日。

②《周洪宇议案建议：大力促进信息技术与教育深度融合》，光明网，http：//politics. gmw. cn/2014—03/05/content _ 10581017. htm.

手段，拓展了教育资源，还推动教育方法和教育模式的变革，最重要的是信息技术的发展为教育发展带来新的理念和动力，使教育内容、方法和模式发生深刻变革；信息技术提高学生思维能力；信息技术支持有效学习；信息技术促进教师专业发展等。信息化环境下的教育将更加充分满足学生甚至包括教师的多样化与个性化需求，使教育更加以人为本。同时，周洪宇教授进一步就如何促进信息技术与教育的深度融合而发表观点，他指出，信息技术与教育的"深度融合"不是一般的技术应用，而是信息技术与教育教学的相互促进。要将信息技术融入到教育教学的全过程，运用信息技术逐步改变原有的教育教学过程与模式，实现从以知识传授为主的教学方式向以能力素质培养为主的教学方式的转变，并根据社会发展和学习者的需求，在全国乃至世界的范围内选择最优质的教育资源，进一步突破传统教学活动的时空限制，提升教育教学的效率与质量，这是信息技术与教育教学深度融合的根本任务。并从"信息技术与教育全面深度融合是促进教育公平、提高教育质量的有效手段""信息技术与教育全面深度融合将促进教育体系的深层变革""信息技术与教育全面深度融合是创造泛在学习环境、构建学习型社会的必由之路"[①] 等三个方面指出了信息技术与教育深度融合是实现教育信息化、促进教育改革发展的途径和方法。此外，周洪宇教授指出，目前我国教育信息化的效能发挥不足，主要体现于信息技术与教育改革的布局和管理融合不够；我国农村和边远山区教育信息化依然相对薄弱；信息技术在促进学习效能、促进教育公平、提高教育质量上作用不明显；信息技术与教育教学资源共享机制尚未健全，信息技术在促进优质教育信息资源共建共享、促进教育公平中的作用没有充分发挥；信息化实践教学水平不高，创新性不够；信息技术对创新人才培养的支持力度亟待加强；利用信息技术优势促进德育改革的探索和尝试不够，对信息技术带来的负面影响解决的办法还不够多；基于中小学信息化素质教育综合评价体系还不完善；统筹管理比较薄弱，各级教育行政部门和各级各类学校的教育管理基础数据分散，不能支撑教育管理现代化需要；教育信息化运行维护与支持服务体系等有待完善，教育信息化投入经费有限，经费保障机制不够健全等十个方面，并就信息技术与教育如何贯通"最后一公里"发表了观点，提出了具体、可行、科学的建议。[②]

此外，周洪宇教授在采访中，建议利用信息技术实施"农村教学点网络联盟"

---

①柯进：《对话周洪宇代表：信息技术助力教育综合改革》，载《中国教育报》2014年3月4日。

②柯进：《对话周洪宇代表：信息技术助力教育综合改革》，载《中国教育报》2014年3月4日。

工程，尽快扩大优质教育资源覆盖面。[①] 他指出，推动农村教学点网络联校是解决农村教育均衡化发展难题的重要途径之一。因此，建议应加强政府对相关投入资金的统筹分配，分步逐校实施工程，统筹使用中央、省级财政投入资金，把支持均衡发展的经费向“农村教学点网络联校”工程倾斜。在资金支配上，周洪宇建议重点支持农村及边远贫困地区学校教学点所需要配备的必要设施建设，包括固网带宽接入和无线网点建设；联合管理网络授课平台以及终端设备的采购。同时，为教学点开齐开好规定课程提供技术保障，做到硬件设备先到位、优质资源先输送。同时，加强教学点网络联校课程与教学的研究，提升农村教学点的教学质量。

“两会”期间，在提交议案的同时，周洪宇教授还集中推出自己的系列新著，包括人民出版社的《大时代：震撼世界的第三次工业革命》、湖北教育出版社的《周洪宇论第三次工业革命》《第三次工业革命与中国教育改革》《中国教育黄皮书》（2014年）、中国人民大学出版社的《教育公平：维系社会公平正义的基石》，受到新华社、《人民日报》《光明日报》《中国教育报》等多家权威媒体相继报道，引起强烈的社会反响。以《大时代：震撼世界的第三次工业革命》为例，2014 年 3 月 7 日，《大时代：震撼世界的第三次工业革命》读书分享会在国谊宾馆举办。[②] 5 位分别来自光纤通讯、移动通讯、计算机与互联网、文化教育与法律界的人大代表一同到会，畅谈中国改革大时代面临的机遇与挑战。周洪宇代表介绍本书撰写思路时，回顾了习近平总书记 2013 年 9 月在中央政治局集体学习时的讲话“紧紧抓住和用好新一轮科技革命和产业革命的机遇，不能等待、不能观望、不能懈怠”，认为习总书记去年要求改革者必须有历史担当的责任意识，今年总书记的谈话更是明确了我们所处中国大时代的主题，即深化改革的大时代、产业结构调整的大时代、绿色发展的大时代。

第三节　信息技术与教育深度融合的探索实践

信息化是当今世界发展的大趋势，是推动经济社会变革的重要力量。在教育领

①《周洪宇代表：建议实施农村教学点网络联盟工程》，中国教育新闻网，http：//www. edu. cn/wysy _ 12637/20140304/t20140304 _ 1081651. shtml.

②华轩：《周洪宇“两会”系列新著引起社会反响》，华大在线，http：//www. ccnu. com. cn/xin/dangzhengxinwen/2014/0315/8484. html.

域，信息化对教育的作用愈益突显。可以说，信息化是实现教育现代化的必由之路。在深化教育改革、丰富教育内容、改善教学方式、提升教学质量、促进教育均衡发展等方面，信息化发挥着不容替换的关键性作用。为进一步促进信息技术与教育的深度融合，长江教育研究院对此进行了深入的理论探究和教育实验改革。

一、理论探索：多方研讨，助推深度融合

随着第三次工业革命的兴起和信息化社会的飞速发展，人类社会迎来了重点的历史拐点，为探求教育改革发展之途径，周洪宇教授、徐莉教授在《站在人类历史拐点处探求教育变革之路》[①] 中探寻了教育改革之方向。周洪宇教授指出，现存的教育模式是应前两次工业革命需要而设计的，是前两次工业革命集中化规模化企业模式的缩影。第一次工业革命中出现的集中化理性化的商业模式一直延续到第二次工业革命。高度集中、自上而下的管理体制需要培养相应的人才，可以说，现存教育体系是第一、二次工业革命的产物。站在历史的拐点处，中国教育应走向何方，如何才能办好人民满意的教育？对此，周洪宇教授指出，如果基于工业化的现代化基础没有摇动，那么，所有的改革，都只不过是触动不到基于工业经济模式现代教育弊端的外部治理的改良方案。这才是当前教育问题的根本症结之所在。真正的变革应该从新的地基上开始。正是在这里，我们看到了教育发展十字路口的分水岭，也正是这一望，我们看到了一扇开启新时代教育大门的窗口。

为更好地发挥信息化在教育改革发展中的作用，尤其是在促进偏远地区薄弱学校教育均衡发展上的作用，周洪宇教授有针对性地提出了《以信息化促进偏远地区薄弱学校教育均衡发展建议》[②]，详细分析了其必要性与紧迫性，阐述了其可行性，并从“建立健全‘协同推进’的领导体制与工作机制、加强信息公共服务平台的设施建设、建立‘多方参与’的教育信息化建设运行机制、建立健全教育信息化评估机制、加强师资队伍建设、建立健全教育信息化监督机制、设立试验区”等方面提出了具体的实施建议。

此外，在理论探索上，诸多专家学者就各级各类教育如何促进信息技术与教育的深度融合进行了深入研究。在高等教育方面，吴砥教授在《中英高等教育信息化发展战略对比研究》[③] 中，通过英国《JISC 2010—2012 战略》与中国《教育信息化

①周洪宇主编：《中国教育黄皮书》(2015 年)，湖北教育出版社 2015 年版，第 127 页。
②周洪宇主编：《中国教育黄皮书》(2015 年)，湖北教育出版社 2015 年版，第 146 页。
③吴砥：《中英高等教育信息化发展战略对比研究》，载《中国电化教育》2013 年第 2 期。

十年发展规划（2010—2020年）》的比较研究，并从"大力推进ICT的教育应用应成为教育信息化后续发展的重中之重""可持续发展应作为信息技术教育应用的核心目标之一""注重创新策略支持，强调战略研究，应成为促进教育信息化可持续发展的基本保障"三个方面总结了英国《JISC 2010—2012战略》对我国高等教育信息化发展的启示。魏珂、史降云在《信息化与我国高等教育质量的提升》[①] 一文中，着重分析了以信息化促进高等教育质量提升的必要性与可行性，并从"以信息化提升高等教育管理水平""以信息化推进高等教育课程改革""以信息化提升高等教育教学质量""以信息化改善高等教育评价体系、以信息化提升高校科研水平、社会服务和文化传承能力"等方面提出了具体的建设路径。在职业教育方面，申国昌教授在《以信息化促进职业教育发展的思考》一文中，论述了信息化促进职业教育发展的必要性与重要性，并从"加强组织领导和统筹协调，推动信息技术与职业教育深度融合""提高对职业教育信息化建设的正确认识""创设信息技术促进职业教育发展示范实验区""提高职业教育师资队伍信息技术""加强职业教育教师信息化培训力度，提高教师教学设计能力""加大职业教育资金投入，保障基础设施的完善""以信息化为契机，推动高校向职业教育转型""以信息化为桥梁，加强校企合作""利用信息化网络平台，加强国际合作，促进职业教育发展""构建以职业学校为单位，促进学生就业的网络化社区平台"等十个方面提出了具体建议，以期进一步提高职业教育信息化水平，构建现代化的职业教育体系，促进职业教育的发展。李梦卿教授在《信息化生态环境中的职业教育发展》一文中，论述了职业教育信息化的内涵与特点。他指出，职业教育信息化是指在职业教育领域中，运用多媒体和网络信息技术，促进职业教育的全面改革，使之适应信息化社会对职业教育发展的新要求。职业教育信息化的核心内容是教学信息化。同时，职业教育信息化既有技术属性，也有教育属性。从技术属性看，职业教育信息化具有数字化、网络化、智能化和多媒体化的特点。从教育属性看，职业教育信息化又有开放性、共享性、交互性与协作性的特征。此外，李梦卿教授还分析了我国职业教育信息化建设所存在的问题与不足，并依此而提出了具体的发展举措，主要从推进职业教育课程信息化、提高职教师资信息化素养、发展多种职业教育信息化模式三个维度进行阐述。

二、改革实践：以信息化带动教育现代化

信息技术对教育发展具有革命性影响，以信息化引领教育现代化是我国教育事

①周洪宇主编：《中国教育黄皮书》（2015年），湖北教育出版社2015年版，第154页。

业改革发展的战略选择。作为国民经济和社会信息化的重要组成部分，信息化教育正处于持续推进、深入发展的重要战略阶段，各地均面临诸多机遇和挑战。湖北省是我国中部人口大省、教育大省，面对信息时代教育体系呈现出的一系列重大变革趋势，湖北主动调整、积极应对，大力推进信息化教育发展，取得了显著成果，2014 年正式获批建设全国首个教育信息化试点省。①

（一）湖北教育信息化的发展情况与主要进展

1. 基础设施建设成果显著

截至目前，湖北省 12 071 所中小学，实现 10 兆以上网络接入的占 39%；实现 4 兆以上网络接入的占 60%。全省中小学共有教学班级教室 121 640 间，其中配备多媒体设备教室的占 67%；教师信息化教学终端设备配置率约为 39%。武汉、宜昌等地义务教育学校多媒体设备教室已实现全覆盖，宜昌等地任课教师每人配备了一台备课电脑。

2. 教育信息化发展规划发布

教育信息化作为湖北省教育工作两大重点之一纳入了省委省政府的工作部署。2014 年 8 月正式印发了《湖北省教育信息化发展规划（2014—2020 年）》，第一次以省级规划的形式理清了“深度融合、机制创新、应用驱动”的教育信息化发展思路，明确了推进的责任体系——“省级统筹、上下联动、以县为主、多方协同”，确定了全省教育信息化发展的目标、时间表和路线图。

3. 教学点数字教育资源建设

目前，在国家每个教学点下拨 5 000 元的基础上，省教育厅再为每教学点补助 9 000 元，将教学点数字教育资源全覆盖标准提高到 14 000 元每套。为全省所有项目教学点配备 55 寸多媒体播放设备和内置数字资源移动硬盘。各地鼓励教学点教师通过规模化应用数字资源开齐国家规定课程。如黄冈市专门组织教学点教师利用全覆盖资源层层开展说课比赛。

4. 教师信息化应用能力发展

制定《湖北省中小学教师信息技术应用能力提升工程规划（2014—2017 年）》，开发建设了省级“能力提升工程”培训管理和选学平台；开展不同形式教师信息技术应用能力培训，十堰市近两年已完成 11 000 名中小学教师信息技术高级培训，孝感市培训骨干教师 6 599 名，严格实施将教师信息技能提升与教师职称评聘挂钩，

①周洪宇主编：《中国教育黄皮书》（2015 年），湖北教育出版社 2015 年版，第 196 页。

实行一票否决制；组织省内数十所师范院校，建立省级教师教育网络联盟。

5. 湖北省教育资源公共服务平台建设

湖北省实行了平台组织方、督导方、建设方、运营方分离的发展措施。省教育厅作为平台建设和运行的领导方，负责全面组织、协调、统筹，省电教馆作为平台督导方直接主导平台招标、监督平台运营。以政府购买服务的形式将平台建设和运维服务打包实行整体公开招标，并创新性采用“后投入”机制，实行不提供经费投入的“零标的”招标。企业作为建设方和运营方不仅承担建设任务，而且直接参与后续运营服务，平台建设过程的前期投入完全由企业负担，企业通过后续运营服务实现盈利，真正实现了“政府规划引导、企业建设运营、学校购买服务”的机制创新。

（二）华中师范大学对湖北信息化教育发展作出的努力与贡献

1. 同步规划设计，促进教育变革和产业发展协调同步。首先，华中师范大学负责编制了《湖北省教育信息化发展规划（2014—2020 年）》；其次，作为《湖北数字教育服务产业发展规划（2014－2020 年）》的编制单位，华中师范大学缜密分析了信息化教育在教育改革发展和信息产业发展两方面的双重定位和双重功能。

2. 发展示范区校，推动区域义务教育均衡发展。华中师范大学还初步建成了覆盖全省 200 所学校的基础教育均衡发展监测网络和在线观测平台，建立了汇聚监测点办学条件情况、课程开设情况、安全管理情况、办学成果等信息的基础数据库和能够反映各区域教育均衡发展、资源配置、教学质量的量化指标标准体系。通过系统的远程观测和数据信息的实时采集，分区域、分学段、分项目对各个观测点的数据信息进行综合比较分析，使用图表等形式直观地显示各地教育均衡指数及其差异值，并通过动态指标图谱显示区域教育发展的最新动向，为跟踪全省基础教育均衡发展推进情况提供了有效途径。

3. 提高教师能力，发展湖北教师教育网联。湖北教师教育网联平台已经上线运行，首批上线高校除华中师范大学外，还包括湖北师范学院、湖北第二师范学院、黄冈师范学院、荆楚理工学院等湖北省内开办教师教育较有影响的高校。华中师范大学引领湖北教师教育网联建设，针对省内师范院校依托网络开展联合办学的实际需求，利用信息化手段，提供了优质资源共享、在线选课、学习评价、学分银行、个人空间等服务，促进省内师范院校在师范专业建设、教育教学与管理、师范生培养等方面的一系列支持，为推动湖北教师教育创新作出了扎实贡献。

4. 创新课程体系，建设省级地方课程云平台。湖北省地方课程云平台不仅提供了同步课堂、异步课堂、远程互动课堂、“班班通”常规课堂、电子书包互动课堂以及自主学习活动等多种教学和学习形式，而且为教师提供了网络教研、专业发展的空间，并实现了对课程情况的管理与监测以及对学生学习的多维度评价，实现了对教师教学、学生学习、教师发展和课程管理的一体化建设与管理，为促进各学校开齐、开好生命安全教育和心理健康教育课程具有重要作用，也促进了全省地方课程建设的规范化、高效化以及优质教育教学资源的共建共享。

Chapter 10

第十章

打牢地基：倡言以法治推进教育治理现代化

法治社会建设的基础在教育，教育在法律规范的作用下进行，法律规范在教育实践中发挥着越来越重要的作用。教育法治化即是通过对教育关系、教育行为和教育发展的协调、规范和引导，以保障教育秩序、达成教育目的的一个实践过程。面对当前我国教育改革与发展中出现的新情况、新问题、新矛盾，必须加强教育法治，全面推进依法治教。这是建设社会主义法治国家的必然要求，是依法治国的重要组成部分，也是推进国家治理体系和治理能力现代化的重要基础。

第一节　加强教育法治，全面推进依法治教，保障教育改革与发展的建议提要

加强教育法治，全面推进依法治教，是建设社会主义法治国家的必然要求，是实施科教兴国战略、实现中国梦的必由之路，是促进教育公平、提升教育质量的重要保障。但是目前我国教育法治建设仍然存在着诸多问题，如教育法律体系尚不健全、教育法律规范相互冲突、教育立法与修法不及时、违法不究现象比较普遍、教育法律救济渠道不畅通、教育管理缺乏法治思维、教育行政执法不得力、教育司法制度不完善、教育法律监督不到位、公民教育法律意识淡薄等。为保障国家对教育要求的实现和促进教育事业的发展，长江教育研究院提出了《关于加强教育法治，全面推进依法治教，保障教育改革与发展的建议》，现简要列举如下：

一、提高各级领导干部对教育法治的思想认识

十八届三中全会《决定》指出："各级党组织和领导干部要深刻认识到，维护宪法法律权威就是维护党和人民共同意志的权威，捍卫宪法法律尊严就是捍卫党和人民共同意志的尊严，保证宪法法律实施就是保证党和人民共同意志的实现。"因此，加强教育法治建设，全面推进依法治教，首要的是要提高各级领导干部对教育法治的思想认识。具体言之，即，第一，各级领导干部要转变思想观念，带头树立教育法治意识；第二，各级领导干部要提高运用法治思维和法治方式深化教育改革，推动教育发展的能力；第三，要建立跨部委的协调工作机构，加大教育法治工作力度。

二、加快教育立法进程

从总体来看，我国教育立法工作仍然进展缓慢，建议进一步加快立法进程，尤其要加快制定《学校法》《教育考试法》《学前教育法》《终身学习法》（或《终身教育法》）、《家庭教育法》等新的教育法律。与此同时，还应加快修订已经颁布多年、

严重落后现实发展状况的有关法律，重点解决缺乏良法的问题。为了有效破解教育发展中存在的问题和解决教育发展中出现的新问题，必须修订以往制定的教育法律条文。1993 年颁布的《教师法》、1996 年颁布的《职业教育法》等法律，许多规定早已过时，难以满足教育改革与发展的需要，但至今仍未完成修订任务，亟待尽快修订。

三、完善教育立法机制

教育立法是实现教育法治的前提和基础，只有良法才能得到人民的认可并加以服从，也只有良法才能得到“人民的内心拥护和真诚信仰”。十八届三中全会《决定》“健全立法机关主导、社会各方有序参与立法的途径和方式”的要求为我们指出了明确的方向。因此，教育立法，应当在人大主导前提下，建立健全公开听证制度、公众参与制度、专家顾问咨询制度、委托立法制度、公众报告制度等，推进教育法治建设的民主化、科学化。

四、完善教育行政执法与教育司法衔接机制

十八届三中全会《决定》要求“健全行政执法和刑事司法衔接机制，完善案件移送标准和程序，建立行政执法机关、公安机关、检察机关、审判机关信息共享、案情通报、案件移送制度，坚决克服有案不移、有案难移、以罚代刑现象，实现行政处罚和刑事处罚无缝对接”，为建立教育行政执法和教育司法衔接机制提供了政策依据。相对于比较完善的教育行政执法制度而言，我国的教育司法制度尚处于起步和探索阶段，既有成功的经验，也存在着一些不足和缺陷。随着教育改革的不断深入和依法治教的全面实施，单纯靠教育行政执法已经无法解决教育法实施中产生的纠纷，教育司法在解决教育纠纷问题上显得越来越重要，如何从我国的实际出发，建立和完善有中国特色的教育行政执法与教育司法相衔接的制度是当务之急。因此建议，应尽快制定教育行政执法与教育司法相衔接法律规范，应健全教育司法专门职能机构，注意教育行政执法与司法裁判之间的协调与对接。

五、完善教育法律救济制度

第一，建立教育调解制度。一是各级教育行政机关要建立专门的教育调解机构；二是要建立校内调解制度。第二，完善教育申诉制度。应尽快出台教育申诉实施办法，规范教育申诉制度，确立申诉的基本原则，申诉范围及管辖，明确申诉的程序，

对提出申诉、撤诉、申诉受理及处理的形式、时效等做出明确具体的规定。第三，完善教育行政复议制度。由于教育行政复议主要利用教育行政体系上下级领导监督关系来解决纠纷，因而十分有利于复议决定的落实。同时，为切实保障学生和教师的合法权益，必须对学校与教育行政机关的权利义务关系加以明确规定，同时加强教育行政复议机关的建设，以促使教育行政复议活动的顺利进行。第四，建立健全教育仲裁制度。教育仲裁由教育仲裁委员会主持进行，教育仲裁委员会由教育行政主管部门的代表、教育专家和社会贤达代表、学校教代会代表和学生会代表组成，即仲裁机构组成应该具有“多方性”。第五，完善有中国特色的教育司法制度。一是尽快建立教育司法专门职能机构；二是在相关法律中增设更多有关教育的条款，以突出针对性，扩大司法调整范围；三是及时出台相关教育司法解释，以保证教育法律的正确适用；四是加强司法判例的积累和研究，以充实和完善教育司法理论和审判实践。

六、加强教育行政执法

第一，完善教育执法程序，建立教育执法记录制度。必须健全教育执法队伍，要有效培养、科学选用、合理使用一支具有良好执行力的执法队伍；要完善教育执法程序；建立教育执法记录制度。第二，建立健全省市县三级教育执法机构。省市县三级教育行政机关要根据“事权和职能”合理设置教育行政执法机构；强化县级教育执法队伍建设；要按学生数或教职工数的比例配足执法人员；大力提高教育执法人员素质，严格实行执法人员持证上岗和资格管理制度。第三，完善教育行政执法机制。一是要明确具体的教育行政执法部门；二是要规范教育行政审核审批行为；三是要规范教育行政执法人员的执法行为。第四，健全统一司法鉴定管理体制。完善教育行政执法责任追究制度，建立教育行政执法案卷评查制度。同时，执法权力要与部门利益脱钩，只有执法权力与部门利益脱钩才可能保证执法的公正性。

七、完善教育执法监督体系

教育执法监督是对教育执法活动的法律法规依据进行审查，对教育执法行为的合法性进行评价，对违反教育法律法规的执法行为予以惩处，并在此基础上对教育执法活动的各方面工作加以正确的指导。加强和改善教育执法监督，将保证教育执法行为的合法性，维护教育执法的权威性，能有效提升教育法的实施效果。加强教育行政执法监督就要求我们必须加大教育行政执法监督力度，增强教育行政机关工作人员依法行政、公正执法的责任感，规范教育行政机关工作人员的执法行为，维护教育行政执法的严肃性和公正性。因此建议，健全执法监督体制机制，健全和完善重大立法终身责任追究制度及责任倒查机制，充分发挥社会监督的作用。

八、全面推进依法治校

依法治教是依法治国的重要组成部分，依法治教是依法治国方略在教育领域的具体体现，而教育主要是由学校实施的，依法治校是依法治教的重要基础，只有学校实现依法治理才可能实现依法治教的目标。《规划纲要》要求“大力推进依法治校”，作为依法治教的重要组成部分的依法治校，既是贯彻落实《规划纲要》的要求，更是实现教育法治的必然选择。无论是学校的内部管理，还是学校的外部条件保障，法治都将发挥极其重要的作用。因此建议，依法治校要做好以下工作：严格核准学校章程，真正实现学校按章程依法自主办学，完善中国特色现代学校管理制度。

九、加强教育法治队伍建设

第一，建设高素质教育法治专门队伍。把思想政治建设摆在首位，加强理想信念教育，深入开展社会主义核心价值观和社会主义法治理念教育，坚持党的事业、人民利益、宪法法律至上，加强立法队伍、行政执法队伍、司法队伍建设。抓住立法、执法、司法机关各级领导班子建设这个关键，把善于运用法治思维和法治方式推动工作的人选拔到领导岗位上来。畅通立法、执法、司法部门干部和人才相互之间以及与其他部门具备条件的干部和人才交流渠道。推进教育法治专门队伍正规化、专业化、职业化，提高职业素养和专业水平。

第二，完善教育法律职业准入制度，健全国家统一法律职业资格考试制度，建立法律职业人员统一职前培训制度。推进法治专门队伍正规化、专业化、职业化，完善法律职业准入制度，建立从符合条件的律师、法学专家中招录立法工作者、法官、检察官制度，健全从政法专业毕业生中招录人才的规范便捷机制，完善职业保障体系。健全从政法专业毕业生中招录人才的规范便捷机制。法治队伍的运行、录用、考核和辞退都要有严格的程序，这样才能建设一支正规化的法治专门队伍。完善法律职业准入制度，主要针对立法者和执法者。

第三，建立健全教育法治培训制度。要想建立教育执法人员长效机制，只有将培训制度化，才能让其在工作中常态化。创新培训方式，将理论学习、经验交流与实践操作相结合，增强法治培训方式的多样性与吸引力，让参训人员实实在在感兴趣、有收获；充分利用网络培训与竞赛活动相结合的方式来培训执法人员，增强培训的实效性与趣味性；丰富培训内容，全面提高执法人员的素质；建立培训考核制度，将考核成绩计入个人业绩。

十、增强全民教育法治观念

法律的权威源自人民的内心拥护和真诚信仰。人民权益要靠法律保障，法律权威要靠人民维护。必须弘扬社会主义法治精神，建设社会主义法治文化，增强全社会厉行法治的积极性和主动性，形成守法光荣、违法可耻的社会氛围，使全体人民都成为社会主义法治的忠实崇尚者、自觉遵守者、坚定捍卫者。推动全社会树立法治意识。坚持把全民普法和守法作为依法治国的长期基础性工作，深入开展教育法治宣传教育，引导全民自觉守法、遇事找法、解决问题靠法。因此，坚持把领导干部带头学法、模范守法作为树立法治意识的关键，完善国家工作人员学法用法制度；把法治教育纳入国民教育体系，从青少年抓起，法治教育进课堂进教材进头脑；普法教育必须同公民的日常生活紧密结合；健全普法宣传教育机制；实行国家机关"谁执法谁普法"的普法责任制，建立法官、检察官、行政执法人员、律师等以案释法制度。

第二节　加强教育法治，全面推进依法治教，保障教育改革与发展的进展成效

依法治教，是发扬社会主义民主、加强党的领导在教育领域的直接体现和必然要求，也是提高全民法律素质，培养现代化建设人才的基础性工程，是维护社会稳定和青少年合法权益的重要举措。只有形成完备的教育法律规范体系、高效的教育法治实施体系、严密的教育法治监督体系、有力的教育法治保障体系，坚持依法治教、依法执教、依法治理，加强教育法治，实现科学立法、严格执法、公正司法、全民守法，在教育教学中培养师生的自主意识、民主意识、开放意识和法治意识，在学校管理中，依法指导、协调学校管理中的各种关系，正确行使权力，严格履行义务，将学校管理全面纳入法治化轨道，真正促进教育治理体系和治理能力的现代化。

一、长江教育论坛：名家研讨教育法治，助力依法治教

2015年3月3日，由长江教育研究院主办、人民教育出版社承办、华中师范大学教育信息化协同创新中心协办的"北京·长江教育论坛"在人民教育出版社大楼

媒体厅举行，顾明远、陶西平、谈松华、孙霄兵、庞丽娟、程方平、湛中乐、马敏、杨宗凯、谭细龙、申国昌、李梦卿等专家出席，主题是发布与研讨《2015 年教育政策建议书》并举行《中国教育黄皮书》（2015 年）、《长江教育论丛》和《中国好教师》等图书首发式。

在论坛中，与会的专家学者就教育法治与依法治教主题进行了深入研讨。顾明远先生指出，依法治教主要有两个方面：第一，现有的法律我们要真正遵守。现有的《教育法》《教师法》《职业教育法》《高等教育法》等，这些法律是不是已经真的执行了？举个例子，我们教师的工资待遇应该不低于当地公务员的待遇，这个是不是真正做到了？我看恐怕还没有完全做到。《义务教育法》等法律都规定，要把教育放在优先发展的地位，这个是不是都做到了？第二，要真正落实现有的法律。现在很多教育的问题并不是教育本身的问题，很多教育的问题是社会矛盾的一种反映，将所有教育问题的责任都归到教育部门、都归到学校，这个我觉得不是依法治教的一个方式。

陶西平先生指出，我们现在提出“全面依法治国”，对于教育部门来讲，主要有四个方面：有法可依、依法行政、依法办学和依法维权。其实，学校在依法维权这个方面能力是很低的，所以报告里面所提到的，现在有“医闹”，还有“校闹”，确实是这样。学校只要出问题后，家长不会去法院告，学校不怕到法院告，就怕到学校闹，现在家长到学校闹已经变成了一个常态。在整个依法治教里面，现在关键的薄弱环节是依法行政。

谈松华先生充分肯定了长江教育研究院的政策建议，并从突出和提高教育法律在教育治理体系中的作用、完善教育法律体系、提高法治的执行力等方面发表了重要看法。朱永新先生指出，在教育领域确实存在很多无法可依的情况，首先要思考的一个大题目就是我们的教育需要哪些法律？我认为在这个问题上，需要全面的、顶层的考虑和设计。同时，在教育领域有法不依的情况也比较严重，检验一个法律的生命力，要看这个法律在它的实施过程中到底有多少个判例。此外，在法治教育问题上，他指出，在我们教育体系里面，法治教育是不够的，在中学生政治课程的体系里面，法治并没有作为一个独立的、重要的板块来学习。

马敏教授从教育立法建设和教育司法制度建设两个维度发表了自己的看法，他指出在加快教育立法的进程中，当务之急是尽快制定《学校法》。同时，还要建立完善中国特色教育司法制度，因为有些时候，司法在判的过程中，很多都是根据自身的想法来办案，并不是完全依据法律来办案。依法治教、依法办学是真正落实依法治国的一个重要环节。依法治国不能只是有哪些法律，而是要把这些法律落到实处，要做到具体化、细致化、制度化、战略化，才能够真正地、全面地依法治国。

庞丽娟教授指出，我国依法治教现在存在着两个方面的突出问题。一方面，我们目前还是有一些法律的，有母法，比如《教育法》，还有一些相关部门的法律，比如《教师法》《高等教育法》《义务教育法》《职业教育法》《民办教育促进法》等，但是如何真正做到有法必依，这个事情还是比较突出的，或者是严重存在的问题。另一方面，在完善教育法律体系中，需要注意几个方面，即有些教育法律已经过时了，不相适应，已经滞后了；原则的、倡导的、认为应该的过多，缺乏可操作性；有些法律元素缺失，非常厉害，像《学校法》《学前教育法》《高中教育法》《教育投入保障法》有严重的缺失。同时，庞丽娟教授也提出，鼓励社会媒体发挥依法治教的作用，为教育营造一个更好的改革发展氛围。

在教育立法方面，孙霄兵司长具体从立法体制、立法项目、立法通道、立法程序、立法技术和立法效果等方面，详细阐述了教育立法的突破点所在。张力主任则将问题聚焦于学校、社会以及政府之间关系的构建方面，他指出，依法来理顺和构建政府、学校、社会的新型关系，这既是现代学校制度的应有之义，也是现在乃至今后相当一段时间内非常艰巨的任务。这需要我们更加聚焦于学校、社会以及政府之间关系的构建，才能够突显我们的依法治校、依法治教的核心理念。

程方平教授指出，教育立法首先要定一个基本，根据地区差异而定，采取地方先行、理论探讨与区域实验相结合的方式加以探索，同时呼吁在教育发展当中，一方面要立法，同时要注重非法律层面的建设，包括道德建设、社会风气的建设等。湛中乐教授则从立新法、改旧法，教育执法和教育司法的角度发表了看法，并对建议书提出了具体的修改建议。

二、办复追踪：教育部对建议书的答复

周洪宇代表：

您提出的《关于加强教育法治，全面推进依法治教，保障教育改革与发展的建议》收悉。经商中宣部、中组部、中央编办、司法部、全国人大教科文卫委员会，答复如下：

党的十八届四中全会审议通过了《关于全面推进依法治国若干重大问题的决

定》，对推进依法治国作出了全面部署，也对教育系统依法治理提出了新的更高要求。全面推进依法治教，是全面推进依法治国的重要组成部分，是推进国家治理体系和治理能力现代化的重要基础，也是推动教育改革发展的现实需求，具有非常重要的意义。经过30多年的努力，我国教育法治建设取得了显著进展，初步形成了有中国特色的教育法律体系，教育行政部门依法行政的意识明显增强，学校依法治校水平不断提高，青少年学生法治教育深入开展，但是与我国全面建成小康社会的新形势相比，与全面深化教育综合改革、全面推进教育法治建设的新要求相比，还有许多问题和不足，表现在：一是教育法律体系尚不健全，教育立法进展缓慢，推进困难；二是教育行政部门虽然已经初步具备了依法行政的意识，但是依法治教的能力水平仍然不足；三是教育行政执法薄弱，与维护教育秩序和师生权益的需求不相适应；四是青少年法治教育系统性不够、实效性不足，教育法治工作力量薄弱，与教育法治建设的艰巨任务和工作要求不相适应，等等。您在建议中对全面推进依法治教重要意义的认识和对有关问题的分析具有很强的针对性，我们深表赞同。

教育部及有关部门贯彻落实党的十八届四中全会精神和《规划纲要》要求，积极推进教育法治建设。一是积极推进教育立法。《教育法律一揽子修正案（草案）》已经第十二届全国人大常委会第十六次会议审议，其中以打包立法的方式，集中修订了《教育法》《高等教育法》《民办教育促进法》等3部法律。《职业教育法》修订和《考试法》草案已报国务院审议。《学前教育法》《终身学习法》《学校安全条例》的起草全面启动，已分别形成了专家建议稿。此外，《规划纲要》实施以来，还出台了《校车安全管理条例》和《教育督导条例》《残疾人教育条例（修正草案）》已报国务院审议。二是深入推进依法行政。以行政审批制度改革为重点，推动简政放权和政府职能转变，本届政府成立以来，教育部取消和下放行政审批事项40%以上。加强规范性文件合法性审查，未经合法性审查不得发布。推进政府权力清单、责任清单管理改革和教育行政执法体制改革，目前已取得积极进展。三是全面加强依法治校。2012年制定和发布《全面推进依法治校实施纲要》，对依法治校做出了系统部署。以章程建设为重点推进依法治校。目前，全部112所“985工程”和“211工程”高校（不含军事院校）章程已率先核准发布，高等学校进入有章可依、依章治校的新阶段。制定《高等学校章程制定暂行办法》《学校教职工代表大会规定》《高等学校学术委员会规程》《普通高等学校理事会规程（试行）》等规章，推动完善高校内部治理结构。四是加强青少年学生法治教育。2013年，教育部又联合司法部、全国普法办、共青团中央、中央综治办印发了《关于进一步加强青少年学生法治教育工作的若干意见》，对青少年学生法治教育工作进行了全面部署。党的十八届四中全会召开后，教育部专门发文组织国家宪法日学习宣传活动，在教育系统设立宪法学习日，组织开展宪法学习宣传专题活动，全国40多万所中小学在全国宪法日当天开展学宪法活动。目前，正在按照党的十八届四中全会决定要求，研究制定《青少年法治教育大纲》，推动在中小学校开设法治知识课程。目前，该大纲已形成初稿，并多次征求了意见，也初步形成了在中小学开设法治知识课程的实施方案。

为全面推进依法治教，教育部研究起草了《依法治教实施纲要（2015—2020年)》，已经教育部党组审议，将于近期发布。您提出的加快教育立法进程、加强教育行政执法、完善教育执法监督体系、全面推进依法治校、加强教育法治队伍建设等建议，对我们起草该纲要有很大的参考价值，很多内容我们已经研究吸收。

依法治教是个系统工程。依法治教工作得到了各有关方面的关心支持。全国人大教科文卫委员会积极关心支持教育立法工作。将教育法律一揽子修正、《职业教育法》修订、《学前教育法》等列入十二届全国人大常委会立法计划，并进行了相关审议和调研工作，同时积极关注并指导其他立法工作的开展。中组部等有关部门积极贯彻落实中央有关要求，把加强法治教育作为干部教育培训的重要任务，对加强领导干部法治教育提出明确要求，把社会主义法治教育列入教学计划，作为省部级、厅局级领导干部的必修课。在以后的干部培训工作中，还将进一步突出教育方面法律法规的学习培训，加大对分管教育工作领导干部和教育行政部门干部教育法治的培训力度。中宣部、司法部等部门高度重视法治宣传教育工作，把青少年法治教育作为普法工作的重中之重。最高人民法院积极探索将教育行政行为纳入行政诉讼范畴，依法受理了一些教育行政案件，维护了公民、法人及其他社会组织的合法权益。下一步将适时出台司法解释，进一步规范涉及高等学校行政案件的审理。

您提出的由各级政府立法协调机构、健全教育司法专门职能机构、在教育部门设立专门执法机构等建议，受制于多方因素，目前尚难于有效推进，我们将进一步研究并积极推动。

感谢您对教育工作的关心和支持。

教育部

2015年10月13日

三、媒体聚焦：加强教育法治建设，助推教育改革发展

2015年，长江教育研究院《关于加强教育法治，全面推进依法治教，保障教育改革与发展的建议》发布之后，受到社会各界的广泛关注，新华网、中央电视台、《人民日报》《人民政协报》《中国教师报》《中国青年报》《中国新闻周刊》《中国教

育报》《湖北日报》《中国社会科学报》《新京报》《南方周末》《南方都市报》《楚天都市报》，以及新浪网、腾讯网等诸多媒体相继进行了热点追踪与访谈报道。

首先，在教育法治现状方面。目前我国的教育法治体系逐渐形成以《教育法》为核心的教育法律法规框架，基本上结束教育工作无法可依的局面。但同时我们也应看到，到目前为止，我们的教育法律大厦还没有完全建立起来，按照党的十八届四中全会依法治国的总要求来看，教育法治建设面临着新的任务。就我国教育法治存在的主要问题，周洪宇教授指出，其突出问题主要在现行教育法律体系滞后于现实需要；教育违法不究现象比较普遍；教育行政执法不得力，监督不到位等诸多方面。[①] 尤其是教育法治意识不够强烈、教育法律体系不够完善、教育法治执法力度不强、教育法治监督缺位等方面[②]，教育法治建设仍面临着诸多挑战。面对法律缺位而导致的学校权责不清问题，周洪宇教授指出，我国有各级各类学校和教育机构200多万所，但至今没有一部《学校法》对学校的权利和义务进行规范，这是教育法律体系的重大缺陷。学校承担责任应该是依法、有序的，不应该是无序、无理的。我国当前缺失《学校法》等重要法律，学校与老师之间、学校与政府部门之间、学校与学生之间都存在法律上的模糊或空白地带。[③] 因此，由周洪宇教授牵头的长江教育研究院建议制定《学校法》[④]，解决学校办学与发展的权利和义务问题，明确界定学校与政府、学校与社区、学校与校长、学校与教师、学校与学生等方面的多种教育法律关系、权责边界，为现代学校制度建立提供根本保障。

其次，在教育法律修订方面。周洪宇教授指出，我国教育法律体系尚不完整，法域不宽广，横向结构内容不丰富，一些在教育实践中急需的重要教育法律法规尚未出台。比如，至今尚缺少《学校法》《教育考试法》《学前教育法》《终身学习法》(或《终身教育法》)、《教育投入保障法》等重要教育法律。同时，依然存在着制定不及时、修订不及时、实施法律的法规制定严重滞后等问题。[⑤] 因此，为进一步促进教育发展，尤其是在民办教育方面，周洪宇教授指出，影响民办教育发展的法律，不仅有教育法律范畴的《民办教育促进法》(2002年)，而且有处于其上位的《教育

---

①柯进：《周洪宇代表：教育行政执法为何“硬”不起来》，载《中国教育报》2015年3月10日。

②周洪宇：《教育发展与改革亟须加强法治建设》，腾讯网，http：//gd. qq. com/a/20150713/022304. htm.

③邓晖：《法律缺位导致学校权责不清——访湖北省人大常委会副主任周洪宇代表》，载《光明日报》2015年3月16日。

④郭婷婷：《人大代表周洪宇呼吁制定〈学校法〉》，人民网—湖北频道，http：//hb. people. com. cn/n/2015/0305/c337099－24073666. html.

⑤柯进：《周洪宇代表：教育行政执法为何“硬”不起来》，载《中国教育报》2015年3月10日。

法》(1995 年)，还有与之平行的《高等教育法》(1998 年)、《职业教育法》(1996 年)、《教师法》(1993 年)、《学位条例》(1980 年) 等。此外，还有教育法律范畴之外，由全国人大通过、与之平行且关系密切的《民法通则》(1986 年)，以及由国务院通过并颁布的《事业单位登记管理暂行条例》(2004 年) 等。换句话说，与民办教育发展有关的，不是一部单一的《民办教育促进法》，而是一个相当庞大的相关法律集群。因此，促进民办教育发展，不能孤立思维，单兵独进，而应运用系统思维，对之作通盘考虑，分清轻重缓急，逐步全面完善相关法律。[①] 因此，《民办教育促进法》的修改应从以上四个层面着手。

最后，在教育立法方面。周洪宇教授指出，法治建设可为教育公平"打基础管长远"[②]，他认为法治保障是最重要、最基础、最牢靠、最具长远性的，是根本性所在，不仅可以提高各级领导干部对教育法治的认识，同时可以为促进教育公平建立法律基石。因此，为保障教育公平，加强教育法治建设，促进教育发展与创新，应注重加强教育立法工作。周洪宇教授指出，教育立法是依法治教、依法治校的基本前提，没有教育立法，教育治理现代化和教育治理能力的提高就是一句空话。关于教育立法工作实际上存在三个方面的问题，一是立法体制，二是立法机制，三是立法方式。目前立法体制不完善，立法机制不健全，立法方式不灵活。这个问题不仅是教育的立法问题，也有其他的体制机制问题，比如政治体制、经济体制、文化体制，方方面面都有关系。在如何加强、完善教育立法工作方面，周洪宇教授从三个维度进行了详细论述。现分述如下[③]：第一，创新教育立法体制，避免部门利益化。根据《立法法》的规定，全国人大常委会和专门委员会或全国人大常委十人以上联名，可提出立法议案，但这过去并没有真正得到实施，仍主要由全国人大及其常委会委托国务院及其部委立法。今后为加快立法进度，全国人大常委会及其专委会应该更加主动地提出立法议案，把立法权更好地掌握在自己手中。如此，有助于避免部门立法利益化，确保改革和发展不走样。同时，地方省一级人大及其常委会，及其相关专门委员会，也可依据《立法法》新精神，加大主导制定地方立法（包括教育立法）的力度，积极制定符合地方实际需要的教育法律，推进教育治理现代化，而且，新《立法法》也授予地方设区的较大的市，具有部分立法权，以弥补中央和

①周洪宇：《哪些影响教育发展的法律需要修改》，搜狐教育，http://learning.sohu.com/20150211/n408908028.shtml.

②周洪宇：《法治建设可为教育公平"打基础管长远"》，人民网—教育频道，http://edu.people.com.cn/n/2015/0430/c1006-26933636.html.

③周洪宇：《教育立法仍有三关要"闯"》，载《光明日报》2016 年 1 月 5 日。

省一级教育立法的不足。第二，健全教育立法机制，减少中间“肠梗阻”。由全国人大及其常委会牵头主导立法，避免在中间环节产生“肠梗阻”。对于部门已提交的法律，由全国人大及其常委会，以及相关专门委员会出面督促协调有关工作，加快立法进度，服务教育改革，这是如何解决立法机制问题。第三，创新教育立法方式，加快立法进度。为改变教育立法严重滞后的局面，加快立法进度，教育部有关司局从有关立法部门对过时法律法规采取打包处理，从实行“废”“立”“改”的做法中受到启发，对已经列入“六修”中的《教育法》《高等教育法》《民办教育促进法》《教师法》等几部法律，创造了一种“一揽子修法”的方式，即不对一些法律作整体修改，而只对这些法律中的某些关键性条例进行修改，为国务院法制办所接受，明显推进了修法进度。但很遗憾，原定的“十二五”立法规划，即使这样也仍然完不成。为此，需要继续创新立法方式，加快教育立法进度。

第三节　加强教育法治，全面推进依法治教，保障教育改革与发展的探索实践

法治社会建设的基础在教育，教育在法律规范的作用下进行，法律规范在教育实践中发挥着越来越重要的作用。教育法治化即是通过对教育关系、教育行为和教育发展的协调、规范和引导，以保障教育秩序、达成教育目的的一个实践过程。

一、理论探索：名家论坛，共谋教育法治建设

为加强教育法治，推进依法治教的理论探索，《中国教育黄皮书》（2015 年）发布时，在“名家论坛”[①] 栏目中，邀集诸多学者研讨教育法治。顾明远先生提出，要通过依法治教来消除教育治理的不均衡，其指出应该有《教育投入法》来平衡各地区的教育投入。同时，我国的教育法一般都比较抽象，不够具体。现在，学校承担的责任太大，应该制定《学校法》，规定学校到底要承担什么责任。周洪宇教授认为法治是促进教育公平的最根本保障，并从为什么说法治是促进教育公平的最根本保障、当下教育公平的现状暴露出教育法治的哪些缺失、法治建设可为促进教育公平做些什么三个维度具体阐述了教育法治对教育公平的重要意义。孙霄兵司长在《新常态下依法治教的思考》一文中，梳理了我国依法治教的发展成就，分析了其现

①周洪宇主编：《中国教育黄皮书》（2016 年），湖北教育出版社 2016 年版，第 47 页。

状与作用，提出了“运用法治思维和法治方式深化改革、化解矛盾、推动发展、维护稳定”“加强重点领域立法，完善教育法律”“全面推进教育行政执法，构建高效的教育法治实施体制”“全面推进依法治校，提高学校治理法治化水平”“要大力加强法治教育，推动教育系统全面树立法治意识”“加强教育法治机构和队伍建设，完善依法治教保障体系”的建设路径，并提出了全面推进依法治教的具体举措。王定华司长以现代法治精神为切入点阐述了义务教育的治理问题，从全面依法治国、彰显宪法价值、体现人文品质、具有中国特色、做到与时俱进等方面论述了现代法律精神的内涵，并就如何以现代法律精神统领义务教育治理进行了详细论证。袁振国教授从教育决策层面指出教育决策的科学化与民主化是依法治教的关键所在，进一步提高我国教育决策科学化和民主化水平，对加强依法治教、提高教育治理体系和治理能力的现代化，具有重要的现实意义。秦惠民教授提倡以法治思维、法治方式推进教育创新与发展，其指出建设中国特色社会主义法治体系，必须坚持立法先行，发挥立法的引领和推动作用。

在理论探索的微观层面，劳凯生教授在《试论中小学校与未成年学生法律关系》一文中，通过对有关中小学校与未成年学生关系的不同观点的梳理与论述，指出中小学校与未成年学生构成有特殊的教育法律关系，即学校与未成年学生之间所构成的是一种在教育与被教育、管理与被管理的过程中产生的权利与义务关系，可称为教育法律关系。把这一关系单独列为一类法律关系，有助于准确地理解和把握学校与学生关系的公法性质；有助于协调这对关系，保证学校教育教学活动的正常进行和学生身心的健康发展。庞丽娟教授通过对世界主要国家和地区政府主导推进学前教育公平的政策梳理，介绍、吸收国外先进经验与做法，畅谈了对我国学前教育公平发展的启示与可资借鉴之处。周洪宇教授从严格核准学校章程、真正实现学校按章程依法自主办学、完善中国特色现代学校管理制度等角度阐述了依法治教的路径选择。

二、改革实践：依法治校，加强学校章程建设

在依法治校的改革实践方面，长江教育研究院注重引入国内的先进经验，介绍、吸收其先进做法，以资实践借鉴。为此，长江教育研究院邀集中国民航大学、北京林业大学的专家学者，介绍上海市虹口区的教育经验，以其现实改革实践来促进教育法治建设。

在章程建设方面，中国民航大学和北京林业大学积累了诸多良好经验。中国民航大学于 2013 年初即启动了行业院校章程建设调研，在工作过程中认识到，章程的

制定需要考虑以下三个方面问题：一是要结合大学章程建设，在体制机制上继续深化各项改革。大学章程建设的重要内容是依法治校，行业院校尤其要进一步理顺学校内部办学体制和机制，在办学定位、办学模式、人才培养目标、办学效益和学科专业等方面注重以市场和行业发展需求为依据，建立来自以社会和市场的评价为动力源的办学体制机制。二是充分发挥理事会功能，推动行业部门积极参与。行业院校与行业始终保持着紧密联系，行业企业是行业院校的重要利益相关者，大学要为行业提供专门人才，同时行业主管部门和用人单位也为学校的实践教学、实习实训基地建设提供必要的资金和设备支持，这一互动关系决定了学校在制定大学章程过程中需要行业单位多方面积极参与和充分协商，让大学章程体现多元利益主体的诉求。三是发挥自身优势，完善治理结构，推进特色办学。完善行业院校治理结构不能脱离学校实际，在章程制定中既要定位明确，也要内涵拓展。行业的特色既是学校的特点也是亮点，与行业产业的深度融合是一所行业院校持久、稳定的核心竞争力。北京林业大学，则以章程建设为契机，进一步提高依法治校重要性的认识。在章程制定伊始，北京林业大学认真学习了《高等学校章程制定暂行办法》和有关教育法规；在制定大学章程的过程中，学校领导、干部、教师对章程制定和依法治校等有关问题多次研讨。通过章程制定使全校师生员工对依法治校的认识不断提高，从认识上明确了大学章程作为学校宪章和依法治校基本依据的重要意义，增强学校的法治观念和依法管理的意识。同时，以章程建设为契机，完善依法治校的制度建设。章程是学校的“基本法”，明确了学校内部的治理体系，明确了党委、行政与学术的权力界限，明确了学校决策和民主管理与监督的机制等基本事项。但是要使章程真正发挥作用，应以章程为校内最高规范与基本依据，围绕章程制定一系列相互衔接和配套的规章制度，具体细化章程的操作层面，形成完备的制度体系。学校在章程制定过程中，特别强调章程制定不是单纯地编制一个章程，章程不能孤立存在，而是以章程制定为核心，牵引带动现代大学制度体系的建设。此外，以章程建设为契机，切实把依法治校落到实处。真正把依法治校落到实处，需要切实抓好章程实施。章程实施，关键在提高执行力，要靠有效的监督检查。按照章程规定依法办学的监督机制，确保学校章程得以有效贯彻实施。同时要结合深化学校综合改革进一步健全章程实施的保障与监督机制。应发挥多元主体的监督作用，来推进章程的实施。

上海市虹口区注重将依法治校与现代学校制度建设相结合，其在推进依法治校、建设现代学校制度方面工作呈现出四个鲜明的特点：一是坚持科学精神，遵循教育规律。研究先行，为建设现代学校制度提供理论和政策支撑，充分体现了理论与实践相结合的科学精神。二是注重系统设计、整体推进。虹口区以章程建设为突破口，自2000年开始，创造性地提出并有步骤地推进一校一章程、一校一制度体系、一校一规划、一校一评价、一校一特色，产生了较大的社会影响。三是紧紧围绕人才培养中心，强调制度实效性。制度的功能在于服务中心任务，制度的生命力在于实施。虹口区教育主管部门和学校没有让章程、制度体系和规划“沉睡”，而是提出一校一评价，进而推进一校一特色的学校发展战略，使章程、制度体系和规划“活起来”。四是坚持政府宏观指导和学校自主实践相结合。上海市教委将依法治校、建设现代学校制度作为综合改革方案的一个重要内容，加强创造性地方立法，为依法治校提供重要法治依据。虹口区教育主管部门和督导机构一直积极参与，引导学校建设、完善富有特色的制度体系，是各学校“五个一”发挥作用的一个重要条件。以此为突破点，为加强教育法治建设，全面推进依法治校等方面积累了诸多有益经验。其经验主要有：一是在落实学校依法自主办学地位和扩大办学权利方面做出更大胆探索。二是在建立健全章程实施机制方面作出有力探索。促进政府及有关部门尊重章程，依照章程管理学校。学校建立章程监督机制，保证章程真正发挥作用。三是在加强青少年学生法治教育方面迈出大步。把四中全会关于“要把法治教育纳入国民教育体系，从青少年抓起，在中小学设立法治知识课程”的规定落到实处。四是在健全教师依法执教体制机制上进行探索。五是在完善学校法治标准研究和实施方面有新突破。袁贵仁部长要求，今年，教育部将出台依法治校评价体系和考核办法，把依法治校能力和水平作为评价学校的重要内容，开展依法治校示范校创建活动。如何建立与国际教育发达国家学校法治水平相一致的标准，需要我们提上日程，加以研究。

Chapter 11

第十一章

谋划未来：为完善“十三五”教育规划而献计出力

习近平总书记在《关于〈中共中央关于制定国民经济和社会发展第十三个五年规划的建议〉的说明》中指出：“‘十三五’规划作为我国经济发展进入新常态后的第一个五年规划，必须适应新常态、把握新常态、引领新常态。”发展新理念、国际教育新态势、经济新常态、社会新转型、区域新布局、科技新变革、人口新战略、群众新期盼，都对“十三五”时期的教育改革发展提出新要求。

第一节　关于对国家教育事业发展“十三五”规划的建议提要

党的十八届五中全会，是在全面建成小康社会进入决胜阶段召开的一次重要会议。全会通过的《中共中央关于制定国民经济和社会发展第十三个五年规划的建议》，是实现“两个一百年”奋斗目标第一个百年目标、全面建成小康社会的纲领性文件，是今后五年我国经济社会发展的行动指南。为促进教育事业的繁荣发展与综合改革，完善“十三五”教育规划，长江教育研究院适时提交《关于对国家教育事业发展“十三五”规划的建议》，现简要列举如下。

一、逐步实行高中阶段教育免费，适时延长义务教育年限

“十三五”期间，按照分地区按比例、分步骤按类型，首先在集中连片贫困地区实施免费高中阶段教育，其次在农村地区实施免费高中阶段教育，再次在城市分级启动高中阶段免费教育，同时，加快修订《义务教育法》，适时延长义务教育年限。具体而言：一是建议“十三五”期间，采取分地区按比例承担、分步骤按类型实施的方式，到2020年实现高中阶段免费教育。二是建议启动对延长义务教育年限的研究。建议将延长义务教育年限作为国家社科基金重大研究课题立项，统筹国内各类教育研究机构与资源，重点对义务教育年限向上（高中阶段）延伸和向下（学前教育）延伸、义务教育年限延长到10年还是12年等重大问题进行系统研究，提出延长义务教育年限的可行性报告；建议适时修订《义务教育法》，自2006年《义务教育法》修订颁布已经过去了十年，在科学论证和取得广泛社会共识的基础上，建议再次修订《义务教育法》，将延长义务教育年限纳入法治轨道，以法律保障义务教育的实现。

二、实行义务教育学生“免费午餐计划”，全面提高学生身体素质

实行义务教育“免费午餐计划”是落实“共享”发展理念的必然要求，对促进

义务教育优质均衡发展具有重要作用，是教育发展的现实需要。建议“十三五”期间，将目前实施的“营养改善计划”提升为“免费午餐计划”，根据区域特点，制定适合不同区域口味但大体统一、营养丰富的标准午餐，同时，加快“免费午餐计划”的立法和相关制度建设，加强对“免费午餐计划”实施情况的有效监督和管理。

三、实施“0—6 岁启明星免费阅读行动”，为促进人的全面发展、终身发展奠基

推进分级阅读，提高儿童阅读能力是世界发展趋势，目前我国儿童阅读问题不少，农村儿童阅读尤其令人担忧，迫切需要提高儿童阅读能力。建议向全国 0—6 岁城乡儿童分步免费提供阅读包，采用不同方式发放阅读包，同时，行动实施后，要做好年度总结与绩效评估。健全实施“启明星免费阅读行动”的配套措施，由政府主导研制分级阅读标准，搭建网络平台，组建网络阅读指导教师队伍，使城乡孩子跨越时空限制，线上线下手牵手一起阅读。建议在此行动取得成效后可推进“K12 启明星阅读行动”。

四、推进教育精准扶贫，打好政策“组合拳”，为实现全面脱贫目标奠定基础

习近平总书记在河北考察扶贫开发工作时提出“治贫先治愚”，实现贫困地区脱贫，要从基础教育，特别是义务教育抓起。教育扶贫是消除贫困的长久之计，是基本实现教育现代化的最大短板，也是西方发达国家的共同选择，建议实施中西部集中连片贫困地区义务教育县域基本均衡攻坚计划，加强农村义务教育学校标准化建设，出台关于农村教师招聘、培训、管理、使用、待遇等一揽子支持政策措施，加快教育信息化进程，实现贫困生资助全覆盖。具体建议主要包括：①启动实施中西部集中连片贫困地区义务教育均衡发展攻坚计划；②加强中西部集中连片贫困地区农村教师队伍建设；③进一步加强教育信息化建设，推进优质教育资源共享，不断提高中西部集中连片贫困地区教育教学质量和水平；④提高学生资助水平，保障学生和家庭不因受教育而致贫。

五、优化高等教育结构，实施分类发展，引导高校在不同层次、不同领域办出特色，争创一流，使若干高校和一批学科达到或接近世界一流水平

研究制定高等学校分类标准。推动研究型大学以中国特色、世界一流为核心，

若干所大学和一批学科进入世界一流行列，若干学科进入世界一流学科前列；推动部分地方本科高校转型发展，建设高水平应用型本科；推动职业院校内涵式发展，建设世界一流水平高职院校。对每所高校确定服务方向、确定办学规模，实行高校职能、财力资源、学科专业、人力资源、招生和高校评估等方面的分类管理。深化教育教学改革，加强创新创业教育，推进协同育人，推进高等学校与中学教育衔接，培养拔尖创新人才。

六、深入推进政府职能转变，全面依法治教，加快推进教育治理体系和治理能力现代化

深入推进政府职能转变，全面依法治教、实施“管办评”分离是教育治理现代化的核心内容，体现了国家治理理念的创新，体现了对市场在资源配置中决定性作用的重视。建议进一步转变政府管理职能、加大省级政府教育统筹权、创新教育立法体制机制、加强教育行政执法、推进依法治校、落实学校办学自主权、强化教育督导、积极培育第三方社会专业组织开展教育评价，不断推进教育治理体系和治理能力现代化。

七、适应国家区域发展新战略，促进区域教育合作，建立长江经济带国家教育综合改革试验区和京津冀教育一体化改革试验区，实施“一带一路”国家来华留学生规模倍增计划

深化区域教育合作是国际社会提升教育发展水平的重要举措，是促进教育协调发展的战略举措，也是区域经济社会发展战略的必然选择，建议“十三五”期间，建立长江经济带教育综合改革试验区和京津冀教育一体化改革试验区，成立跨区域教育委员会，统筹区域教育综合改革工作，深化区域合作，建立优质教育资源共享机制。同时，建议扩大“一带一路”国家来华留学生规模，实施“一带一路”国家来华留学生规模倍增计划；以“一带一路”沿线国家为重点，大力实施高等教育“走出去”战略。

八、逐步建立起由总量保障到标准保障的教育投入稳定增长体制，为建设人力资源强国提供物质基础

教育标准保障是发达国家教育投入保障的重要趋势，是党的十八届三中全会改革的要求，也是我国教育进入以提高质量为主题的新阶段的现实需要，建议“十三五”期间，建立各级各类教育基于质量标准的教育财政拨款标准，并随着财政实力

的增长，不断提高；强化政府责任，落实“三个增长”，明确规定教育财政支出应不低于地方财政支出的15%，并将其纳入教育法；制定民办教育分类标准，推动民办教育分类发展；完善投入监督机制，提高教育投入绩效和使用效率。

九、大力推进智慧教育，全面提升教育信息化应用水平

当前，智慧教育成为各国教育竞争的重要领域，成为各省建设教育强省的重要抓手，成为助力基本实现教育现代化的重要引擎。具体建议主要有：①进一步加强智慧教育基础设施建设，主要包括加快制定基础设施建设标准、优化校园基础设施建设环境、探索建立基础设施社会化支撑服务体系等。②加强智慧教育优质数字教育资源建设，主要包括建设基础教育公益性数字教育资源、建设特色明显的职业教育资源库、促进优质高教资源共建共享等。③全面提升智慧教育应用能力，主要做法包括：一是切实以“一师一优课、一课一名师”活动为抓手，充分利用数字教育资源开展教学，并在教学过程中发现、汇聚、形成优质数字教育资源；二是针对教师能力水平差异和个性化需求，设置分层级的立体式培训体系；三是组织教科研队伍、专家、名师等将信息化环境下的教学、教研、管理活动创新作为课改的重要内容，开展信息化教学新模式、新方法的研究与应用等。④加强在线开放课程建设，具体举措主要是建设一批国家认定的高校在线开放课程公共服务平台、加强在线教育平台国际交流、推进在线开放课程学分认定和学分管理制度创新等。

十、加大全社会教育资源统筹力度，加快推进学习型社会建设

建设学习型社会已成为全球共识，是实现中国梦的重要保证，是实现《规划纲要》目标的迫切需要，建议“十三五”期间，加大全社会学习资源的统筹力度，出台学习型社会建设的顶层设计，加强学习型社会组织管理机构建设，加强学习资源和学习平台建设，建立一支专兼结合的学习型社会专门队伍，发挥各级电大（开放大学）在建设学习型社会中的重要作用，建立健全城乡社区教育网络。

第二节　对国家教育事业发展“十三五”规划的重要贡献

“十二五”期间，《规划纲要》确定的阶段性目标任务总体实现，国家教育事业发展“十二五”规划目标基本实现，我国教育事业迈上新的台阶，为“十三五”教育事业发展奠定坚实基础。我国教育事业实现跨越式发展，总体发展水平进入世界中上行列，但依然存在着诸多问题，成为限制教育发展的瓶颈。为进一步促进教育的全面发展，完善“十三五”教育规划，长江教育研究院通过多种形式的研究与实践，对教育事业发展作出了重要贡献。长江教育研究院研究与实践的成果围绕“以五大发展理念为指南，以创新为动力，加快教育现代化步伐”集中在2016年召开的“北京·长江教育论坛”上发布。

2016年3月3日，长江教育研究院举办的2016年“北京·长江教育论坛”在北京举行，著名教育家、中国教育学会原会长顾明远先生，全国人大代表、湖北省人大常委会副主任、长江教育研究院院长、华中师范大学教育学院博士生导师周洪宇教授，全国政协委员、华中师范大学校党委书记马敏，中国教育学会原副会长谈松华先生，中国教育科学研究院副院长曾天山研究员，中国教育政策研究院院长庞丽娟教授，中国人民大学教育学院博士生导师程方平教授，华中师范大学教育学院副院长、博士生导师申国昌教授，武汉纺织大学高教所张建林教授，湖北省教科院研究员刘国卫等专家和新闻媒体记者等60余人参加会议。

周洪宇教授向与会媒体发布了长江教育研究院系列研究成果，包括《2016年教育政策建议书》《中国教育黄皮书》（2016年）、“2016年度十大教育关键词”“中国教育指数2015”、《长江教育论丛》《陶行知大传》等研究成果，引起媒体和社会各界的广泛关注与热议。

周洪宇教授对国家教育事业发展“十三五”规划提出了十条建议：逐步实行高中阶段教育免费，适时延长义务教育年限；实行义务教育学生“免费午餐计划”，全面提高学生身体素质；实施“0—6岁启明星免费阅读行动”，为促进人的全面发展、终身发展奠基；推进教育精准扶贫，打好政策“组合拳”，为实现全面脱贫目标奠定基础；优化高等教育结构，实施分类发展，引导高校在不同层次、不同领域办出特色，争创一流，使若干高校和一批学科达到或接近世界一流水平；深入推进政府职能转变，全面依法治教，加快推进教育治理体系和治理能力现代化；适应国家区域发展新战略，促进区域教育合作，建立长江经济带国家教育综合改革试验区和京津冀教育一体化改革试验区，实施“一带一路”国家来华留学生规模倍增计划；逐步建立起由总量保障到标准保障的教育投入稳定增长体制，为建设人力资源强国提供物质基础；大力推进智慧教育，全面提升教育信息化应用水平；加大全社会教育资源统筹力度，加快推进学习型社会建设。

周洪宇教授领衔的长江教育研究院团队还首次发布“中国教育指数”。数据显示，湖北教育创业度指数位居全国第二，仅次于北京。“中国教育指数2015”采用涵盖了全国各地区教育发展的规模、投入、质量、公平、贡献、创新、创业等各项重要指标，力求客观反映我国教育发展和创新的实情，为贯彻落实国家重大教育政策方针，综合认识、评价、监测、协调教育发展，提供了阶段性的归纳、反馈与反思。数据显示，湖北各项教育指数均居全国前列，综合指数位居全国第六。

此外，周洪宇还提出了2016年十大教育关键词，即：教育发展新常态、教育的供给侧改革、创新教育、协调教育、绿色教育、共享教育、开放教育、教育质量、互联网+教育、教育法治。

第三节　对国家教育事业发展“十三五”规划的社会反响

长江教育研究院《关于对国家教育事业发展“十三五”规划的建议》一经发布，引起党和国家相关部门领导的密切关注，并得到社会媒体的强烈反响，社会各界高度聚焦与评价，收到了良好的社会实效。

一、高端评价，普认“十三五”研究工作

2016年“两会”期间，在北京参加“两会”的湖北省人大常委会副主任、长江教育研究院院长周洪宇在人民大会堂听取“两高”报告散会后，邂逅教育部部长袁贵仁，两人进行了亲切交谈。

袁贵仁说，3月2日长江出版传媒集团、长江教育研究院给他送去的《长江教育研究院2016年度教育政策建议书——对国家教育事业发展“十三五”规划的建议》《2016年十大教育关键词》《中国教育指数2015》《中国教育黄皮书》（2016年）、《长江教育论丛》（2015年第二辑、2016年第一辑）等都收到了，感谢长江出版传媒集团和长江教育研究院对国家教育、出版事业发展尤其是对教育部工作长期的关心和支持。袁贵仁对长江教育研究院今年在教育政策建议书中提出的“十三五”期间逐步实行高中教育免费、义务教育学生“免费午餐计划”“0—6岁启明星免费阅读行动”等十点建议予以充分肯定，认为其中不少建议（包括“新三免”）都有重大意义，而且是可行、可操作、可逐步实现的。

袁贵仁还表示，他在媒体上也注意到了长江教育研究院在“两会”期间对“新三免”和教育规划有关重大事项的各种呼吁，认为长研院的教育政策建议，特别是准确地将免费教育与义务教育区分开来，虽力推“新三免”的免费教育，但在义务教育学制延长问题上却主张不急于向上或向下延长三年，而建议尽快启动研究，在充分研究的基础上再提出适度延长建议的做法是理性的、稳妥的，认为周洪宇院长主张在未来可预见的时间内延长一年、达到义务教育学制国际平均年限9.24年以上、实行十年义务教育学制的观点，比较现实与可行。而有些专家提出的延长三年、四年、六年，实行十二年、十三年甚至十五年义务教育学制的主张，与目前的世情和国情都不太符合，混淆了免费教育与义务教育的区别，把两者完全当成一回事了。目前可以根据国家和地方财力允许的情况逐步推进免费教育，十年、十二年、十三年、十五年都行，一些有条件的地方也做了很好的探索，值得鼓励。但不宜简单地提出将义务教育学制往十二年、十三年甚至十五年延长。中国太大，各地发展严重不平衡，当务之急是巩固义务教育的成果，提高义务教育的质量，而不是盲目地延长学制。

袁贵仁说，他在回答记者问时对此已做了明确说明，目前在未充分研究前仍以维持九年义务教育学制比较稳妥。他还特别表示，多年来长江教育研究院与人民教育出版社合作于“两会”召开之前在京举办权威性的教育论坛，发布教育政策建议书等报告，与专家学者特别是“两会”代表委员、部委同志加强探讨和沟通交流是

一种很好的方式，这种工作方式既可及时提出教育政策建议供国家决策参考，又有利于代表委员更好履职发挥作用，有助于发挥各方面积极性和创造性，共同推动教育改革发展和社会进步。

袁贵仁指出，目前国家鼓励和支持社会中介组织与第三方开展研究与评价，以促进国家教育治理体系和教育治理能力现代化，长江教育研究院是一个有原则、有成绩、有影响的民间教育智库，要多与其他教育智库加强合作交流，其研究也还可进一步深化拓展，期待其在未来发挥更大的作用。周洪宇感谢袁贵仁对长江教育研究院及全体研究人员工作的肯定，表示一定及时转达他对长江出版传媒集团、长江教育研究院的肯定、鼓励和指示，“两会”结束回汉后将继续组织大家开展深入研究，有新的成果也一定继续向中央领导，特别是向他与部里报送。同时告之今年是长江教育研究院成立十周年，初步计划12月在京举办十周年院庆系列活动，包括举办教育论坛、举行“教育智库与教育治理研究丛书”首发式等，诚邀他本人或委派他人莅临指导。袁贵仁愉快地接受了邀请。

此外，中国教育报刊出版集团总编辑翟博先生历年来一直积极关注、参与长江教育研究院的各项工作，并给予高度评价。从翟博先生与周洪宇教授的交谈中可窥其一斑：“周主任您好！向您祝贺，向您致敬！这些年长江教育研究院，在教育决策和战略研究方面独树一帜，发挥了重要的智库作用，我每年都参加发布活动，也是见证者，袁部长的赞扬和肯定也令我们很受鼓舞！我们会一如既往地支持长江教育研究院事业，也请您多支持中国教育报刊社工作。另外，前几天给您打电话没有接通，您发我谈五大发展理念的大作收到后我及时交编辑编发，因前段时间《中国教育报》刚发过田慧生谈五大发展理念的文章，同时内容也正好和《中国教育报》前几天发表您教育十个关键词的内容有交叉，暂时没有发，我推荐社内其他媒体发，特别报告，感谢支持！欢迎您有大作及时发过来。”历年来，长江教育研究院所开展的各项工作得到了党和国家的认可，得到社会各界的普遍认同，正是这些高度评价与普遍认可，鼓励、鞭策着长江教育研究院延续不断地为中国教育事业发展而努力、奋进。铁肩担道义、群策助教育，致力于中国教育事业的改革发展。

二、社会聚视，热议“十三五”教育规划

2016年，全国“两会”召开以来，全国人大代表、湖北省人大常委会副主任、长江教育研究院院长、华中师范大学教育学院教授周洪宇的建议和提案受到全国媒体的关注，央视、《人民日报》《光明日报》《中国教育报》《中国青年报》、中央人民广播电台、新华社等多家中央媒体聚焦报道，还有湖北卫视、《湖北日报》等湖北媒

体进行重点报道。

在关注教育质量与教育公平方面，3 月 5 日晚周洪宇教授在做客“人民网强国论坛”时，以“2016 年《政府工作报告》教育热点问题解读”为主题，与网友进行在线交流。① 他表示，今年的政府工作报告在教育方面，亮点纷呈、特点鲜明。未来“十三五”期间教育方面最主要的四大目标任务可以概括为义教标准化、高中普及化、名校一流化、劳龄提高化。周洪宇教授在解读 2016 年《政府工作报告》时指出，李克强总理用“发展更高质量、更加公平的教育”这一句话作为一个主题，就带出了今年的十一个方面的工作。包括公共教育投入要加大向中西部和边远贫困地区的倾斜力度，统一城乡义务教育经费保障机制，改善薄弱学校和寄宿制学校办学条件，鼓励普惠性幼儿园发展，办好特殊教育，大力发展现代职业教育，分类推进中等职业教育免除学杂费，对贫困家庭学生率先免除普通高中学杂费，落实提高乡村教师待遇政策，加快推进远程教育，扩大优质教育资源覆盖面，提升高校教学水平和创新能力，推动具备条件的普通本科高校向应用型转变，继续扩大重点高校面向贫困地区、农村招生规模，落实和完善农民工随迁子女在当地就学和升学考试政策，支持和规范民办教育发展。周洪宇教授表示，这十一个方面的工作，在发展更高质量更加公平的主题下，都做了比较具体的部署，今后，我们首先把今年的工作做好，按照“十三五”规划的总的安排，把年度的工作和五年的工作结合起来，这样我们的教育工作就会取得新的成绩。

此外，周洪宇教授历年来一直关注教育公平，2016 年“两会”期间，他将农村教育作为关注的重点所在。

首先，在儿童阅读上，周洪宇建议国家层面尽快启动实施一项“0—6 岁启明星免费阅读行动”②。周洪宇教授指出：“我国农村儿童的阅读状况令人担忧——农村儿童阅读量仅为城市儿童的 1/7。由于中国城乡差距，30％的城市孩子拥有 88％的儿童图书，农村地区儿童实际上是无书可读；同时，因农村家庭阅读氛围较差、农

①周洪宇：《2016 年发展更高质量更加公平的教育》，人民网，http：//m. npc. gov. cn/npc/xinwen/2016-03/06/content _ 1970571. htm.

②柯进、刘博智：《农村儿童阅读量仅为城市儿童的 1/7，代表委员建议启动 0—6 岁儿童免费阅读计划——农村娃的世界少了“一本书”》，载《中国教育报》2016 年 3 月 4 日。

村幼儿园无力指导阅读以及90%的乡镇儿童居住地附近图书馆数量少，导致农村儿童缺乏系统的阅读支持。”“加上近年来我国图书价格涨幅较大，家庭贫困的农村家庭往往只能‘望书兴叹’，根本买不起儿童图书。”为此，由周洪宇教授牵头的长江教育研究院，建议实施“0—6岁启明星免费阅读行动”。根据长江教育研究院设想的路线图，“启明星阅读行动”瞄准向全国0—6岁城乡儿童免费提供“阅读包”和“阅读百宝箱”，并健全实施“启明星免费阅读行动”的配套措施，由政府主导研制分级阅读标准，搭建网络平台，组建网络阅读指导教师队伍，使城乡孩子跨越时空限制，线上、线下手牵手一起阅读。周洪宇教授指出：“实施免费阅读行动将有利于推动国家全民阅读活动，着力保障农村留守儿童的基本阅读需求，也是通过教育出版实施精准扶贫的一种有效方式。”对此，国家可以借鉴以往经验，实行“分类承担”，即东部发达地区由自己全额解决，中部一般发达地区由中央与地方各自承担50%，西部欠发达地区中央承担70%，地方承担30%，分解之后财政压力更小。与此同时，政府还可以统筹制定利益激励机制，发挥企业和民间机构的力量，各方助力，共同投资促成。

其次，关注农村教育。2016年“两会”期间，人民网教育频道推出“两会@你”栏目，邀请代表委员和专家学者通过微信探讨“两会”热点话题。开栏第一期，由周洪宇代表和全国政协委员、华中师范大学党委书记马敏及三位地方教育官员、学者共同探讨“城乡一体化背景下的农村教育”[①]。在此，周洪宇教授指出，要避免城市学校成为农村生源的切割机。他指出：第一，要确保农村教育不能成为城市教育的附庸和补充，农村教育和城市教育是我国基础教育的双翼。现在很多城市名校争相拿出优厚的教师待遇和良好的办学条件，吸走农村地区不少优秀老师和学生。我们要出台政策，防治防止城市名校掠夺农村学校的生源，尤其是优质生源，避免城市学校成为农村生源尤其是优质生源的切割机。第二，农村教育的目标定位应“基于农”。农村教育要根据农村的实际情况以及农村学生的实际生活进行教育教学。第三，农村教育的目标定位应“为了农”。在日常的教学中把农村的资源纳入到校本课程开发的资源体系中，加强农村学校和所在农村社区的关联，使学生的学习成果能更好地与农村社区的发展需求相统一。但周洪宇代表同时也表示，农村教育的目标定位也要“放眼世界”。农村教育虽然是在农村办理，也关注农村的发展，并不意味着培养的学生要在农村里待一辈子，而是通过农村的教育使教育者获得身心全面

①申宁：《周洪宇：避免城市学校成为农村生源的切割机》，21世纪教育网，http：//edu. 21cn. com/news/terminal/9/16886. html.

的发展，进而有机会去世界任何地方工作，当然也包括留在农村。同时，周洪宇教授指出[①]，在一些农村地区，很多家长为了使子女接受到更为优质的教育，不惜花

费高昂的择校费把子女送到县城学校或者城市学校，有的家长甚至到县城租房陪读。高昂的学费，不但给农村家庭带来了严重的经济负担，而且这样的行为也给学生造成了较为严重的心理负担。对此的应对之策，周洪宇教授认为，推动农村教学点网络联校是解决农村教育均衡化发展难题的关键。随着技术进步，农村“班班通”网络发展，利用网络联校已经具备了条件。另外，周洪宇教授指出，我国农村教育尽管近年来进步明显，但总体定位仍不明确。农村教育不是城市教育的附庸。现在发展农村教育，对农村的特点重视不够，尤其是在一些课程开设方面还是比较强调国家的课程。在课程设置上面，应该考虑到不同的地区有不同的需要，比如湖北恩施地区，富硒都可以编到学校的校本课程里面。[②] 农村教育，既要考虑到教育的需要，也要考虑到农村的需要，尤其不能把农村教育办成城市精英教育的收割机，现在事实上，大量好的师资、生源都被城市的学校收过去了。

最后，关于教育扶贫方面。周洪宇教授指出，教育扶贫是消除贫困的长久之计，教育通过人力资本的形成而对经济增长产生连续的作用，正如其所说：“在边远贫困地区要实现教育平等，不能只停留在经济扶持帮助上，长久之计是提高人口的素质，让他们用知识和技能去创造财富、创造新生活。教育还可以切断贫困的恶性循环链，提高新生代农村人口融入城市的能力，减缓当地贫困形势和贫困代际传递问题。”[③] 教育和培训可以提高人口素质和技能，是增强贫困人口自身脱贫能力和提高扶贫资金使用效率的重要途径。

当然，2016 年“两会”期间，周洪宇教授最受社会关注的议案是继义务教育免费之后的“新三免”，即高中阶段教育免费、义务教育免费午餐计划、“0—6 岁启明星免费阅读行动”。“两会”期间，人民网等几个网站的议案、提案排行榜中，关于

---

①申宁：《周洪宇代表：农村教育不能被城市化浪潮淹没》，21 世纪教育网，http：//edu. 21cn. com/news/terminal/10/16890. html.

②孙红丽：《专访周洪宇代表：建议逐步实行高中阶段教育免费》，人民网，http：//lianghui. people. com. cn/2016npc/n1/2016/0304/c402194－28173103. html.

③黄蓉：《人大代表周洪宇建议推进教育精准扶贫》，凤凰网，http：//news. ifeng. com/a/20160311/47799823 _ 0. shtml.

义务教育免费午餐计划的提案排名非常靠前，投票近250万票，这说明它有深厚的民众基础，人民群众对此有强烈期盼。[1] 在“新三免”每年所需要的经费中，高中教育免费，涉及中等职业教育、普通高中两大群体。其中，中职每年招生600万人，三个年级一共1 800万；普高每年招生800万，三个年级一共2 400万。高中、中职三年加起来一共是4 200万：按照每个学生每年2 000块钱的标准计算，共计840亿。义务教育阶段免费午餐，在时间安排上，2016年率先在集中连片贫困地区和“营养改善”计划试点地区实施免费。按照每个学生每年在校200天，每天6块钱的标准计算，一年共计1 200块。集中连片贫困地区义务教育阶段的学生共2 132万人，共255.84亿。“0—6岁启明星免费阅读行动”，按照每年新增1 800万新生儿，需要阅读包1 800万个，每个阅读包按照550元的标准、由政府购买发放给家庭，一共需99亿。三者加起来，“新三免”一年所需要的总费用为1 100亿左右。对此巨大的教育经费，周洪宇教授建议应分类承担，分步实施的做法。[2] 他提到，除了现在推动的中职免费以外，我们现在最困难、最急需的地方，就是中西部集中连片地区的贫困家庭，从此处入手，再逐步推到整个农村，再到城市实现高中教育的免费，五年内逐步做到高中教育的免费，可以减缓财政的压力。另外，周洪宇代表提出“新三免加集中连片地区”的思路，就是“新三免＋1”。什么叫“新三免”呢？高中教育的免费教育，是其中一免；义务教育阶段的免费营养午餐，是第二免；学前教育的免费阅读计划，是第三免。这三方面工作他建议从最急需的地方做起，就是所谓的集中连片地区，然后采取分类承担、分步实施的方法去做。责任分担，循序渐进，不是一步到位，而是用5年的时间来实现。

①明海英：《建议推行教育“新三免”——访全国人大代表、湖北省人大常委会副主任周洪宇》，中国社会科学网，http：//www. cssn. cn/zx/bwyc/201603/t20160319 _ 2929239. shtml.

②庞聪：《周洪宇代表：教育的“新三免”应分步实施》，光明网，http：//topics. gmw. cn/2016—03/07/content _ 19203424. htm.

附　录

附录一　重要会议纪要、工作报告

一、会议纪要

（一）《长江教育研究院成立暨第一届“长江教育论坛”概况》

在湖北省教育厅支持下，由华中师范大学、湖北长江出版集团联合发起，湖北长江出版集团承办的长江教育研究院已于日前成立，同时开启“长江教育论坛”。

2006年12月16日，长江教育研究院揭牌仪式在湖北出版文化城召开，来自北京、湖北、湖南、河南等地的一批从事基础教育、职业教育、高等教育等方面研究的专家学者200余人参加了会议，共商中部教育发展大计。中国教育学会常务副会长谈松华、教育部基础教育课程教材发展中心、湖北省委宣传部、湖北省教育厅、华中师范大学、湖北长江出版集团领导出席了会议。

长江教育研究院是科研院校和大型企业集团联合创办的一所以研究中部教育问题为主要任务的科研机构。在中部崛起的背景下，探讨中部教育发展问题，为中部教育发展献计献策。这是全国首家由出版集团出资支持的教育研究机构。

会议分三个单元：湖北长江教育研究院成立开幕式、大会学术报告、“长江教育论坛”分论坛会议。

在长江教育研究院成立大会上，湖北省教育厅路钢厅长以《抓住新一轮教育发展机遇提升湖北教育与文化软实力》为题，做了精彩的演讲。

在“长江教育论坛”上，中国教育学会常务副会长谈松华先生，教育部基础教育课程教材发展中心常务副主任曹志祥先生，教育部职业技术教育中心研究所姜大源先生，湖北省教育厅副厅长、华中师范大学教授、湖北长江教育研究院院长周洪宇先生做了大会学术报告。

在下午召开的“长江教育论坛”分论坛上，专家们就中部基础教育、职业教育、教育政策、教师教育等方面进行了探讨。这是全国第一次举办的有关中部教育的论坛。

《中国图书商报》、《湖北日报》《长江商报》《长江日报》、湖北电视台、武汉电视台、湖北人民广播电台、新浪、网易等多家媒体对长江教育研究院的成立进行了报道，其中，《湖北日报》报道题目是《科教大省新添“智囊”——长江教育研究院在汉成立》，《长江商报》报道题目是《校企联手创建长江教育研究院》，《长江日报》报道题目是《长江教育研究院成立》，《中国图书商报》报道题目是《为教材出版装上“科研引擎”》。新浪、网易等网站及时转载了成立大会的消息。

（整理人：陈冬新）

（二）《长江教育研究院第一次院长办公会议纪要》

2007 年 2 月 11 日，长江教育研究院召开了第一次院长办公会，周洪宇、万智、刘青春、石挺、陈冬新等五人参加了会议。会议在周洪宇院长的主持下，围绕研究院管理模式、2007 年工作计划与课题规划等重要问题，进行讨论。

经过充分讨论和交流，会议就以上问题达成以下共识：

1. 关于研究院管理模式问题

（1）管理层分工：周洪宇院长从宏观上对研究院的研究方向进行把关，决定研究院重大事宜，负责协调研究院与教育厅的关系，负责将研究院的重大成果递交有关政府部门。万智执行院长负责研究院财务预决算以及研究院的经营活动。刘青春副院长负责教育厅教科研机构（包括相关学会）与研究院的协调组织工作；石挺副院长负责华中师范大学与研究院相关协调组织工作，负责联系教育部相关处室工作。陈冬新副院长负责研究院日常工作，负责具体科研规划和产品研发计划的制订及实施，负责联系学术委员会成员。

院长办公会是研究院决策机构。

（2）常设机构：设立研究院秘书处。设秘书长 1 名（由教材中心研发部经理兼）、副秘书长 1 名（拟外聘）、秘书 1 名（另配），开展研究院日常工作，由陈冬新副院长分管。教材出版中心各部门负责人也作为秘书处工作人员，在各自的工作职责范围内配合研究院工作。秘书处根据工作需要，经院长办公会同意，适当吸收相关单位人员参与。

秘书长负责事务性工作，包括研究院报告起草、会务安排，以及具体产品出版组织工作等。副秘书长负责课题材料汇集、组织评审、联系课题负责人、研究院品牌宣传等。秘书负责研究院材料整理存档、寄送、发会议通知、会议组织及出版流程管理、样书管理、与出版社编辑的联系等。

2. 运行机制

建立研究院科研课题管理制度，包括课题申报、年度课题计划的确定及经费管理、成果管理等制度。

建立办公例会制度，包括院长办公会议、年终全会、工作联席会议等。年度科研计划等重大事项由院长办公会讨论，院长决定。

定期举办“长江教育论坛”，目前暂定为一年一次。

除对课题进行日常管理外，研究院可结合当年工作计划，有针对性地组织论坛、研讨会、培训班等活动。以“长江教育论坛”名义召开各种论坛，必须经院长办公会审核同意后进行，任何单位或个人都没有权利单独使用论坛名义。

3. 2007年课题规划

会议通过了《长江教育研究院2007年课题规划指南》《长江教育研究院课题申报办法》等重要文件。会议决定，将长江教育研究院科研课题作为重大科研课题，纳入到湖北省教育科学规划课题管理体系。2007年课题相关材料已在长江出版集团网、湖北教育信息网和华中师范大学网等网站公布。

4. 2007年工作计划

讨论通过了关于中部教育品牌宣传、职业教育研讨会等工作计划。

（整理人：万　智）

（三）《长江教育研究院首届北京专家座谈会纪要——提议在京举办“长江教育论坛”》

2007年3月13日，正值“两会”期间，长江教育研究院在北京召开了研究院北京专家座谈会。参加座谈会的专家有：顾明远、曾天山、姜大源、张斌贤、刘恩山、王磊、朱汉华、陈中原等，中国教育报社理论版主编刘好光、人教社文化教育分社社长刘立德应邀与会。

座谈会由长江教育研究院副院长陈冬新主持。她介绍了长江教育研究院成立的背景及此次座谈会的议题：就长江教育研究院特色定位以及2007年课题规划征求北京专家意见。

长江教育研究院院长周洪宇教授就长江教育研究院的特色作了重点介绍，并真诚地请各位专家出谋划策。他认为长江教育研究院的特色体现在三个方面：

一是体现在机制上，是一种新的尝试，是搭建政府、学界、企业“三结合”的平台：政府指导为原则，学术研究为基础，企业提供经费支撑。在研究成果的基础上，推出相关的产品，通过市场进行产品运作，使研究成果直接转化为效益（包括社会效益和经济效益）。

二是体现在内容定位上，以研究院专家为主面向全国专家，研究中部教育特别是湖北教育理论、政策和实践中的问题。虽然是区域性的问题，但对于带有共性的问题，可以通过研究院进行深入的调研后提出对策，供决策参考，对其他地区也有借鉴作用。如 2007 年课题在基础教育方面就注意了这方面的问题。总之，研究院定位于中部教育问题研究，但面向全国的专家开放，希望在研究内容和成果方面能起到以点带面的作用。

三是体现在研究成果的实效性方面。研究院以直接面向实践设题为主，宏观研究集中在中部教育研究方面。课题成果主要体现形式：一是直接转化成教育产品，特别是教材（从基础教育、职业教育到高等教育）；二是政策咨询报告，为争取有利于教学的政策服务。

各位专家就研究院特色定位及研究院管理模式等问题积极发言。顾明远教授对研究院的机制和特色给予充分肯定，认为是一种积极的创新，有利于以科研带动高质量的成果出版。顾老建议研究院可以把重点放在对职业教育的研究上。姜大源研究员对职业教育研究的重要性和方向进行了阐述。曾天山副主任对研究院的管理提出了中肯的意见，并认为“长江教育论坛”是个好形式，可在每年“两会”期间在北京召开，有利于扩大研究院的影响。张斌贤教授建议研究院课题方向放在教育政策研究上，注重实效性，并表示愿意联合开展研究。

此次座谈会，专家们在以下方面达成共识：

一是认为研究院的机制是创新性的，但要明确目标并切实做好管理工作。

二是研究定位一定要注重实效性，要把重心放在对现实问题的解决上（如职业教育如何发展等），特别要注重对教育政策的研究。

三是研究院课题可以采取适当形式挂靠省级或全国规划办。

四是“长江教育论坛”可于“两会”期间在北京举办，同时可就每年研究课题成果颁发“长江教育奖”。

（整理人：陈冬新）

（四）《借〈规划纲要〉征求社会意见之机，长江教育研究院就建设“一流研究院”的长远目标问计专家座谈会》

2009 年 1 月 22 日上午，在长江出版集团崇文酒店 513 房，周洪宇院长召集长江教育研究院部分研究专家叶平、程斯辉、谭细龙、申国昌、高新华、方晓波等，针对《规划纲要》征求社会意见一事召开座谈会，并就《规划纲要》对作为第三方研究机构的长江教育研究院长远发展提供的战略机遇问计各位专家。中国教育报驻湖北站站长程墨也参加了座谈会。会议从上午 9 点持续到下午 2 点结束。

座谈会由长江教育研究院副院长陈冬新主持。

座谈会分两个阶段进行：长江教育研究院中长期发展问题讨论；专家对《规划纲要》的建议。各与会专家对两个议题进行了热烈讨论，坦诚地交流了各自的看法。

1. 关于长江教育研究院中长期发展问题

周洪宇院长首先回顾了研究院两年来的发展情况。长江教育研究院 2006 年底成立以来，历经两年的时间，工作有明显进展，出版了一些产品，特别是教材，也有一定的经济效益，但在教育研究特别是教育政策研究方面开展工作还不够，没有充分发挥研究院体制优势和专家资源优势以形成研究院研究品牌。借《规划纲要》征求社会意见之机，召开座谈会，既要对《规划纲要》发出研究院集体的声音，也要借此机会反省研究院工作，回归到当初的定位上去，使研究院工作有一个质的飞跃。

为此，周院长就长江教育研究院的长远发展提出了自己的设想。他认为，长江教育研究院现在面临前所未有的发展机遇。

中央对教育改革与发展问题高度重视，《规划纲要》正在广泛征求社会意见。温家宝总理出身教育世家，对教育有很多自己的思考，中国未来教育前景光明。《规划纲要》中也明确提出要重视第三方民间中介组织力量，这对作为第三方中介组织定位的长江教育研究院的工作带来了极好的时代机遇。与此同时，教育行政部门也表现得比过去较能听得进社会的声音，正日益走向开放，这为民间声音进入教育决策提供了新的空间。

改革开放 30 多年来，一方面教育领域取得了骄人的成就，另一方面多年积累的矛盾和问题已越来越多，深层次制约发展的体制性的问题逐渐显现，引起人们的普遍不满和抱怨，社会上要求教育改革的呼声越来越强烈，重大的突破性的改革势在必行。改革需要理论支撑，改革需要政策支持，改革需要舆论呼应，研究院适时出手，正可发挥“四两拨千斤”的积极作用。

进入新世纪以来，民间研究力量迅速兴起，影响越来越大：他们推出了有影响的系列出版物，如教育绿皮书和蓝皮书；开展了有声势、有影响的活动，如北京 21 世纪教育研究院每年主办的教育沙龙和评奖活动、北大教育财政研究所开展的学术研究和社会公益活动、中国（海南）改革发展研究院的公益评奖和年度报告等。在北、南民间声音遥相呼应的情势下，作为中部崛起的体现，研究院的出现和表态正可谓恰逢其时。

近年各大新旧媒体教育栏目空前活跃，作用越来越明显。在 2000 年以前，各大媒体基本没有专门的教育栏目。自2000年后，各大媒体（如《人民日报》《光明日报》《《中国青年报》《人民政协报》《新京报》《南方都市报》等》纷纷设立教育专刊或专栏，特别是网络媒体如搜狐、腾讯、新浪、网易等也非常关注教育，策划了一系列有影响的活动。而我们又与这些媒体关系密切，这些为今后研究院"借船出海"，借助北京的大媒体，合作开展有关活动，打下了很好的基础。

从我们自身的情况看，更应充满信心。湖北教育基础扎实，实力雄厚，一直位居全国前列。教育研究的基础也很好，有一批非常活跃、在全国有知名度的中青年学者，20世纪90年代中期建立的湖北省中青年教育理论工作者协会影响很大，当年的主要骨干已成为今天湖北教育研究的顶梁柱，都是各大高校教育学院和研究机构的主要领导，都带有自己指导的青年教师和博士生、硕士生研究团队，形成了可观的研究力量，长江教育研究院可以看作是省中青会在新世纪的"第二次出发"。但从其未来发展来看，不足也很明显，首先是本省的研究力量还比较分散，需要进一步整合充实。其次是研究院的体制优势还没真正发挥出来，还只是"潜优势"，没成为"显优势"，还需要加强与政府、学术界的联系，做到"政、学、研、产结合""政、学、研、产一体化"，充分发挥研究院的体制优势。再次是这两年研究院的教材产品研发与生产虽渐成规模，但教育政策研究与咨询还不突出，教育评估更没启动，研究院举办的活动不多，没有自己的阵地（自办刊物、报纸），没有形成自有品牌，缺乏有突出显示度的重大成果，推介宣传工作也做得不够，特别是与北京、上海全国性组织与媒体的合作没有开展，影响力、知名度较为有限，需要加强政策研究，创建自有品牌，积极开展活动，加强合作交流，注重推介工作，特别是要积极"借船出海"，利用北京、上海的力量，以及其他基金会的资源，打造国内一流的研究院。

2. 如何把研究院办成国内一流的研究院

要从进一步明确研究院的性质、宗旨、定位、目标，完善相关组织机构，采取有效措施等方面入手，打造国内一流的研究院。

（1）关于研究院的性质与宗旨：属于民办非企业单位，即企业事业单位、社会团体和其他社会力量以及公民个人利用非国有资产举办的，从事非营利性社会服务活动的社会组织。简单地说，长江教育研究院是一个以教育公共政策研究为主的非营利性的民间社会组织。

宗旨：民间立场，建设态度，专业视野。

定位：立足湖北，面向华中，走向全国。

目标：做大，做强，做久。

院训：盛德日新，精研济世。

（注：盛德日新：引自《周易》："日新之谓盛德"，"日新"可称之为重大的德性。"日新"就是"日日新"，用现代的话讲就是不断地创新。如果没有不断地创新，就不可能"富有"，也不可能"生生不息"。精研济世，即精心研究教育，服务社会大众。）

精神：有容乃大，无欲则刚。

特点：民间性、建设性、专业性、开放性、包容性。

（2）关于研究院的办院方向与未来工作思路，应该是"一体两翼"，三轮驱动。所谓"一体"是指以教育政策研究为主，"两翼"是指辅之以教育咨询评估与教育产品研发。其中，教育政策研究是基础，教育咨询评估和教育产品研发是衍生和延展，三者相辅相成，不可或缺，力争在不太长的时间内，成为国内最有影响、最有实力的教育政策研究咨询和出版机构之一。

在具体工作思路上，要注意运用"三"，即：

坚守三大领域（教育政策研究、教育咨询评估与教育产品出版）。

运用三种力量（行政力量、学术力量与企业资本力量）。

体现三种实力（硬实力——Hard Power、软实力——Soft Power与巧实力——Smart Power）。

在成果出版上，要借船出海，有的可以给中央级出版社出版，以减轻长江出版集团的经济压力，并扩大成果的影响力。

在具体工作中，要两手抓，两手都要硬。不能一手硬一手软。

（3）完善组织机构，建立相关委员会，整合有关人力、物力和财力资源。

一是调整院务委员会。

二是完善院学术委员会。

明确学术委员会由九人组成。下设十个分支委员会。各分支委员会既有专家，又有省教育厅相关处室负责人，以便协调行动，发挥体制优势。

三是建立健全院内下属机构：行政部（主要负责日常行政工作）、学术部（主要负责学术课题申报、评审与鉴定）、教育开发部（主要负责教材研发、培训与推广）、教育评估院（主要负责教育评估、监测与鉴定）、长江教育基金会（主要负责筹集基金，发展事业），简称"三部一院一会"。

四是建立附属教育研究院的教育评估院，尽快开展教育评估鉴定工作，以适应迅速发展的形势的需要，为研究院开拓新的生长空间，发挥更大的作用。

五是筹备建立长江教育基金会，募集经费主要用于教育研究、资助出版、刊物发行、重要会议活动、资助贫困学生从事教育工作等。计划第一期募集 50 万—100 万元，募集对象为武钢集团股份公司、东风汽车集团股份公司、三江航天集团股份公司、湖北中烟公司、华中电力集团公司、湖北电力集团公司、武汉中百集团股份公司、福星惠誉房地产集团公司、长江证券公司等。

六是创办学术杂志《长江教育评论》（暂定年刊，侧重于重大教育活动、事件和制度）和《教育家》（暂定半年刊，侧重于中外教育家人物介绍、思想研究），在《长江商报》开辟“长江教育每周评论”专栏（侧重于对一周重大教育事件发表研究院成员的评论文章），出版《长江教育研究系列丛书》（侧重于出版研究院成员的精心研究之作）。创建“长江教育在线”网。

七是编辑出版《长江教育研究院年度教育政策建议书》《长江教育研究院年度中国教育政策报告》，建立自有品牌。每年年初编印发行一本 3 万字左右的《长江教育研究院年度教育政策建议书》（黄皮书），从宏观上对当前的国家重大教育问题提出自己的看法或政策建议，表明长江教育研究院的基本态度，以影响“两会”前的社会舆论，造成重大的社会影响。与此同时，每年年初出版一本《长江教育研究院年度中国教育政策报告》（黄皮书，分类年度教育综述，25 万字左右，附英文摘要，介于官方的绿皮书、白皮书及民间的蓝皮书之间）。前者是“即时反映”，后者是“反思总结”，快慢结合，相互补充。

八是举办“长江教育论坛”，每年 3 月上中旬（“两会”期间）在京举办一次“长江教育论坛”，邀请国内外教育专家、知名学者就教育问题举行论坛，发表意见和建议，推动中国教育改革和发展。每年 1 月底举办“长江教育新年恳谈会”，研究布置全年工作。5 月、8 月或根据需要适时举办教育座谈会，交流看法。

九是开展各类教育评奖活动，以扩大研究院的社会影响，如每年 12 月举办评选“长江教育年度教育制度创新奖”“长江教育年度教育改革人物奖”“长江教育年度热心教育人物奖”，以表彰本年度对教育改革、教育创新作出了积极贡献的单位和人物，形成全社会关心教育、支持教育、推动教育改革与创新的良好氛围。与此同时，每年年底举办评选“长江教育年度十大教育事件”“长江教育年度十大教育新闻”“长江教育年度十大最有原创性的教育作者奖”“长江教育年度十大最有影响的教育图书奖”“长江教育十大热心教育读者奖”等，形成长江教育研究院的年度“十大”系列评奖品牌。评奖活动可以进行市场化操作，以《长江商报》“教育版”为主，联合国内各大媒体共同举办。以报促院，以院促报。两者相得益彰，共同发展。

十是适时创建长江教育研究院（长江出版集团）博士后工作站，为研究院开展深入研究、聚集优秀人才做准备。

各专家围绕周院长的设想，坦诚地交流了自己的看法。主要观点有：

①周洪宇院长的构想很好，要抓住机遇尽快回归到教育研究院的宗旨上去。

②目前由出版企业承担费用的架构会影响到研究院完全按照宗旨执行，需要周院长出面与集团老总沟通，也要争取其他资金的支持；在机构问题上，目前都是兼职性质，应该有一个实体来组织（如聘请2—3个退休的权威专家建立评估院）日常活动，否则无法完成设想。

③要妥善处理好目前的产品研发力量与教育研究力量的关系，建议走“一个主体两翼齐飞”的路，即坚持民间的主体，一翼利用教育研究力量出精品，一翼利用研发力量出营利产品。

④借湖北进入高中课改之机，对课改中的难点即综合素质评价问题进行评估研究，以解决目前由中学评价的公信力问题。

研究院副院长、研究院日常工作主持者陈冬新，也借此机会谈了自己两年来工作中遇到的矛盾与顾虑，以及为了协调这些矛盾所采取的先赚钱再开展研究的工作思路。

她谈道，自己作为集团教材中心的研发总监，研究院的工作只是兼职做，自己实际的工作岗位与职责是必须抓住教材研发的市场机遇，打造集团自主知识产权的教材产品，增强集团教材产品经营的核心竞争力。教材是集团的生命线，当初成立研究院，对于集团而言，是在原有生命线遭遇国家教育政策冲击、利润急剧下滑的情形下，搭建一个以科研带动教材研发的平台，以寻求教材产品新的经济增长点的，因此研究院必须首先为教材研发服务，这样的定位也是集团领导要求与认可的。

这两年研究院课题经费投入基本上集中在教材研发上，通过运作，抓住市场机会形成了“成熟一代、启动一代、储备一代”的中长期教材出版格局，已开发出版的三套长效教材产品销售码洋近2 000万，为研究院的长远发展赚取了第一桶金。但由于受到财力和人力的限制，同时为了协调集团内对研究院定位的认识分歧，使工作能向前推进，这两年对教育宏观问题的研究投入很少，也很少有精力去组织有影响的活动，每年计划开展的论坛也基本未落实，使研究院的发展陷入了“一手软一手硬”的格局，现在研究院工作的重心应该回归到关注教育重大问题研究上去，同时不放松教材研发的工作，处理好中长期与近期利益的关系，以更大地发挥研究院的专家优势。研究院做出了声势，也有利于已开发出版的教材的市场稳定和进一步拓展，使社会效益和经济效益协调发展。

她个人认同周院长对研究院长期发展所勾画的蓝图，也很想拓展研究院的视野。要实现这些设想，她认为有两件事必须立即做：一是与集团老总和教育厅领导沟通，以达成共识；二是目前研究院是一个松散的结构，所有人员包括承担研究院日常工作的人员均为兼职，应尽快建立一个实体来推动研究院工作，比如聘请已退休的权威专家2—3人（基础教育、职业教育、高等教育各一人），组建研究院教育评估所，同时承担组织教育政策研究与评奖活动等。她认为，教育政策研究、教育评估与教育出版三方联动，是未来研究院的特色所在，也是生命力所在。

3. 对《规划纲要》的建议

周院长在会上传达了民进中央关于《规划纲要》的意见初稿，对其中他自己的观点进行了说明，他希望研究院也能就《规划纲要》发出集体的声音。各位专家就自己的研究，对《规划纲要》提出了以下建议：

（1）建议在区域教育发展与规划问题上进行研究，要谋划区域教育改革创新问题，与国家战略发展规划上对东、中、西不同的发展功能定位相适应，研究不同区域教育定位问题。

（2）《规划纲要》要把重点放在教育体制改革上，否则就成为没有灵魂的纲要，与一般的发展规划没有区别。

（3）《规划纲要》要以科学发展观统筹考虑教育问题。

（4）要给学校真正放权。

4. 2009年度工作安排。

周院长结合座谈会讨论结果，对研究院2009年的工作进行了布置：

（1）起草研究院今、明两年发展计划（2009—2010年），并考虑研究院“十二五”发展规划（2011—2015年）。要与国家教育发展规划衔接，结合政策研究和产品设计来制订近两年计划：明确指导思想、发展目标、工作内容、保证措施、队伍建设等。此项工作由陈冬新起草、申国昌补充，3月份以前完成。

（2）建立调整充实研究院院务委员会，以便更好协调教育厅、华中师大、长江出版集团。建议名誉院长增加现教育厅厅长陈安丽，执行副院长增加教育厅黄俭或黄利鸣副厅长一人。此事由陈冬新事先报告出版集团领导后，周洪宇、陈冬新协调教育厅和华中师大领导，再具体落实。

（3）健全完善学术委员会，以充分发挥专家作用。一是完善院学术委员会名单，并成立9个分支委员会，名单由周洪宇根据工作需要和所了解的情况，同时参照以往工作纪要初步拟就，陈冬新与有关方面协商后再确定。物色2—3个即将退休的专家主持开展日常学术研究工作与组织活动。适当时候召开会议或通讯告知。当选者均颁发证书，以示郑重。

（4）建立附属教育研究院的教育评估院。陈冬新落实。

(5) 建立长江教育基金会，以便整合资源，动员组织更多社会机构参与研究院工作，为研究院发展募集更多的资金，使研究院做大做强做久。

(6) 创建“长江教育在线”网、期刊，组织《长江商报》“长江教育每周评论”等。由刘安民负责。

(7) 编写发布《长江教育研究院年度教育政策建议书》。《长江教育研究院2009年度教育政策建议书》，在今年3月初全国“两会”期间，在北京以“长江教育论坛”的名义召开发布会予以发布。发布会由陈冬新联络组织。北京媒体主要由周洪宇落实。《长江商报》等参与报道。

(8) 编写《长江教育研究院年度中国教育政策报告》，由叶平负责。

(9) 编写出版《新中国六十年教育改革反思》，由程斯辉负责。

(10) 筹建长江教育研究院（长江出版集团）博士后工作站，建议研究课题定为“信息时代教育研究、教育出版与现代传媒的关系”。筹建工作由陈冬新、申国昌联络协调。

(11) 以“长江教育研究院”的名义，定期或不定期组织召开教育座谈会，由秘书处负责。

(12) 举办各类教育评奖活动。评奖委员会组成人员由研究院学术委员会及分支委员会成员担任。3月份拿出具体方案，下半年启动，年底评出并开会宣布。由秘书处负责。

（整理人：陈冬新）

二、工作报告

(一) 关于成立“长江教育评估院”的建议

教育评估是对教育发展层次与学校办学水平的一种评估与判定，是教育质量保障体系的重要组成部分，教育评估是否科学和规范，关系到教育教学质量的改革方向和发展走向。从国际上看，联合国教科文组织已经把是否具有完备的教育评价技术作为衡量一个国家教育水平高低的尺度。

当前，我国教育正站在一个新的历史起点上，呈现出鲜明的阶段性特征：我国教育事业发展已经进入全面提高质量、让孩子们上好学、建设人力资源强国的新阶段。新时期新阶段我国教育的基本矛盾，仍然是现代化建设和人民群众对良好教育的强烈需求与良好教育资源供给不足的矛盾。在新的发展阶段和新的发展高度上，教育体制亟待改革，教育质量亟待提高，教育投入亟待增加。深化教学改革、全面提高教育质量已成为教育领域的主要工作任务，各类教育评估日益受到各级政府和学校的高度重视。鉴于当前国家教育发展的新特点，以及我省教育教学质量亟待进一步提升的迫切需要，关于成立长江教育评估院的问题，已经摆到重要议事日程上来。现就成立长江教育评估院的目的意义、具备条件、主要任务等问题提出相应建议，供领导决策参考。

1. 目的意义：

（1）成立长江教育评估院是推进“武汉城市圈教育综合改革国家试验区”工作的突破口。

2004年8月，教育部高等教育教学评估中心正式成立，标志着中国高等教育的教学评估工作开始走向规范化、科学化、制度化和专业化的发展阶段。作为一种行政性评估机构，通过“以评促建、以评促改、以评促管”的评建联动工作，对高等学校教学质量提高有很大的推动作用，但在实施中也有诸如单一性、被动性、封闭性、随意性等弊端，而导致评估的权威性和效益等受到质疑。为此，教育部在2009年工作要点中指出，要“健全高等教育质量保障体系，规划和启动新一轮教学评估工作。进一步完善评估方案，切实加强分类指导，促进高校科学定位、特色发展。建设全国高校教学质量信息数据库和质量监控信息系统，积极探索教学状态数据发布、专家进校评估和社会评价相结合的评估机制”。借鉴国际性教育评估惯例，结合我国教育发展实际，适时发展由教育行政部门授权、专业评估机构运作的相对独立的社会性专业教育评估机构，适应了我国教育体制改革和湖北省教育改革发展形势发展的要求。

首先，发展相对独立的教育评估机构适应了我国现阶段教育体制改革的形势。目前，我国正在制定《规划纲要》，温总理在关于《规划纲要》制定的讲话《百年大计教育为本》中，明确提出《规划纲要》要“成为一个改革创新的规划”“教育要发展，根本靠改革”“要树立先进的教育理念，冲破传统观念和体制的束缚，在办学体制、教学内容、教育方法、评价方式等多方面进行大胆探索”，总之教育改革已落后于经济建设发展和建设创新型国家的要求。教育作为民生工程，人民是否满意教育，最权威的评价方不是教育部门自己，而是保持相对独立的第三方专业评估机构。在《教育部办公厅关于开展〈国家中长期教育改革和发展规划纲要〉制定工作的调研并提出建议的通知》提出的11个重大战略专题中，有6个专题提及建立教育质量保障体系和教育评价。教育评估体制改革是我国教育发展的必然要求。

其次，湖北省和教育部共建教育实验区为相对独立的教育评估机构提供了生存的地方土壤。2008年8月4日，教育部与湖北省人民政府签订了共建“武汉城市圈教育综合改革国家试验区”合作协议书，其内容包括实施教育综合改革试验，探索教育管理新体制、统筹协调新机制、科学发展新模式，促进各级各类教育协调发展等多项政策和措施，使武汉城市圈率先在中部地区基本实现教育现代化，为实施促进中部地区崛起战略和推进武汉城市圈“两型社会”建设提供人才保障和智力支撑，为全国教育改革发展提供依据。实验区是一个非常好的平台，相对独立的教育评估机构有存在的地方土壤。目前全国省级及以上教育评估机构已发展到19家，主要包括两种类型：一种是归属国家或省教育行政部门管理的全额拨款，如上海市教育评估院、江苏省教育评估院、广东省教育厅教育发展研究与评估中心，为全额拨款的事业单位；一种是归属高校的自收自支的事业单位，如江西省高等教育评估所、云南高等教育评估事务所（设置在云南大学高等教育研究院）。由教育行政部门授权、相对独立的专业教育评估机构尚未出现，湖北省利用教育试验区平台，率先成立相对独立的教育评估机构，将在全国领先一步作出有益的探索，为全国教育评估体制改革提供依据。

为适应国家教育改革的趋势以及我省建设教育综合改革国家实验区的需求，成立由“政府授权、专家参与、第三方运作、独立核算”的长江教育评估院，将成为湖北教育改革领域的亮点，成为教育试验区工作的突破口。

（2）成立长江教育评估院是科学化管理的必然需要。

教育评估院的成立，有利于转变传统的行政管理模式和方法，促使“管、办、评”分离，促进教育管理科学化；有利于对各种信息资源进行科学的采集、统计和分析工作，提供调研报告，使政府的重大决策有科学的研究和论证基础；有利于加强教育和社会的联系，促进教育管理的民主化。省级教育评估事务所介于政府、学校、社会三者之间，可以在政府与学校之间起到“缓冲器”的作用，通过广泛吸收社会各界专家的参与，将学校的办学和教育质量置于社会的监控之下。

（3）教育评估机构是体现教育评估专业化的当然要求。

教育评估是理论和应用联系紧密的综合学科，它既要有教育学、社会学、管理学、教育心理学、教育测量学、教育统计学、教育评价学等学科作为支撑，又需要评估专家的学识和经验作为基础。成立专门的评估机构，可以根据评估工作的需要，组织和培养教育评估专业管理人才，可以建立能适应各种评估工作的专家队伍，制定科学、合理的工作制度和工作规范。

2. 具备条件：

长江教育评估院，挂靠长江教育研究院，目前已经具备相应的条件。

（1）政府部门的重视和支持，为机构成立提供了前提。

长江教育研究院是在湖北省教育厅的大力支持下，由长江出版集团承办，管理层由湖北省教育厅、长江教育研究院、华中师范大学三方组成，从事湖北省教育发展研究和教育产品开发的机构，其职能之一便是教育评估。教育评估事务所挂靠长江教育研究院，在接受省教育厅授权委托后，承担评估、指导、研究、咨询等具体事务，业务范围可涵盖高教、职教、成教、普教等各种类型。

当前教育部对普通高校本科教学评估即将进入第二轮，省内高职院校的人才培养工作评估正在进行中，独立学院教学工作专项评估也即将开展，省级教育评估院可对其进行相关的业务咨询、培训及组织工作，保证各种评估工作高效、有序开展。此外基础教育包括幼儿园、中小学的评估工作也可纳入到工作范围。

（2）长江教育研究院的专家资源与省内高等学校的评估研究和实践，为机构发展提供了技术和人才保障。

湖北是教育大省，拥有数量众多的不同层次、类型的高等学校，为开展教育评估理论和应用研究提供了丰富的技术和人力资源。长江教育研究院作为省内整合各类教育专家资源的研究与出版机构，拥有近百名省内在国内外有影响的、从基础教育到职业教育和高等教育等不同领域的专家队伍。同时作为长江教育研究院组成单位之一的华中师范大学，是教育部直属的重点综合性师范大学，教育学科现为全国重点学科。教育评估赖以支撑的教育学、社会学、教育管理学、教育心理学、教育测量学、教育统计学、教育评价学等学科专业种类齐全，学科综合优势明显。学校于 2004 年率先成立教育评估中心，形成了“教授——博士——硕士”的评估理论与应用相结合的研究梯队。中心采用专职人员和兼职人员相结合的方式，建设了评估专家库，拥有一大批熟悉教育规律，具有丰富的管理经验，多次参加评估实践的专家。该评估中心自 2003 年以来承担省部级相关课题 5 项，多次受教育部和省教育厅委托，参加本科高校、高职院校的正式评估、预评估和诊断评估。此外还承担了教育部思政司、教育部直属高校工作司、湖北省人事厅考试中心、人才测评中心、高职院校和继续教育学院、教育硕士专业学位等研究课题和评估工作的技术咨询或指导；接受北京师大、陕西师大、西南大学、云南大学、中南财大、武汉理工大学等 20 多个省、市、自治区近 80 所高校有关本科教学评估的业务咨询工作；承办教育部本科教学评估专家组秘书培训班；先后三次参加教育部组织的培训班，作为特聘专家对被评高校进行培训。

（3）企业单位的参与和协作，为机构运营提供了空间和动力。

长江教育评估院由长江教育研究院举办，采取“民办官助”的形式，第三方运作。在人事上，按照“小机构、大网络”的原则进行队伍建设，不拘泥于事业单位的编制，用人机制灵活；在经费上，不需要事业拨款，初期运作资金由长江教育研究院支持，以后通过拓展服务市场、打造评估品牌来实现自收自支；在业务上，在教育厅的授权下，开展各种评估工作，以自身的学术权威和工作质量，为政府提供教育评估和决策咨询等专业性服务和技术性支持，也能够面向社会各界提供公益性的评估、监控、咨询等服务，努力开拓自我生存与发展的空间。事务所能保持组织相对独立、参与主体多元、评估结果公正，在政府、学校、社会之间架起联系的桥梁，建立有效的运行机制。

3. 工作任务：

长江教育评估院将积极开展评估研究，接受政府、学校和社会用人单位的评估需求，组织实施评估任务以及相关的培训、咨询工作。

（1）评估理论研究。

教育评估是一门学科，专业性较强，需要以科研作先导和支撑。长江教育评估院将加强对教育评估的科学研究，把先进教育理论和现代科学技术用于评估实践。一方面加强学术研究和交流，确保评估理论、方法、程序科学规范；另一方面，积极承担并完成政府部门下达的课题，开展教育教学改革及评估工作的政策、法规和理论研究，为政府有关政策的制定提供参考。同时根据不同服务对象的工作需求努力开发评估方案、指标体系及开展评估工作，提高评估质量，抓住工作中的热点和难点，提供高质量的调查报告或政策咨询报告，为政府、学校或社会用人单位提供服务。

（2）评估工作实施。

长江教育评估院根据教育厅的委托或者学校和社会用人单位的申请，按照评估方案组织专业人员开展高等教育（本科高校、独立学院）的学科、专业、教学评估，以及职业教育、成人教育、基础教育等相关评估工作，写出评估意见或报告，便于政府决策、学校整改和社会参考。

（3）评估业务培训。

评估是一门科学，需要了解评估的基础理论、指标设计的内涵、评估的方法、程序等内容。长江教育评估院可承担培训各级评估机构人员的任务：培训参与评估的专家，使他们了解指标的内涵、评估方法和程序，以及评估过程中主、客体的心理状态，消除在评估中心理因素带来的认识偏差，保证评估工作的可靠性和有效性；培训被评学校，使学校了解评估的程序、方法、材料，避免浪费时间和精力，保证评建工作的高效、有序。

（4）评估咨询服务。

对各级各类行政管理部门，提供优质的评估咨询服务，如人事、组织部门或其他部门进行有关干部、职员、工人等考核、考评工作，在专项评估的指标体系、实施方案的设计及评估结果分析方面提供服务，可把各种状态信息进行及时、准确、完整地采集、整理与上报，并从宏观、中观、微观三个不同层面进行综合分析和适时反馈，为各级管理者有针对性地改进工作提供客观依据。

4. 工作机制建议：

(1) 组织结构。

长江教育评估院挂靠长江教育研究院，定位为由教育行政部门授权、专业评估机构运作的相对独立的社会性专业教育评估机构。

评估院设研究和发展部、高等教育部、基础教育部、综合协调部等四个部门。各部门工作职责如下：

研究和发展部。具体负责评估理论研究、科研项目完成、评估方案的研制；评估项目实施前的相关调研、论证、方案设计；负责各类评估结果的分析、研究，撰写质量报告和决策咨询报告，为社会提供信息咨询，为学校提供以评促建的服务。

高等教育部。下设普通本科高校、独立学院、高职院校等小组，负责学科、专业、教学、人才培养及质量等相关评估的组织实施工作，并对被评单位提供评估咨询和培训服务；负责高等教育评估方案的实施细则研制，并负责对实施情况进行总结修订；负责评估结果的统计、分析工作，向委托单位和被评单位提供评估报告；建立高等教育评估专家队伍，做好专家的选拔、培训、考核工作。

基础教育部。负责基础教育（幼儿园、中小学）评估项目的组织实施工作，为各级教育机构和学校提供评估咨询和培训服务；负责基础教育评估方案实施细则的研制，并负责对实施情况进行总结修订；负责评估结果的统计、分析，向委托单位和被评单位提供评估报告；负责基础教育评估专家库的建设，做好专家的选拔、培训、考核工作。

综合协调部。负责评估所日常事务，负责公文收发、运转、归档工作；负责与政府教育主管部门及兄弟教育评估机构的联系，并负责相关的接待工作；协助高教部和基教部做好评估培训、咨询等协调保障事宜。

(2) 经费来源。

长江教育评估院的经费来源，主要源自三个方面：

对于评估院建立初期日常的工作运转经费，由长江教育研究院予以解决。

对于教育行政部门委托的任务，可以项目的形式下拨专项研究经费或者专项工作经费。

对于被评单位申请的评估任务，在接受业务时实行收费制，可根据项目的难易程度和国家的物价标准进行收费。

陈冬新

2009年2月10日

(二)关于筹备“长江教育在线”网站项目的报告

集团教材中心与数字出版部领导经过多次沟通、协商，一致认为：筹备“长江教育在线”网站是集团教材经营工作(租型教材与自主研发教材)与集团数字化出版工作的进一步发展，打造“长江教育”出版品牌所亟须展开的项目。为此，双方联合提出有关设想，供领导决策参考。

建设“长江教育在线”网站，从集团教材经营角度看，有以下目的：

(1)提高租型教材后期服务质量，以稳定省内教材市场份额。随着国家基础教育课程改革的全面推进，中小学教材市场基本形成了主流教材市场格局，集团租型的新课标教材经营工作重心也会相应地从版本竞争向后期配套服务竞争转变。在教材后期配套服务过程中，教材培训是重中之重，而多年来集团的新课标教材培训工作主要采取的是面对面的、大规模的、集中的、粗放的方式，耗费大量的人力、财力，培训效果也不能持续。从综合提高教材配套服务质量角度，尽快改变培训方式成为当务之急。利用“长江教育在线”网站开展网上培训，使培训持续化、动态化、品牌化，是提高教材服务质量可行的途径。

(2)推进集团自主研发的职业教材等数字化出版工作。数字化时代，基于资源的教学已成为各类教育开展教学改革的必然趋势。从教学资源角度看，文本教材只是教学资源中的一个部分，电子、音像、网上教学资源等都是教学所必需的，因此立体化的教材开发是教材出版的新要求。“长江教育在线”可以成为集团自主版权教材立体化开发的平台。

(3)配合长江教育研究院的课题研究以及开展教材营销活动。长江教育研究院可以利用“长江教育在线”进行课题研究活动，完成课题管理的工作。同时，根据课题研究进展及教材营销需要，开展在线研讨活动。

建设“长江教育在线”网站，从集团数字出版的角度看，有以下目的：

(1)在数字出版经营模式上进行探索。数字出版的发展瓶颈，是赢利模式还未形成。在大众出版、专业出版与教育出版三大类出版中，教育出版的数字化的受众面是最大的、最集中的，最适宜探索数字出版经营模式。力图利用数字化出版平台，全面反映集团在教育研究(依托长江教育研究院)、教材开发、教材培训推广、教材配套资源建设与网上教研等方面的活动情况，并开设专家论坛交流、网上订单、留言答疑等互动栏目，形成网上教材研发——教材出版流程管理——立体化教学——教材培训与后期服务等一体化的教材经营链条。

(2) 保护集团的数字化版权资源。教材中心由于经营工作的需要，已在湖北省教育信息化中心网站上，开通了“长江出版集团教材支撑网”，随着支撑网相关工作的展开，一方面促进了教材推广工作，另一方面也使集团丧失了一部分数字化版权资源。

基于以上理由，特提出建设“长江教育在线”网站项目报告，并申请网站建设经费　　元。

请领导批示！

集团教材中心

集团数字出版部

2009 年 8 月 12 日

（三）关于申请在长江教育研究院设立阅读研究所的报告

长江教育研究院：

党的十八大报告和十八届五中全会都明确提出开展全民阅读活动。湖北省特别重视全民阅读活动，在全国率先出台了《湖北省全民阅读促进办法》，用法律的形式促进全民阅读活动的实施。目前，湖北省全民阅读领导小组办公室（简称省全阅办）正在制定行业阅读指导书目以指导购买。推动全民阅读，弘扬社会主义核心价值观，传承人类文明，也是出版企业的文化使命和社会责任，各线上线下出版机构正紧锣密鼓策划各类出版物。如何科学分类确定阅读书目及如何促进持续性的阅读氛围和机制的形成，已成为出版机构策划选题面临的共同问题。因此，组织专家对阅读书目及阅读方法进行专业化、系统化指导，是政府、读者和各类出版机构共同所需要的。鉴于阅读活动覆盖线上线下各出版领域，任何一家出版机构都无法独立完成，也缺乏公信力，可在政府支持下，组织第三方研究机构开展阅读研究，通过专家引领政府、出版业、读者等深入推进阅读活动。

长江教育研究院自成立之日起，一直非常关注中小学阅读问题，早在 2007 年就牵头组织了湖北省教育科学“十一五”规划重点课题《中小学图书馆资源现状及中小学生阅读需求》的研究。在“十三五”期间，为配合政府部门推进阅读工作，为出版机构策划阅读活动提供参考，借鉴国内外阅读指导的成功经验，建议在长研院下设立“阅读研究所”，发挥长研院服务教育与出版的智库优势，对 K12 教育阶段的阅读书目进行专业化的、系统化的分级研制，并逐步扩展至各行业成人分类阅读指导，借此塑造长研院的阅读品牌，形成“十三五”期间长研院“三书一坛”的新品牌群，即长江教育研究院“中国教育政策建议书”“中国教育黄皮书”“长江版全民阅读分类书目指导手册”“北京·长江教育论坛”。

组建阅读研究所的具体方案如下：

(1) 工作目标。

发挥长江教育研究院网聚专家资源的平台优势，组织全国教育学、心理学、文学、科学及图书馆、出版界等不同领域顶尖专家，分类分层分龄分级研制阅读书目、阅读方法指导、图书馆（室）藏书配备书目推荐等，积极承接全阅办分类书目指导工作，每两年发布《青少年阅读现状报告》《长江数字阅读指数报告》，并同步策划出版“长江版全民阅读分类推荐书目指导手册”、数字化书香荆楚（校园）服务支撑平台等线上线下融合的出版项目。在数字化平台一定运行周期内，采集相关数据，逐步实现全民阅读状况的大数据分析，面向社会公布。

长江传媒内各相关出版社，可在所擅长的出版领域内，跟踪出版由专家研制的推荐书目。从整体上形成由阅读研究所推荐书目——长江教育研究院发布阅读现状报告——出版社出版纸质图书——数字公司推广阅读平台及阅读终端的一条龙的阅读产业链，为全民阅读活动特别是“青少年成长15年阅读计划活动”提供专业化的阅读指导，引导阅读活动科学化、系统化、持续化发展，实现帮助青少年成长和促进出版的双赢目标。

(2) 组织与运营。

在长研院下设立阅读研究所，由运营团队和专家团队组成。地点设在秘书处。

运营团队主要由长江传媒内有关出版发行机构（出版社、数字公司、书店等）领导兼职组成。由长研院指定一名副院长全面协助周洪宇院长组织专家开展活动，并兼任所长职务。

专家团队由周洪宇院长牵头组成。

省全阅办领导已明确表示支持长研院设立阅读研究所开展工作，现亟须落实人员及启动经费以顺利启动项目。人员可由系统内各子公司领导兼职义务承担，启动经费可通过申请系统内外相关项目资助资金自筹。

特此报告，请批示！

陈冬新

2005年12月16日

附录二　长江教育研究院十年成果一览表

一、长江教育研究院科研成果概览

成果类型	成果数量	成果效果	出版效益
理论著作	2部	其中《中部教育论》已获教育部人文社科成果二等奖，年度《中国教育黄皮书》(2010—2015年)出版后社会反响大	社会效益显著，打造研究院品牌。
年度教育政策建议书	8份主要建议(2009—2016年)及相关建议近100份	已提交教育部，并被吸收进《规划纲要》中	参与国家教育政策的制定
教育咨询报告	12份	省内相关教育行政部门与教科研、学校教学骨干等组成联合项目组，集中优势力量开展研究	涉及省内基础教育及职业教育课程设置研究、教材市场分析、教材研发方案等，直接为集团产品研发服务
中小学教材(含幼教)	26册	每年重印	
高职教材	80册	实现集团职业教材零的突破	
总计	135册(份)	教育研究与教育出版联动；逐步探索形成以科研推动教育产品研发的新模式	通过开展教育研究与教育出版活动为教育服务

二、近几年培训部项目统计

项目	实施时间	合同金额	备注
国培计划英语口语项目（网络研修项目）	2015年10月26日—2016年1月25日	10万	已完成，全额回款
硚口骨干教师高级研修班	2015年12月26日—2016年3月18日	32.9万	已完成，回款20万
洪山区教育局学区制建设学习项目	2016年3月13日—2016年3月19日	10.5727万	已完成，全额回款
江岸区化学骨干教师培训班	2016年4月20日—2016年10月26日	4万	实施中，未回款
东西湖区学科带头人评审项目	2015年12月—2016年3月	5.8871万	已完成，全部回款
东西湖区师德评审项目	2016年1月	1.4412万	已完成，全部回款
江岸区“十三五”规划项目	2015年11月—2016年7月	16万	未完成
东西湖区中学校长高级研修培训班	2016年5月21日—2016年5月26日	11万	已完成，全部回款
洪山区教育局区级教育干部培训项目	2016年5月—2016年12月	78.98万	实施中，部分回款
东西湖区学校“十三五”规划及学校章程修订	2016年5月—2016年7月	9.8万	实施中，部分回款
国培计划2016——乡村学校校长培训	2016年5月中标		160人
省培计划2016——国学经典教育骨干教师高级研修班	2016年5月中标		150人
省培计划2016——教育信息化英语教师口语达标培训	2016年5月中标		500人
教育咨询师（一期）培训	2015年1月21日—2015年1月25日	9.03万	已完成
黄石江北学校ACTS测评项目	2015年3月24日—2015年4月29日	0.718万	已完成

续表

项目	实施时间	合同金额	备注
黄冈中学 ACTS 测评项目	2015 年 4 月 1 日—2015 年 5 月 19 日	8.205 万	已完成
洪山区幼儿园园长高研班考察培训	2015 年 4 月 22 日—2015 年 4 月 26 日	11.172 万	已完成
洪山区中小学教师信息技术应用能力系列考察培训	2015 年 4 月 16 日—2015 年 6 月 6 日	31.15 万	已完成
洪山区地大片区幼儿园骨干教师培训	2015 年 6 月	10.8938 万	已完成
教育咨询师（二期）培训	2015 年 7 月 4 日—2015 年 7 月 8 日	12.33 万	已完成
武汉市骨干教师培训项目	2015 年 7 月 12 日—2015 年 7 月 17 日	25.85 万	已完成
洪山区高效课堂教育云工程专项培训	2015 年 8 月	26.3 万	已完成
国培计划英语口语项目（集中培训）	2015 年 7 月 29 日—2015 年 8 月 30 日	120 万	已完成
国培计划信息能力提升工程校长班	2015 年 8 月 9 日—2015 年 8 月 23 日	121.68 万	已完成
关山中学骨干教师赴成都考察培训	2015 年 11 月 19 日—2015 年 11 月 29 日	16.112 万	已完成
沌口（汉南）赴成都考察培训	2015 年 11 月 23 日—2015 年 11 月 29 日	14.664 万	已完成
洪山区幼教科赴深圳考察项目	2015 年 11 月 22 日—2015 年 11 月 25 日	5.5755 万	已完成
东湖高新区“十三五”教育规划编制	2015 年 3 月 12 日—2015 年 8 月 31 日	15 万	已完成
钟祥市兰台中学 ACTS 测评项目	2015 年 11 月 6 日—2015 年 12 月 30 日	1.5162 万	已完成
东西湖少先队辅导员评比项目	2015 年 12 月 16 日	0.8365 万	已完成

附录三　长江教育研究院十年大事记

2006 年

12 月 16 日，长江教育研究院在中国湖北省武汉市成立。揭牌仪式在湖北出版文化城举行，来自北京、湖北、湖南、河南等地的一批从事基础教育、职业教育、高等教育等方面的专家学者 200 余人参加会议，共商中部教育发展大计。中国教育学会常务副会长谈松华、教育部基础教育课程教材发展中心、湖北省委宣传部、湖北省教育厅、华中师范大学、湖北长江出版集团领导出席会议。

同日上午，启动第一届“长江教育论坛”。在“长江教育论坛”上，中国教育学会常务副会长谈松华先生，教育部基础教育课程教材发展中心常务副主任曹志祥先生，教育部职业技术教育中心研究所姜大源先生，湖北省教育厅副厅长、华中师范大学教授、长江教育研究院院长周洪宇先生做大会学术报告。下午，召开“长江教育论坛”分论坛，专家们就中部基础教育、职业教育、教育政策、教师教育等进行多方面探讨。这是全国第一次举办的有关中部教育的论坛。

2007 年

2 月 11 日，在武汉召开第一届院长办公会，周洪宇、万智、刘青春、石挺、陈冬新五人参加会议。会议在周洪宇院长主持下，围绕研究院管理模式，谈论了 2007 年工作计划与课题计划等重要问题。

2 月，制定长江教育研究院 2007 年课题规划、课题申报办法、课题研究工作规则及课题立项基本原则等，课题立项进入程序化和制度化。

3 月 13 日，正值全国“两会”期间，在北京召开研究院北京专家座谈会。顾明远、曾天山、姜大源、张斌贤、刘恩山、王磊、朱汉华、陈中原等专家，以及中国教育报社刘好光、人民教育出版社刘立德，应邀与会。各位专家就长江教育研究院特色定位及研究院管理模式等问题阐述了各自看法，并达成若干共识，其中包括于“两会”期间在北京举办“长江教育论坛”。

6 月 16 日，在湖北省长江出版集团 16 楼会议室召开 2007 年课题立项评审会议，会议由周洪宇院长主持，曹志祥、曾天山、王道俊、郭文安、黄元祺、马必学、刘青春、万智、陈冬新、申国昌等人出席了会议。专家对本次通过初审的 33 项课题做了精彩点评和建议。

9 月，长江教育研究院第一批科研课题研究成果之一——《中部教育论》（作者周洪宇教授）由湖北省长江出版传媒集团、湖北人民出版社出版。该书从宏观、中观、微观三方面全面探讨了中部教育一系列问题，阐述了“中部教育发展是中部崛起的重要前提，中部教育发展是中部崛起的重要内容，中部教育发展是中部崛起的重要抓手”这一主题，是我国第一本研究中部教育问题的专著，也是长江教育研究院成立后的第一个科研成果。

同年，启动职业教育教材研制工作，通过设立课题、拨专款等途径支持湖北省职业教育教学改革，与湖北省高等教育学会、高职高专学院（系）负责人、湖北省高职高专生物大类专业建设专家组召开会议，启动高职规划教材编写工作，并与湖北省高等教育学会高职高专委员会签署了湖北省高职“十一五”规划教材合作出版意向书。

2008 年

4 月 2 日，在武汉召开长江出版集团高职教材编辑组第七次工作会议，长江出版集团教材中心研发总监陈冬新、研发部全体人员、生产部相关人员，人民社邹桂芬及该社参与高职项目的全体编辑等人参加。会议动员和布置了 2008 年秋季高职教材编辑的相关工作。

4 月 15 日，在武汉召开长江出版集团高职项目第一次编辑发行见面会，袁国雄、陈冬新、彭瑛、刘安民、张跃、邹桂芬、刘健飞、高诚毅、张浩等人出席，会议总结了前期工作的不足与经验，并对下阶段的出版工作作了精心安排。

7 月 22 日，在武汉成立高职规划教材专家评审组，以对高职规划教材进行把关，保证教材质量，进而做大做强长江教育研究院高职教材品牌。会议推举出评审组总召集人，公共课、机电类、经济类、计算机类、医学类、生物类各专业召集人，其中总召集人为黄冈职业技术学院副院长李家瑞教授、长江出版集团教材中心副主任陈冬新编审，并公布评审组的各项职能。

2009 年

1 月 11 日，在武汉召开长江教育研究院 2008 年工作总结会议，周洪宇院长、教育部基础教育课程教材发展中心常务副主任曹志祥、长江出版集团领导以及湖北省内基础教育、职业教育、高等教育专家等 40 多人参加会议。会议对长江教育研究院 2008 年的工作情况进行了总结，对 2009 年课题研究工作作出初步设想。周洪宇院长对长江教育研究院下一年的工作进行了安排。

1 月 22 日，在武汉召开长江教育研究院中长期发展规划研讨会，周洪宇、叶平、程斯辉、谭细龙、申国昌、高新华、方晓波等人出席，会议对长江教育研究院的长远发展规划进行了热烈探讨，进一步认清长江教育研究院面临的形势与机遇，进一步明确了研究院的性质、宗旨、定位、目标，力争把长江教育研究院打造成国内一流的研究院，并对《长江教育研究院2009年度教育政策建议书》以及研究院2009年的工作等进行了谈论和任务布置。

3月2日，在北京召开研究院专家献计《规划纲要》座谈会，中国教育学会会长、北京师范大学教授顾明远，教育部教科规划办常务副主任曾天山，中央教育科学研究所（现为中央教育科学研究院）原学术委员会主任程方平研究员，全国教育政策与法律研究专业委员会理事、北京师范大学科研处处长刘复兴教授，中国教育领域资深记者陈中原教授，湖北省教育学会秘书长、湖北第二师范学院教授谭细龙，华中师范大学教授佐斌、申国昌，以及人民教育出版社副总编辑魏运华、人民教育出版社文化教育分社社长刘立德等人与会。会议对长江教育研究院的《长江教育研究院2009年度教育政策建议书》进行了充分讨论，并给出了建设性的意见和建议。同日，正式对外发布《长江教育研究院2009年度教育政策建议书：关于〈国家中长期教育改革和发展规划纲要（2010—2020年）〉的建议》。

3月14日，在武汉召开“湖北高中新课程改革教学需求专家咨询会”，长江教育研究院副院长陈冬新、教育部新课程教学专家、湖北省教育厅基础教育处领导、华中师范大学基础教育课程研究中心各学科课程专家、省市教科研人员等与会，对湖北省高中新课程改革进行了充分讨论。

8月18日，在武汉召开会议，叶平、程斯辉、谭细龙、申国昌、雷春等专家讨论长江教育研究院黄皮书的研究价值、研究定位、队伍组成、编写方式等问题，为《中国教育黄皮书》的编纂和出版奠基了良好基础。

2010年

4月14日，周洪宇院长被聘为国家基础教育课程教材专家咨询委员会委员。国家基础教育课程教材专家咨询委员会是教育部专门成立的为基础教育课程教材重大决策提供咨询的高层次的专家咨询机构，由学术造诣精深、在本领域有较高学术地位或具有较高社会知名度的资深专家学者41人组成，主要职责是接受教育部、国家基础教育课程教材专家工作委员会关于基础教育课程教材建设工作的咨询，研究提出国家基础教育课程教材建设的意见和建议。

10月9日，联合北京21世纪教育研究院在武汉召开“促进义务教育均衡发展”专题研讨会暨《中国教育黄皮书》（2010年）首发式。21世纪教育研究院院长杨东平、北京师范大学教授袁桂林、北京市政协特邀委员王晋堂、中国教育报副社长谢湘等北京专家，长江教育研究院院长周洪宇、湖北省教育厅厅长陈安丽、长江出版集团副总裁宋丹娜、武汉大学教授程斯辉、华中师范大学教授雷万鹏、湖北省教育科学研究所研究员蒋瑛俐，以及湖北省各地市教育局领导出席了会议。会议深入谈论了湖北省如何深入贯彻落实《规划纲要》，促进教育改革和地方教育制度创新等重大理论和现实问题。

11月9日，《中国教育黄皮书》（2011年）编写研讨会在湖北长江出版传媒集团召开。湖北省人大常委会副主任、长江教育研究院院长周洪宇，湖北省教育厅副厅长黄俭、教师处副处长严萍及长江教育研究院部分专家参加了会议。会议围绕《中国教育黄皮书》（2011年）主题"大力促进教师队伍建设"，深入探讨了其时各类教育教师队伍现状，存在的突出问题，特别是幼师队伍、职业教师队伍等，从编写体例、内容选择及如何突出特色与亮点等方面探讨了相关编写情况。

2011年

1月6日，在湖北出版文化城大楼16楼会议室召开长江教育研究院2010年总结会暨《2011年度教育政策建议书》研讨会。会议深入讨论了《2011年度教育政策建议书》和《中国教育黄皮书》（2011年）的初稿内容，为完善《2011度教育政策建议书》和《中国教育黄皮书》（2011年）奠定了良好的基础。

3月2日，由长江教育研究院主办、人民教育出版社协办的第四届"北京·长江教育论坛"于全国"两会"前在北京成功举办，周洪宇、孙霄兵、张力、郭永福、曹志祥、邬跃、胡平平、程方平、刘复兴、杨东平、文东茅、史静寰、翟博、谢湘、涂艳国、叶平、刘立德、陈冬新等专家学者以及新华社、《人民日报》《人民政协报》《光明日报》《中国教育报》《21世纪经济报道》等媒体参会。论坛讨论并正式发布了长江教育研究院《2011年度教育政策建议书》（《建立"教育特区"，以区域突破带动教改全局》）、《中国教育黄皮书》（2011年）。

3月21日，为了调研民间教育研究机构的生存环境、把握其成长规律，加强对民间教育研究机构的指导，全国人大常委会副委员长、民进中央主席严隽琪莅临长江教育研究院视察工作。湖北省人大常委会副主任、民进湖北省主委周洪宇、民进中央参政议政部部长文连利、湖北省教育厅厅长陈安丽等陪同视察。严隽琪参观视察了长江出版传媒集团陈列室及长江教育研究院成果展示，并高度赞赏了长江教育研究院的体制创新和所探索形成的发展模式。

4月20日，由长江教育研究院和湖北科技出版社协办的湖北省高等职业教育学会教学委员会制造类教学工作委员会在武汉成立。

8月27日，在湖北出版文化城大楼16楼会议室召开"区域教育改革与《中国教育黄皮书》（2012年）编写"研讨会，周洪宇、董泽芳、马必学、靖国平、叶平、蒋瑛俐、谭细龙、申国昌、雷江华、但昭彬、李梦卿、王祖琴等学者专家参加会议。

2012 年

3 月 2 日，在北京召开“北京·长江教育论坛”，全国人大常委、民进中央副主席、中国教育学会副会长、中国教育政策研究院副院长朱永新，中国教育学会会长、国家教育咨询委员会委员、北京师范大学教授顾明远，中国教育学会常务副会长、国家教育咨询委员会委员谈松华，教育部教育发展研究中心主任、国家教育咨询委员会委员张力，中国教育报总编辑翟博，中国教育科学研究院副院长曾天山，教育部基础教育质量监测中心副主任胡平平，中国人民大学教授程方平，北京师范大学教授袁桂林、杜育红，人民教育出版社副总编、长江教育研究院特聘专家魏运华，人民教育出版社党委书记郭戈等出席会议，并对外正式发布了长江教育研究院 2012 年度“关于建立教育投入长效保障机制，进一步加大教育投入”的政策建议书、《中国教育黄皮书》（2012 年）。

2013 年

3 月 3 日，由长江出版传媒、长江教育研究院主办，人民教育出版社协办的 2013 年“北京·长江教育论坛”在京举行。论坛发布了长江教育研究院 2013 年度教育政策建议书《新挑战与新机遇：第三次工业革命及中国教育应对之策》和《中国教育黄皮书》（2013 年），与会专家学者就中国教育如何应对第三次工业革命进行了深入研讨。

11 月 15 日，长江出版传媒股份有限公司出资成立湖北长江教育研究院有限公司，公司立足于中部地区特别是湖北的教育发展研究和教育文化产品开发，注册资本为 1000 万。延续前身湖北长江教育研究院的“出思想，出人才，出产品，出效益”宗旨，集中湖北省乃至国内外优秀的教育专家队伍，搭建一个以文化出版企业为支撑的、联系相关教育专家和教育管理部门的平台，探求一种以政府指导为原则、学术研究为基础、文化出版为手段，“政、产、学、研”各自优势相结合的体制，为促进中部地区特别是湖北省教育的更好更快发展提供高质量的理论政策支撑、人才支撑和产品支撑。

2014 年

3 月 3 日，由长江教育研究院主办、人民教育出版社协办的第七届“北京·长江教育论坛”在人民教育出版社成功举办。论坛发布了长江教育研究院关于“促进信息技术与教育深度融合，发挥信息技术革命性影响作用，深化教育领域综合改革”的教育政策建议书，并举行了《中国教育黄皮书》（2014 年）的首发仪式。

3 月 13 日，长江教育研究院向全国人大提交的“关于以信息技术与教育深度融合促进教育改革”的十条教育政策建议，引起了分管教育工作的中共中央政治局委员、国务院副总理刘延东和教育部部长袁贵仁等同志的高度重视。当日下午中央领导特邀七位有代表性的“两会”代表委员到中南海参加教育改革座谈会，听取大家的意见建议，还特别安排全国人大代表、长江教育研究院院长周洪宇第一个发言，听取他对以信息技术与教育深度融合促进教育改革，加快考试招生制度改革的意见，后来全国人大常委会副委员长严隽琪也在这份教育政策建议书上作了重要批示，这都说明“关于以信息技术与教育深度融合促进教育改革”的这份教育政策建议书，是适时的，其现实性和针对性都很强，也富有可操作性。

7月，中国教育咨询师认证服务正式启动，中国教育学会授权长江教育研究院举办湖北地区教育咨询师培训项目。

9月，教育部对周洪宇院长在十二届全国人大二次会议上提出的第3192号建议进行答复，指出：教育部会同财政部研究起草落实方案，结合前期工作进展，细化部署教育信息化推进工作。

11月20日，中国教育学会正式批复“中小学教育质量综合评价改革实验区办公室”在湖北与长江教育研究院有限公司合作，成立“中小学教育质量综合评价改革实验区办公室湖北工作站”，负责湖北地区的中小学教育质量综合测评改革实验指导工作。

2014年12月20日—2015年1月18日，作为省教育厅“国培计划”中标单位，长江教育研究院承办了“中小学教师信息技术应用能力提升工程”校长集中培训项目。组织实施了三期培训班，来自全省9个县市的近千名校长参训。

2015年

1月22日，由长江教育研究院承办的首届中国教育咨询师湖北省培训班开班，来自湖北各地的优秀教育工作者、专家共45人齐聚武汉市。该项培训是经教育部批准、中国教育学会授权，由中小学教育质量综合评价改革实验区办公室主办，湖北长江教育研究院承办。培训为期四天，通过考核的学员将获得中国教育咨询师认证中心认证，成为湖北首批教育咨询师。

2月7日，在长江教育研究院2014年年会上，长江教育研究院教育评估研究中心宣布正式成立。

2月8日，“第一教育网”正式上线。该网站是由长江教育研究院与长江盘古教育科技开发，以此网站为基础，围绕湖北省中小学基础教育阶段各版本教材，提供全学段全学科在线资源、空间服务、专业搜索、教育测评、教师研修、教育舆情等助力教育信息化的立体服务，以促进技术与教育深度融合，推动基础教育领域深刻变革，实现教育和学习的科学化、个性化、终身化、全民化、即时化、优质化。

2—11 月，长江教育研究院承担了武汉市东湖高新区教育局委托的《东湖高新区教育发展“十三五”规划》研究服务。

3 月 3 日，由长江教育研究院主办、人民教育出版社承办、华中师范大学教育信息化协同创新中心协办的“北京·长江教育论坛”在人民教育出版社大楼媒体厅举行，顾明远、陶西平、谈松华、孙霄兵、庞丽娟、程方平、湛中乐、马敏、杨宗凯、申国昌、谭细龙、李梦卿等专家及各大媒体记者共 60 余人出席。会上，发布与研讨了《2015 年教育政策建议书》，并举行了《中国教育黄皮书》（2015 年）、《长江教育论丛》和《中国好教师》等图书首发式。

3 月 17 日，长江教育研究院副院长杨可拜访中华人民共和国驻美利坚合众国大使馆公使衔参赞李鸿女士。

3 月 24 日，由中国教育咨询师认证中心主办的湖北首届中国教育咨询师培训网络研修课开始举行。该课程为期三个月，课程分为专题授课、专题研究、自组织学习三个部分，完成此次网络研修课程后，学员们将获得中国教育咨询师认证中心认证，成为湖北省首批教育咨询师。

4 月，黄石市黄石港区江北学校委托长江教育研究院为该校学生提供学生学业测评（ACTS 测评）及咨询服务。

5 月，黄冈中学委托长江教育研究院为该校提供学生学业测评（ACTS 测评）及咨询服务。

5 月 19 日，长江教育研究院、中国教育学会中小学教育质量综合评价改革实验区湖北工作站，在湖北省中小学教育质量综合评价改革试点学校——黄冈中学，举办了“湖北省中小学教育质量综合评价改革实验现场会”，邀请了中国教育学会中小学教育质量综合评价改革实验区办公室领导和专家作专题报告、案例分析，来自湖北各地各学校的领导、骨干教师及“中国教育咨询师湖北省首期培训班”学员共 200 多人，到现场观摩。

6 月 2 日，长江教育研究院中标三项湖北省教育厅、武汉市教育局 2015 年中小学教师培训政府采购项目，分别为：省教育厅“2015 年国培计划中小学教师校长信息技术提升工程培训”“2015 年国培计划教育信息化背景下英语教师口语能力国际达标专项培训”和武汉市教育局“2015 年中小学教师信息技术与学科整合培训”，培训总人数 1 522 人，总标的约 279 万元。这是长江教育研究院继去年承办全省 965 名校长集中培训之后，在教师培训服务领域取得的又一成果。

6 月 28 日，长江教育研究院杨可副院长陪同长江出版传媒股份有限公司党委书记、董事长潘启胜，湖北长江出版传媒集团有限公司党委委员、副总裁赵亚平考察参观了广东全通教育股份有限公司，双方就在湖北省开展相关项目达成合作意愿。

6—7 月，承办的中国教育咨询师湖北省第一期、第二期培训班顺利开班。

7 月 13—17 日，长江教育研究院承办了“2015 年武汉市骨干教师——中小学教师信息技术与学科教学整合”专项培训班，来自武汉市各区的 200 余名骨干教师参训。

7 月，长江教育研究院承办了“中国地质大学附属幼儿园骨干教师高级研修班”项目。

8 月 2—28 日，长江教育研究院举办了 4 期“国培计划（2015）中小学教师信息技术应用能力提升工程”培训班，首次向每位学员发放电子书包，开设互动体验课，将教育信息化理论学习与教学实践进行创新融合，来自湖北各地的共 850 余人参训。

8 月 23—27 日，长江教育研究院承办了洪山区教育局委托的洪山区中小学“互联网＋享受学堂”课改培训项目。

7—8 月，长江教育研究院承办了“国培计划（2015）教育信息化背景下英语教师口语能力国际达标专项培训班”2 期，来自湖北各地的 500 余名农村中小学英语学科教师参训。

10 月，钟祥市兰台中学委托长江教育研究院为该校提供学生学业测评（ACTS 测评）及咨询服务。

11 月 12 日，长江教育研究院、盘古教育科技公司数字教育产品在第十二届“中国光谷”国际光电子博览会上亮相，所研发的“第一教育网”平台及微学堂智慧家教、智慧数字作业本等产品引来广泛关注。

11 月 22—25 日，长江教育研究院承办了洪山区幼儿园规划建设管理专题研修班。

2015 年 9 月—2016 年 3 月，长江教育研究院承担了江岸区教育局委托的江岸区重点教育科研课题——《高素质多样化创新人才培养——和谐教育发展性研究》研究及咨询服务。

2015 年 8 月—2016 年 4 月，长江教育研究院承担了江岸区教育局委托的《江岸区教育事业第十三个五年发展规划》编制及咨询服务。

2016 年

1 月 6—7 日，长江教育研究院承担了武汉市东西湖区“区级学科带头人、优秀青年教师评选第三方考核”项目。

1—3 月，长江教育研究院承办了“硚口区骨干教师高级研修班”，硚口区近百名中小学老师参训，该项目分集中授课、观摩考察和市内名校考察三个阶段进行。

3月3日，长江教育研究院举办的“北京·长江教育论坛”在北京举行，著名教育家、中国教育学会原会长顾明远先生，全国人大代表、湖北省人大常委会副主任、长江教育研究院院长、华中师范大学教育学院博士生导师周洪宇教授，全国政协委员、华中师范大学党委书记马敏，中国教育学会原副会长谈松华先生，中国教育科学研究院副院长曾天山研究员，中国教育政策研究院院长庞丽娟教授，中国人民大学教育学院博士生导师程方平教授，华中师范大学教育学院副院长、博士生导师申国昌教授，武汉纺织大学高教所张建林教授，湖北省教育科学研究院研究员刘国卫等专家和新闻媒体记者60余人参加会议。

3月13日，长江教育研究院所开展的工作受到教育部部长袁贵仁表扬和肯定。

3月13—19日，长江教育研究院承办了洪山区教育局学区制建设学习专项研修班。

4月20日下午，由长江教育研究院承办的“江岸区教育局‘特级教师课堂’中学化学骨干教师培训班”在江岸区教师进修学校开班。这是长江教育研究院承办的首个学科培训项目。

4月21日，长江教育研究院阅读研究所参加湖北省首届“湖北省中小学校园读书文化节”，并发布《“启明星阅读计划”课题研究方案》。

4—9月，长江教育研究院承担了武汉市东西湖区教育局委托的“东西湖区学校‘十三五’规划及学校章程审订”项目，对该区56所学校的《“十三五”规划》及《学校章程》进行了修改、审订。

6月15日，长江教育研究院承办的“2016年洪山区教育局基层党组织书记培训班”开班。这是长江教育研究院承办的首个干训项目。

6—9月，长江教育研究院中标并组织实施了湖北省国培、省培项目2个：国培2016乡村校长培训、教育信息化背景下的英语教师口语专项能力达标培训；武汉市市培项目3个：教育信息化与学科整合专项培训、农村英语教师口语能力提升专项培训、教科研素养能力提升培训，共培训教师1 500余人。

8月9日，湖北省人大常委会副主任、长江教育研究院院长周洪宇主持召开了长江教育研究院工作推进会议，会议讨论了十周年院庆丛书编辑出版、十周年院庆活动筹备、《中国教育黄皮书》《长江教育论丛》的编辑出版、研究院产业化发展状况与思路等工作。

8月25—30日，长江教育研究院承办了武昌区教育局“电化教育中心校园网网络管理者培训”项目。8月26日，长江教育研究院承办了洪山区广埠屯小学“集团化办学校本培训”项目。这两个项目均为量身定做的培训项目。近来，长江教育研究院细分教育培训市场，产品化培训项目，按需研发、设计“订制化”培训服务，收到热烈反响。

9 月 19—28 日，长江教育研究院承办了“国培计划 2016——湖北省乡村校长培训班”，来自全省 7 个地市的 160 余名乡村学校校长接受了为期十天的培训。该项目是响应湖北省人民政府印发的《关于加强全省乡村教师队伍建设实施办法》政策号召而举办的。

10 月 9 日下午，湖北省人大常委会副主任、长江教育研究院院长周洪宇召集长江教育研究院执行院长胡明亮、长江教育研究院副院长范正田、华中师范大学教育学院副院长兼长江教育研究院秘书长申国昌、长江教育研究院秘书黄立明和赵欢、湖北教育出版社编审刘书慧讨论长江教育研究院成立十周年庆典大会筹备事宜，拟定于 12 月 16 日上午在北京召开十周年庆典大会暨“教育智库与教育治理”高端论坛。同时参会代表汇报了十周年院庆丛书编撰及出版进展情况。

10 月 13 日，长江教育研究院与武汉市东西湖区教育局正式签订“东西湖区中小学幼儿园校长（园长）任期目标考核第三方评价项目”合同，合同为期三年，金额 189 万。

参考文献

一、著作类

1. 金东日主编：《组织学》，南开大学出版社 2008 年版。

2. 周洪宇主编：《中国教育黄皮书》（2010 年），湖北教育出版社 2010 年版。

3. 周洪宇主编：《中国教育黄皮书》（2011 年），湖北教育出版社 2011 年版。

4. 周洪宇主编：《中国教育黄皮书》（2012 年），湖北教育出版社 2012 年版。

5. 周洪宇主编：《中国教育黄皮书》（2013 年），湖北教育出版社 2013 年版。

6. 周洪宇主编：《中国教育黄皮书》（2014 年），湖北教育出版社 2014 年版。

7. 周洪宇主编：《中国教育黄皮书》（2015 年），湖北教育出版社 2015 年版。

8. 周洪宇主编：《中国教育黄皮书》（2016 年），湖北教育出版社 2016 年版。

二、报刊类

（一）报纸类

1. 邓晖：《法律缺位导致学校权责不清——访湖北省人大常委会副主任周洪宇代表》，《光明日报》2015 年 3 月 16 日。

2. 邓晖：《周洪宇代表：用信息技术促教育均衡》，《光明日报》2014 年 3 月 4 日。

3. 柯进：《对话周洪宇代表：信息技术助力教育综合改革》，《中国教育报》2014 年 3 月 4 日。

4. 柯进：《周洪宇代表：教育行政执法为何“硬”不起来》，《中国教育报》2015 年 3 月 10 日。

5. 柯进、刘博智：《农村儿童阅读量仅为城市儿童的 1/7，代表委员建议启动 0—6 岁儿童免费阅读计划——农村娃的世界少了“一本书”》，《中国教育报》2016 年 3 月 4 日。

6. 汪瑞林：《周洪宇代表访谈：教育如何应对第三次工业革命》，《中国教育报》2013 年 3 月 7 日。

7. 俞正声：《把科技优势转化为竞争优势》，《科技日报》2006 年 7 月 15 日。

8. 周洪宇：《教育立法仍有三关要“闯”》，《光明日报》2016 年 1 月 5 日。

9. 周洪宇、鲍成中：《扑面而来的第三次教育革命》，《中国教育报》2014 年 5 月 2 日。

（二）期刊类

1. 李国强：《对“加强中国特色新型智库建设”的认识和探索》，《中国行政管理》2014 年第

5 期。

2. 沈进建：《美国智库的形成、运作和影响》，《中国社会科学评价》2016 年第 2 期。

3. 吴砥：《中英高等教育信息化发展战略对比研究》，《中国电化教育》2013 年第 2 期。

4. 周洪宇：《深化试点方案，建立“教育特区”》，《教育与职业》，2011 年第 3 期。

三、新闻报道类

1. 《2011 年“北京·长江教育论坛”成功举办》，长江传媒网站，http：//www. 600757. com. cn/show-89-6463-1. html.

2. 《财政保障多元化，师资保证激励化——专访湖北省人大常委会副主任周洪宇》，央视网，http：//news. cntv. cn/2012lianghui/20120301/121418. shtml? iel.

3. 《第五届“北京·长江教育论坛”在京成功举办》，长江传媒网站，http：//www. 600757. com. cn/show-89-6559-1. html.

4. 《第三次工业革命或将是最后一次工业革命?》，新华网，http：//news. xinhuanet. com/book/2013-11/16/c _ 125709943. htm.

5. 《第三次工业革命需要什么样的人才?》，新华网，http：//news. xinhuanet. com/book/2013-12/05/c _ 125811889. htm.

6. 郭婷婷：《人大代表周洪宇呼吁制定〈学校法〉》，人民网——湖北频道，http：//hb. people. com. cn/n/2015/0305/c337099-24073666. html.

7. 华轩：《周洪宇“两会”系列新著引起社会反响》，华大在线，http：//www. ccnu. com. cn/xin/dangzhengxinwen/2014/0315/8484. html.

8. 黄蓉：《人大代表周洪宇建议推进教育精准扶贫》，凤凰网，http：//news. ifeng. com/a/20160311/47799823 _ 0. shtml.

9. 明海英：《建议推行教育“新三免”——访全国人大代表、湖北省人大常委会副主任周洪宇》，中国社会科学网，http：//www. cssn. cn/zx/bwyc/201603/t20160319 _ 2929239. shtml.

10. 庞聪：《周洪宇代表：教育的“新三免”应分步实施》，光明网，http：//topics. gmw. cn/2016-03/07/content _ 19203424. htm.

11. 《全面深化教育综合改革，信息技术与教育深度融合势在必行》，新华网，http：//www. hb. xinhuanet. com/2014-03/04/c _ 119605813. htm.

12. 《强国论坛：关于第三次工业革命及中国教育应对之策的建议》，洪宇在线，http：//www. hongyu-online. com/showinfo. asp? id=10676.

13. 《人大代表周洪宇：教育 4%的投入目标要“货真价实”》，经济观察网，http：//www. eeo. com. cn/2012/0305/221952. shtml.

14. 申宁：《周洪宇：避免城市学校成为农村生源的切割机》，21 世纪教育网，http：//edu. 21cn. com/news/terminal/9/16886. html.

15. 申宁：《周洪宇代表：农村教育不能被城市化浪潮淹没》，21 世纪教育网，http：//edu. 21cn. com/news/terminal/10/16890. html.

16. 孙红丽：《专访周洪宇代表：建议逐步实行高中阶段教育免费》，人民网，http：//lianghui. people. com. cn/2016npc/n1/2016/0304/c402194-28173103. html.

17. 《一份“教育特区”议案的理想与争议》，搜狐财经网，http：//business. sohu. com/20110303/n279633919. shtml.

18. 《中国会沦为第三次工业革命的“局外人”吗?》，新华网，http：//news. xinhuanet. com/book/2013-11/20/c _ 125730520. htm.

19. 《周洪宇代表：建议实施农村教学点网络联盟工程》，中国教育新闻网，http：//www. edu. cn/wysy _ 12637/20140304/t20140304 _ 1081651. shtml.

20. 《周洪宇议案建议：大力促进信息技术与教育深度融合》，光明网，http：//politics. gmw. cn/2014-03/05/content _ 10581017. htm.

21. 周洪宇：《教育发展与改革亟须加强法治建设》，腾讯网，http：//gd. qq. com/a/20150713/022304. htm.

22. 周洪宇：《2016年发展更高质量更加公平的教育》，人民网，http：//m. npc. gov. cn/npc/xinwen/2016-03/06/content _ 1970571. htm.

23. 周洪宇：《法治建设可为教育公平“打基础管长远”》，人民网——教育频道，http：//edu. people. com. cn/n/2015/0430/c1006-26933636. html.

24. 周洪宇：《哪些影响办教育发展的法律需要修改》，搜狐教育，http：//learning. sohu. com/20150211/n408908028. shtml.

后　记

诚如初唐诗人王勃诗中所云“天波易谢，寸暑难留”，长院创建，转眼十载。回首十年的探索历程，长江教育研究院经过初期建立、艰难发展、时代转型等不同发展阶段，始终不忘初心，坚持不懈，致力于推进中国教育的改革与发展。长江教育研究院十年来不断为中国教育改革与发展出谋划策，积极探索，主动向国家提交教育改革建议近百条，多次得到全国人大及国家相关部委领导的指示与认可，以及社会各界的密切关注。在长江教育研究院成立十周年之际，为了让广大社会人士了解长江教育研究院的工作情况，值十年院庆之承，我适时编写了“长江教育研究院院庆丛书”即“教育智库与教育治理研究丛书”之一的《智库的成长——长江教育研究院的探索之路（2006—2016 年）》。通过对十年探索历程的回顾，追昔抚今，以期总结过去，立足现实，展望未来。

全书采用编年体与纪事本末体结合写作而成。以编年体体现发展历程之艰难曲折，以纪事本末体体现十年所做的主要工作。同时，以问题与建言为导向，纵横交错，以横为主，突出重点，具体说，即前三章为纵，后八章为横。前三章从纵向上，以时间为维度，介绍长江教育研究院十年来的探索历程；后八章则从横向着手，以建言为维度，阐述了长江教育研究院十年来的建言献策以及社会影响。本书的写作，除注重对资料的爬梳整理外，还加入了一些代表性图片，文字与图片相结合，图文并茂，以图证史。此外，书末另附了长江教育研究院十年来的重要会议纪要、工作报告、成果一览以及十年大事记，以便广大读者了解长江教育研究院的探索之路，集史料性、科学性和可读性于一体。

全书在编写中，我提出编写指导思想、编写原则、总体构思、框架结构和基本观点，由熟悉情况和材料的华中师范大学教育学院副院长申国昌教授、长江教育研究院陈冬新副院长提供基本资料、参与修订，华中师范大学教育学院博士生程功群、郭景川和硕士生邓冰晶、赵莹莹协助执笔完成初稿，最后由我反复修改而完成。写作具体分工如下：第一章、第二章、第三章和附录由郭景川完成初稿；第四章至第十一章的撰写是在长江教育研究院历年教育政策建议书的基础上而完成，第四章和第五章由赵莹莹完成初稿，第六章和第七章由邓冰晶完成初稿，第八章、第九章、第十章和第十一章由程功群完成初稿。在写作过程中，我们对写作过程中出现的疑问与困难进行了及时而有针对性的解答，在师生的齐心协力下，本书得以按时交稿。本书在编写过程中，参考和引用了部分著作、期刊和网络的相关内容与图片，有些未能标明出处，在此谨致谢忱，并特表歉意。同时，感谢为本书提供相关资料的黄立明、张建林、胡明亮，感谢湖北教育出版社刘书慧编审的辛勤编校！

由于时间仓促，水平有限，书中难免会有缺点与错误，敬请专家、学者及广大读者批评指正。

周洪宇

2016 年 10 月 1 日

（鄂）新登字 02 号

图书在版编目（CIP）数据

智库的成长：长江教育研究院的探索之路/周洪宇总主编.—武汉：湖北教育出版社，2018.2

（教育智库与教育治理研究丛书）

ISBN 978-7-5564-1257-0-02

Ⅰ.智…

Ⅱ.周…

Ⅲ.教育事业-中国-文集

Ⅳ.G52-53

中国版本图书馆 CIP 数据核字（2016）第 293184 号

智库的成长：长江教育研究院的探索之路

ZHIKU DE CHENGZHANG：CHANGJIANG JIAOYU YANJIUYUAN DE TANSUO ZHI LU

出品人 方　平

责任编辑 刘书慧　　责任校对 刘慧芳

装帧设计 牛　红　　责任督印 张遇春

出版发行 长江出版传媒　430070　武汉市雄楚大道 268 号

湖北教育出版社　430070　武汉市雄楚大道 268 号

经　销 新 华 书 店

网　址 http://www.hbedup.com

印　刷 湖北新华印务有限公司

地　址 武汉市硚口区长风路 31 号

开　本 787mm×1092mm　1/16

印　张 15

字　数 239 千字

版　次 2016 年 11 月第 1 版

印　次 2018 年 2 月第 3 次印刷

书　号 ISBN 978-7-5564-1257-0-02

定　价 59.00 元